普通高等教育"十三五"规划教材

凤栖梧桐

——国内高校孵化器案例集

The Land of Rising Phoenix

—Business Incubator Cases of University in China

杜彬 谢建平/主编

中国农业大学出版社
China Agricultural University Press
·北京·

内容简介

近年来，我国高校的孵化园百花齐放。无论从数量上还是质量上，它们都取得了显著成绩。但在孵化事业的高速发展中，孵化园也出现了一些问题，如科技成果转化不够、运行机制不够市场化、投资结构不合理、孵化能力不足等。基于此背景，四川农业大学、成都理工大学、西南石油大学共同编纂的这本书，旨在集成国内不同地区、不同类型高校创新创业孵化、服务的典型经验，总结其成功背后的共性规律，探索适合我国高校创新创业孵化平台的建设方法，为培养富有创新精神和创业实践能力的“双创”人才，增强创新资源对经济社会发展的驱动力提供思路。全书案例覆盖我国华东、华北、华中、华南、西南、西北、东北地区。这些孵化器具有鲜明的地区、高校文化和精神特色，它们依托当地和高校的科技、创新资源，对当地创新型经济的发展起到了不可替代的重要作用。

图书在版编目(CIP)数据

凤栖梧桐：国内高校孵化器案例集／杜彬，谢建平主编. —北京：中国农业大学出版社，2020.5

ISBN 978-7-5655-2351-9

Ⅰ.①凤… Ⅱ.①杜…②谢… Ⅲ.①高等学校-高技术产业-企业孵化器-案例-中国 Ⅳ.①F279.244.4

中国版本图书馆 CIP 数据核字(2020)第 077080 号

书　名 凤栖梧桐——国内高校孵化器案例集

作　者 杜　彬　谢建平　主编

策划编辑 王笃利　　**责任编辑** 石　华

封面设计 郑　川

出版发行 中国农业大学出版社

社　址 北京市海淀区圆明园西路 2 号　　**邮政编码** 100193

电　话 发行部 010-62733489，1190　　读者服务部 010-62732336

编辑部 010-62732617，2618　　出　版　部 010-62733440

网　址 http://www.caupress.cn　　**e-mail** cbsszs @ cau.edu.cn

经　销 新华书店

印　刷 北京时代华都印刷有限公司

版　次 2020 年 5 月第 1 版　2020 年 5 月第 1 次印刷

规　格 787×1 092　16 开本　19.25 印张　410 千字

定　价 60.00 元

编委会

主　编　杜　彬　谢建平

参　编　马　海　黎明艳　李莉亚　刘思妮

袁一冰　李　钰　张峻绫　侯　维

杨　洋　陈国华　张　敏

序 言

科技是国家强盛之基，创新是民族进步之魂。重大科技创新成果是国之重器、国之利器。建设创新型国家是我国实现中华民族伟大复兴的必由之路。

21世纪是“创新创业时代”，创新型经济具有增强自主创新能力，转变经济增长方式和扩大社会就业的显著作用。人们的关注焦点正由管理型经济向创新型经济转变，因此，鼓励创新创业已经成为包括我国在内的许多国家的政策取向。当前，我国经济处于市场化、现代化、全球化以及互联网技术迅猛发展和新型工业化、新型城镇化、信息化、农业现代化和绿色化“五化”建设的关键时期。自2018年以来，中美贸易摩擦不断升级，海外需求整体走弱，我国出口压力逐渐增加。如果中美贸易摩擦状态长期持续，对我国经济结构调整将带来重大挑战。这就更需要我们在科技创新上取得突破，其中不仅需要基础设施等“硬件”的支撑，更需要制度等“软件”的保障。

目前，我国正处于以人工智能为代表的科技创新型企业的重大发展机遇期，人工智能是新一轮技术革命的“头雁”。海量数据和巨大市场应用规模使我国具有发展新一代人工智能的优势，人工智能与三大产业的深度融合将为创新创业的高质量发展提供新动能。抓住新一轮科技革命和产业变革的重大机遇就是要在“新赛场”建设之时将创新创业加入其中，甚至主导一些“新赛场”建设，从而使我们成为新的“竞赛”规则的重要制定者、新的“竞赛”场地的重要主导者。

建设具有创新民族灵魂的创新型国家，实现“五化”同步，培养富有创新精神及创业实践能力的“双创”人才，打通科研成果应用转化机制，增强创新资源对经济社会发展的驱动力已成为国内高校的重要使命。值得关注的是，国内高校积极通过搭建各种形式的创新创业实践基地，并依托大学科技园、创业基地、各种科研平台以及其他科技园区等所进行的探索取得了一系列的成功。正是在这样的背景下，四川农业大学等高校编纂了这本《凤栖梧桐——国内高校孵化器案例集》，该书从平台发展视角，探索适合我国高校创新创业孵化平台建设之路。

是为序。

编者

2019 年 7 月 1 日

前　言

随着大学生创业浪潮的日益兴起，为了扶持大学生创业，全国高校陆续建立了自己的大学生创业孵化基地，其中包括各类大学科技园、大学产业园、大学创业园（街）等。各种类型的孵化平台通过对大学生创业项目的孵化，提高了大学生创业的成功率与创业企业的竞争力，也在一定程度上提升了大学生的整体就业率。同时也有部分的入驻创业企业因为无法完成孵化而选择退出。无论是从为大学生创业者提供的软件、硬件服务方面，还是从创业教育的发展、创业人才的培养以及科技成果转化方面，孵化平台都在摸索中艰难成长。在本书编写过程中，若干专家加入了案例报告的收集和整理工作中，很多高校的专家、学者也为我们提供了丰富鲜活的第一手资料。编者希望本书的出版能为我国各种类型的孵化平台的发展提供有益的借鉴。

由于自身水平有限，本书难免出现错漏和不足，恳请广大读者予以批评指正并提出宝贵意见，我们也非常希望有机会能与广大从事大学生就业创业方面工作的教育工作者交流与学习。

编　者

2019 年 7 月 1 日

目　录

北京市

北京大学科技园

一、概况

北京大学科技园是第一批由科技部、教育部审定的国家大学科技园。该园通过综合智力资源和社会资源相结合，结合北京大学的优势平台形成的一个为科技成果转化、企业孵化、产学研合作、产业集聚提供支撑平台和服务的机构。经过十多年的探索发展，北京大学科技园成为北京大学科技成果基地、科技企业孵化器、创新创业培训基地、科研合作示范基地和高新技术产业发展基地。

二、科技园区

（一）园区主体

北京大学科技园园区总部位于北京市中关村中心区，北京大学校园的东北角。创新中心大厦是其主要载体，其孵化空间为 176 600 米^2，功能区涵盖“985”工程教学区、科研区、孵化与产业区及配套服务区。北京大学科技园以生物制药、电子信息、现代设计等战略新兴产业为指导方向。它是一个集科技成果转化、创新创业人才培养、科技企业孵化和高科技产业化为一体的重要基地。

（二）“三个基地”

北京大学科技园的“三个基地”是指北达燕园孵化器、北京市留创园以及北京大学留创园。北达燕园孵化器是北京市认证的高新技术产业孵化基地；北京市留创园是由北京市人力资源与社会保障局和北京市科委一致认定的针对留学人才创业的服务基地；北京大学留创园则是中关村管委会指定的北京大学留学人员的服务基地。

（三）孵化平台

北京大学科技园依托北达燕园孵化器为孵化平台，在早期，它作为中小企业提供创新创业的金融支持和金融服务，同时还提供各种投资和金融咨询服务，并为孵化中心提供上市融资计划和咨询，为中、小企业创新企业家之间架起沟通的桥梁。

北京大学科技园区包括创新中心、太平洋大厦、方正大厦、方正国际大厦等。该园区的建筑面积为10 000米^2，已成功孵化了公司200多家，其中包括百度、方正阿帕比、土人景观、老虎宝典等优秀企业。北京大学科技园孵化的行业重点是国家建设的关键领域，如电子信息、生物制药和新能源。为了加快企业孵化器和科技园区的进程，北京大学还建立了北京大学孵化器投资和融资服务平台。该平台持续以2 000万元的种子资金为基础，为大学生创业项目、学校科技改造项目和园区创新项目提供企业金融服务。据统计，2012年“种子基金”投资总项目累计达2 236万元。北京大学孵化器投资和融资平台已成功指导了7家公司，并获得了1 100万元的社会天使投资和400万美元的初始资金。

（四）北京大学创业园

北京大学创业园地处北京市上地经济技术开发区核心区，其规划建设的国家级大学科技园是以通过围绕国家“创新驱动”发展战略，以“校地合作·协同创新”为指导。其总建筑规模约为80万米^2，规划建筑面积为491 500米^2，其总面积达37.42公顷（1公顷$=1\times10^4$米^2）。在该园区，研究和项目的开发计划结合了“生命医学”“军民融合”等重点战略领域的产、学、研发展，依靠北京大学的一流学科，定位面向全世界高、精、尖技术发展战略方向，打造中国未来20年国家自主创新示范区核心区的“双核心”。该园区将成为中国经济发展的源泉，创新和经济新形式的核心。

（五）北京大学科技园南区

北京大学科技园南区地处北京市中关村西区，是北京大学科技园创新孵化服务产品研发与前沿资源聚集的平台载体，全心全意致力于打造创新型孵化器，搭建为依托垂直化创业服务的一个科技人才的成长平台。它借助“创业孵化营”为创业项目提供“创业指引、创业辅导、创业服务、创业投资”四位一体的创业服务链条。园区运营空间1 700米^2，建设创新性的“集中办公+创业辅导+创业投资+社群生态”模式，已发展成为中国最具有代表性的“众创空间”。

（六）北京大学硅谷园区

北京大学硅谷科技园、北京大学北美校友创业基地是北京大学科技园联合中关村科技园、北京大学校友会共同设立的创新创业发展载体。该园区的目的是通过建立更大的创新和企业发展平台，打造一个开阔的人才、技术、政策、创业对接的交流平台，为海内外优秀人才和海内外优秀企业、海内外尖端科技提供一个更为简单快捷的交流载体，为全体海内外学子的创新创业发展、国家经济社会发展和国家建设提供更优质的服务。

三、园区特色

（一）以创新要素为依托的技术服务体系

以北京大学为基础的高校技术与行业专家，提供技术咨询，对接技术服务要求，依托北京大学重点实验室设备和资源，给企业技术创新和技术孵化提供高水平的技术服务，打造商业型产业技术研究院+学科型技术转移公司新型模式，加快学科成果转换。作为第一所大学科技园，北京大学科技园以“发展原创科技，建设精品园区”为宗旨，其经过多年摸索，已适应市场运作的要求，很好地推进了北京大学科技园学科成果的孵化效率，提升了其转化速度。

（二）以人为本的创业服务体系

北京大学科技园的创业服务体系为创业行政服务、投融资服务、培训服务、企业促进服务、物业服务、其他公共商务服务。北京大学孵化器最大限度地采纳了北京大学及周边的创新技术、管理思想和人文精神，致力于成为中国最佳的企业创新中心。

（三）“一校多园”模式，扩展园区范围

为了更好地利用综合学校的优势，推动科技研究产业化，北京大学科技园将北京大学科技园原有的以校园以及政府建设为核心的模式，进一步扩展为原有校园和上地信息产业基地的“北京大学外国留学生创业园”“北京大学生物城”“方正信息产业基地”。此外，北京大学还向全国各个地方区域辐射园区影响力，并与之签订了项目合作或全面合作协议。例如，北京大学在深圳建立“研究基地”“生物谷”，在厦门建立“生物园”，在广东东莞市建立方正计算机生产基地等。

参考文献

[1] 鞠传进. 加速国家大学科技园产、学、研结合推动高新技术产业发展：北京大学科技成果转化及科技园发展实践［J］. 科技成果纵横，2004（1）：18-23.

[2] 科技园区［EB/OL］.［2019-06-25］. http://www.pkusp.com/Article/201806/201806290002.shtml.

上海市

上海交通大学创业学院

一、概况

2010年6月12日，上海交通大学在全国高校中率先成立创业学院，其定位是建成一所高起点、高水平、精品化、重实践的学院，力争建设成为符合中国国情、具有上海和上海交通大学特色、世界知名的创新创业人才培养学院。

随着国家“大众创业、万众创新”和上海市政府“具有全球影响力科技创新中心”的战略推进，上海交通大学创业学院为加强创业研究，拟选拔优秀学生充实到创业研究队伍，为学生提供从事创业研究的成长舞台。

上海交通大学创业学院建立伊始便同步设立了“宣怀班”，在这里聚集了一大批有创业意愿、愿意进行创业探索与实践的在校生和校友。“宣怀班”为创业“种子选手”提供系统的创业课程和丰富的创业实践活动，培养具有国际化视野、掌握创新创业理论和方法的创业者。

目前，上海交通大学创业学院形成了“面上覆盖、点上突破”的分层教育模式。一方面通过在专业教育中渗透创新、创意、创造的精神和理念，开设创业教育通识课，开展大学生创新计划（“PRP计划”），持续举办创业计划大赛等，使全校同学得到创新创业氛围的熏陶、感染和洗礼，收获终生受用的创新精神、创造理念和创业意识；另一方面通过提供独具特色的创业课程，创业训练营的指导和辅导，创业苗圃预孵化和资金支持，培养部分有强烈创业意愿的同学成为大学生创业的“种子选手”，成为未来企业家。

二、学院特色

（一）组织架构

上海交通大学创业学院“无形学院、有形运作”的特色充分发挥了组织优势和平台作用，实现了校内外资源的高效整合，上海交通大学创业学院人员配备规格高，在上海交通大学形成了齐抓共管的有力格局。上海交通大学创业学院下设“教务办”“实践办”“对外交流办”“科研办”“行政办”5个实体办公室，共有21位专兼职人员参与相关工作，具体分工如表1所列。

表1　组织结构

<table>
<tr><th>办公室</th><th colspan="3">任务与分工</th></tr>
<tr><td rowspan="5">教务办</td><td colspan="2">教务办主任1人</td><td>辅导员1人</td></tr>
<tr><td>主体职责</td><td>创业课程梳理和规划
创业课程教师的联络与课程安排
创业国际合作和在校生海外交流
创业训练营的规划和组织</td><td>教学组织，跟踪创业案例
协助进行创业训练营的组织</td></tr>
<tr><td rowspan="2">辅助职责</td><td rowspan="2">宣怀班学员的日常管理
组织承担对外教学任务</td><td>辅导员2人</td></tr>
<tr><td>宣怀班学员招生及日常管理</td></tr>
<tr><td>拓展职责</td><td colspan="2">课题研究、教材编撰等</td></tr>
<tr><td rowspan="2">实践办</td><td colspan="2">实践办主任1人</td><td>辅导员3人</td></tr>
<tr><td colspan="2">组织落实国家和上海市大学生创业训练计划
主办（协办、承办）创业大赛
组织全球英才计划</td><td>组织学生创业实习和见习
指导大学生科创中心工作（包括“创新与创业大讲堂”和“创业沙龙”的组织）</td></tr>
<tr><td rowspan="2">科研办</td><td colspan="3">科研办主任1名</td></tr>
<tr><td colspan="3">学院财务管理
专兼职科研人员的联络
各类科研项目申报和组织
教材、讲义和案例编写（含国际教材翻译）</td></tr>
<tr><td rowspan="2">对外交流办</td><td colspan="2">对外交流办主任1人</td><td>辅导员4人</td></tr>
<tr><td colspan="2">负责学院对外宣传、交流、联络等工作
协助战略咨询委员会建设
负责与零号湾园区对接
负责创业创投导师的沟通和联络
邀请企业家来院考察、报告
对接和推进与地方政府合作
主办、协办创业论坛
协助国际化的推进</td><td>负责学院对外宣传（包括创业学院网站维护、外宣、新媒体建设以及宣传册、宣传片、简报、年报等）</td></tr>
<tr><td rowspan="3">行政办</td><td colspan="3">行政办主任1人</td></tr>
<tr><td>主体职责</td><td colspan="2">各类会议组织，撰写会议纪要和会议备忘录等
办公设备及固定资产管理
逸夫楼场地管理和有效利用
各类来访、接待及出差事宜</td></tr>
<tr><td>拓展职责</td><td colspan="2">课题研究、教材编撰等</td></tr>
</table>

（二）学院实践课程

1．上海交通大学燧石星火创业训练营

由上海交通大学创业学院和深圳证券交易所联合举办，赛富投资基金赞助，旨在充分发挥上海交通大学学术优势、证券交易所和风险投资基金公司的市场优势，激励、支持和帮助学生实现创业梦想，为创业学生学习、交流、实践和发展提供平台，由创业讲座和创业实践两大模块组成。

创业讲座包括移动互联网＋、智能设备、健康医疗等科技领域发展趋势；创业机会的识别、商业模式的设计、股权配置、创业服务与政策等；创业实践与交流包括创业大咖、创业项目路演、创业企业考察、创业导师一对一辅导、创办公司等。

2．新创企业见习实习

新创企业见习实习是给学生提供一个利用暑期走进早期创业企业，了解创业企业运作并获得创业工作经历和成就感的机会。见习实习企业主要分布在深圳和上海。

3．大学生创业训练计划

创业训练项目以具有创新创意想法，且对创业有浓厚兴趣的全日制在校本科学生为主。团队中的每个学生在项目实施过程中扮演一个或多个具体角色，他们需要完成编制商业计划书、开展可行性研究、模拟企业运行、进行一定程度验证试验、撰写创业报告等。

开展的创业训练计划强调与各项资源有机融合、创新教育与创业教育的融合、“本硕博”跨学历团队的融合以及第一课堂与第二课堂的融合，旨在搭建一个延续性强的创业教育培养平台，同时塑造一批创业典型项目。

上海交通大学创业学院通过开展“交大好项目”“创业训练计划十佳项目”等评选，推出了一批商业潜力高、成长迅速的创业项目。这些项目通过“交大创业周”等活动平台推广到校园中，营造交大的创业氛围，浓郁交大的创业文化底蕴。上海交通大学创业学院于2012年开始首批大学生创业训练项目立项工作，截至2018年6月，共开展9批大学生创业训练计划立项工作，其中创业训练及实践项目共300余项，共计有3 300余名学生参与到项目中。

4．“宣怀班”

“宣怀班”提供“雄鹰计划”“雏鹰计划”“百度计划”和“IBM计划”。“雄鹰计划”旨在培养创业精英，招收已有创业公司（或项目团队）的创始人/合伙人或团队骨干。“雏鹰计划”旨在培养创新创业新生力量，招收对象是目前暂无项目，但对创新创业具有浓厚兴趣的同学。

（1）培养体系

①“雄鹰计划”：设宣怀课堂、宣怀下午茶、宣怀训练场及宣怀游学四大模块。“创业

基础”“创业融资”“创业领导力”三门课程，每位学员必修至少两门课程。宣怀下午茶以私董会、导师项目诊断的形式进行，为学员之间、学员与创业导师之间搭建彼此交流的平台。宣怀训练场以参加“互联网+”“创青春”“Google杯”等创业比赛来提升学员创业能力。宣怀游学：上述课程和活动中表现优秀的学员可参加海外创业训练营。

②“雏鹰计划”：设创业课程、创业沙龙、大学生创业训练计划三大模块。“创业基础”“创业融资”“创业领导力”三门创业基础课程，每位同学必修至少二门；修读学校创业辅修的同学可免修这三门创业课程。每位同学必须至少参加一次创业沙龙和一次创新创业大讲堂。每位同学必须参加大学生创业训练计划，进行创业实战模拟。

③“百度计划”和“IBM计划”：设课程、活动、实践、游学四大模块。每位同学需修读创业学院开设的“创业基础”，按照录取类别必修百度或IBM提供的技术类课程以及全部实践类课程。每位同学需参加创业沙龙、创新创业大讲堂等创新创业活动。参加百度或IBM指导的创新创业实践活动，或IBM举办的大赛。

（2）申请条件

网上报名：关注创业学院官方微信公众号“上海交大创业JIA”，点击公众号主页下方“宣怀班”模块获取报名通道。

三、发展成就

经过多年的实践和探索，上海交通大学创业教育硕果累累。在“创青春”全国大学生创业大赛等国内外创业赛事中摘金夺银，特别是在2014年的首届“创青春”全国大学生创业大赛中，上海交通大学选送了6支团队参赛，获5金1银，以团体总分第一名的优异成绩捧得赛事最高奖项“冠军杯”。根据腾讯开放平台发布的“2014城市&高校创业排行榜”中，上海交通大学位列“创业者最多的top10院校”榜单第三位。

参考文献

[1] 上海交通大学：架构创新创业教育与实践新格局[J]. 中国经贸导刊，2016（20）：28-29.

[2] 侯士兵，冯霞，玄雪梅. 双创视角下优化研究生创业教育的路径研究：基于上海交通大学创业教育的实践[J]. 学位与研究生教育，2018（2）：27-31.

[3] 上海交通大学创业学院第九期“宣怀班”招生简章_创业家. http：//www. sohu. com/a/271305467_697772.

[4] 频出创业精英的上海交大，这些年都做了什么？https：//www. sohu. com/a/159731089_99937238.

江苏省

南京航空航天大学大学生创业孵化中心

一、概况

南京航空航天大学大学生创业孵化中心（以下简称“中心”）成立于2009年，是南京航空航天大学创新创业人才培养、科技成果转化、高新技术企业孵化的大学生创业教育实践基地。

该中心始终坚持“创新引领创业、创业推动创新”的工作理念，秉承“让创业者挥动科技之翼”的工作使命，以“南京紫金立莘创业投资有限公司”为载体，以溧水经济开发区南京航空航天大学大学生科技创业中心与江宁经济开发区南京航空航天大学大学生创业园为拓展平台，为园区的企业提供项目论证、法律服务、工商注册等全方位的“一站式”服务和培训指导，形成了“专业化创业教育、体系化创业保障、全程化创业服务、市场化创业孵化”的建设模式。南京航空航天大学大学创业孵化中心是南航学子提升事业发展能力、走上自主创新型创业道路的重要平台和保障（图1）。

图1　南京航空航天大学大学生创业孵化中心

二、运营与服务

（一）完善设施提供保障

南京航空航天大学建成近5 000米^{2}的学生发展中心专门用于大学生科技创新以及创业项目孵化，并配备了免费的场地、公共服务设施和设备。同时，学生发展中心还建成了大学生创业孵化办公区、创业事务运营服务区、创业培训指导区、创客空间交流区等6大功能区，为学生创业团队开展创业训练和创业实践提供硬件支持。

（二）该专业化服务助力成长

该中心专门建立了由法律、财务等专业老师和研究生组成的大学生创业事务运营中心，与工商局、税务局、银行等合作搭建绿色通道；建立了网络信息服务平台，为创业学生提供“一站式”服务，指导学生申报省市各类人才创业基金，对接员工社保补贴、无息贷款等各类优惠政策。

南京航空航天大学每年拿出近100万元资金设立了大学生创新基金，学生可根据自己所学专业，结合个人的兴趣爱好，面向学科前沿和社会经济热点问题，选择创新研究课题，并撰写课题申请书，由专家评审。南京航空航天大学每年资助200余项大学生创新课题，每年有500名以上的学生获得创新基金。

（三）精英化辅导提升能力

1. 人才选拔

以创业者为研究对象，构建了创业者素质能力模型，通过测评、面试、考察等方式选拔真正具有创业兴趣和潜质的人才。

2. 团队组建

打破学科专业壁垒，让不同学院不同专业学生自由组合，自主申报，组建创新和创业优势互补的创业实践团队。

3. 教学实践

引进在世界500强企业培训中经常使用的虚拟经营模块和具有代表性的模拟沙盘，实施案例分析、角色扮演等教学方式，每年培训学生累计近千名。同时，积极发布行业分析调查、校园文化产品设计与销售等模拟创业实践项目，鼓励本科生、硕士生、博士生自由组队开展实践。

4. 咨询指导

该中心根据创企业发展阶段中出现的企业融资、团队管理等实际问题，建立了“创客”培训辅导体系。

（四）市场化资源促进孵化

南京航空航天大学与溧水经济开发区、南京紫金科技创业投资有限公司共同出资780万元注册成立了“南京紫金立莘创业投资有限公司”。由该公司以投资入股的方式提供天使基金，专门扶持大学生创业。同时，南京航空航天大学先后建立了南航溧水大学生科技创业中心、南航江宁大学生创业园等一批校外大学生创业基地。截至2014年，南京航空航天大学先后孵化创业项目近50个，其孵化创业项目主要以电子信息、新材料、机械技术为主。

三、发展成就

南京航空航天大学创业实践基地先后被评“全国高等学校创业教育研究与实践先进单位”、首批“工信部‘大学生创业实践基地’建设单位”、首批“江苏省大学生创业示范基地”、首批“南京市就业创业指导站”“全国扶持女大学生就业创业优秀组织单位”“南京市大学生创业园（基地）”。同时学校“创新基础之上的创业教育，普惠基础之上的精英教育”的创业教育模式得到了《中国教育报》《教育部简报》《香港商报》等媒体的广泛报道。

南京航空航天大学的学生在各类创新创业比赛中获先后获得“Made for China”全球青年创业企业创业计划大赛第五名，全国女大学生创业季创业计划大赛第一名，英特尔全球挑战赛中国赛区第三名，中国江苏创新创业大赛二等奖第一名等省部级以上奖项1 800余项，其中国际级别和国家级别奖项1 000余项、孵化大学生创业项目65个、成功创办企业40余家，80%以上为科技创新型和高端服务型企业。以黄鸣阳、崔益军为代表的创新创业典型不断涌现，南京航空航天大学创新创业工作获评教育部首批“全国高校实践育人创新创业基地”、江苏省首批“大学生创业示范校”“大学生创业示范基地”等。

南京紫金立莘创业投资有限公司

南京紫金立莘创业投资有限公司是由南京航空航天大学资产经营有限公司、溧水经济开发区、南京紫金科技创业投资有限公司共同出资创办的。该公司注册资本为780万元，主要用于扶持南京航空航天大学大学生从事创业工作，解决大学生初创企业缺资金、融资难问题。该公司主要经营投资管理、科技信息交流、技术咨询、技术孵化、科技评估和科技鉴定，机电产品的设计、制造、安装及配件销售、计算机软件开发及维护，计算机硬件的维护、销售，致力于扶持大学生科技创新与创业，促进科技成果转化，发展高新技术产业。

参考文献

[1] 许爱华. 浅议我国大学生创业教育的思考与实践：以南京航空航天大学为例 [J]. 人才培育，2009 (3)：67-68.

[2] 刘益平，陈夏初. 以创新引领创业、以创业推动创新：南京航空航天大学创新、创业教育实践与探索 [J]. 南京航空航天大学学报（社会科学版），2012 (6)：84-87.

南京大学创新创业平台
——“五四三”双创示范基地

一、概况

南京大学面向国家重大需求，突出问题导向，结合江苏省和南京市的区域特点，依托南京大学的优势与特色，以清障搭台、激活主体、创新创业为主线，以重点工程与项目建设为抓手，强化政策与制度创新，探索出一种与工科院校不同的‘五四三’双创模式，即课程、讲堂、训练、竞赛、成果孵化的“五位一体”创新创业教育体系；创新、创意、创造、创业“四创融合”的成果转化孵化平台；校校协同、校地协同、校企协同的“三个协同”体制机制。

通过建设，形成产学融合“校园众创实训平台”、校地共建“科技成果转化平台”、校企协同“文化创意产业平台”、国际合作“创新创业支持平台”，力争能够服务国家重大需求、具有江苏南京区域特色、与南京大学双一流建设良性互动的双创示范基地。构建新型政产学研协同创新体系，成为长江三角地区具有较强影响力的创新创业中心，为深化落实“一带一路”和长江经济带发展战略，建设国家创新型城市和全球有影响力的产业科技创新中心提供有力支撑。

二、发展历程

南京大学双创示范基地重点建设四个相互支持、各有侧重、具有集中优势的运行平台，即产学融合“校园众创实训平台”、校地共建“科技成果转化平台”、校企协同“文化创意产业平台”、国际合作“创新创业支持平台”，具体发展见图 1 和表 1。

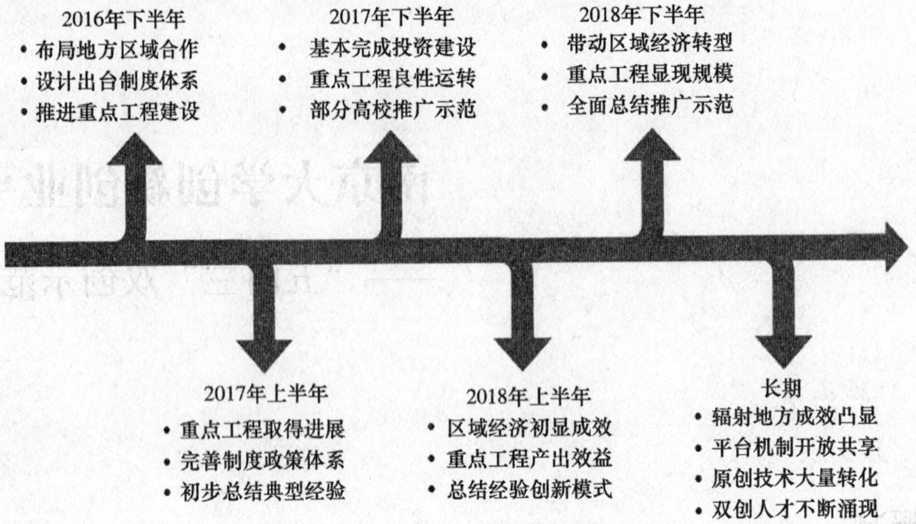

图 1　南京大学创新创业平台发展历程

表 1　双创示范基地建设

重点工程	年度进展
校园众创实训平台	2016 年建成众创空间一期、大学生创业园二期，规划众创空间二期、现代工学人才双创技能实训基地、精准药物创新中心，建设创新创业在线教育平台和导师库
	2017 年底建设众创空间二期，试用创新创业在线教育平台，初步建成创新创业导师
	2018 年现代工学人才双创技能实训基地，精准药物创新中心建成运行，创新创业教育模式在合作高校推广示范经验
科技成果转化平台	2016 年建超净区，重点建设环保科技、新材料等六大科技成果转化平台环境等
	2017 年完成超净区设备安装调试，加速平台采购仪器设备，建成微纳制造等六大领域的成果转化孵化及技术交流平台，启用线上线下技术成果交易平台
	2018 年提升微纳制造等六大领域的科技成果转化、孵化及技术交流平台功能，加大线上线下技术成果交易平台推广
文化创意产业平台	2016 年建设电影电视、创意营销、数字媒体、戏剧表演、雕塑美术等 6 个产研中心
	2017 年激发双创主体活力，文创产业师生群体兴起，形成集聚效应，取得初期成果
	2018 年快速、科学、全方位布局长期项目，实现文化创意平台规划，陆续产出重要成果、呈现繁荣局面、全面立体效用
创新创业支持平台	2016 年建设大数据实验室和双创理论研究院，开展设备购买及数据采集，完成首批师资、研究团队组建与招聘，开展部分调研工作
	2017 年完善设备及数据库，深入开展数据分析和双创理论研究，启动国际合作研究
	2018 年发布指数体系、蓝皮书等，召开高层论坛，形成双创理论研究的系列成果

三、基地特色

（一）形成了具体特色的创新创业制度体系

南京大学于2015年制定并实行实施创新创业教育改革的纲领性文件《南京大学深化创新创业教育改革实施方案》，从创业学学科建设、“五位一体”创新创业教学、“四创融合”工程、“互联网+”系列计划、教师创新创业教学能力提升项目以及完善教学管理制度等方面进行创新创业教育改革。2015年又制定并实行《南京大学创新创业教育示范点和培育点管理规定》，在校内立项建设16个不同类型的创新创业教育培育点，推动创新创业教育与通识教育、专业教育相结合。2016年修订并实行《南京大学创新创业课程建设要求》，在大类培养阶段面向全体学生开设一批创新创业精品通识课、慕课，在专业培养阶段重构部分融合专业教育的创新创业必修课与选修课，在多元培养阶段设置数个交叉复合课程模块，为全体学生提供个性化发展渠道，同时给予选择就业创业路径的学生更有针对性的课程和实践实训环节。制定《南京大学大学生创业弹性学制和休学管理办法》，明确申请流程和注意事项，帮助创业实践的学生灵活就学和方便创业，做到学业创业两不误。制定《南京大学大学生创新创业学分认定和转换管理办法》，建立第二课堂和在线开放课程学习认证和学分认定制度，提升学生积极性，体现学习成果创造性和多样性的评价。制定《南京大学校外平台专职科研岗位管理办法》，积极吸引具有产业经验的校外科研人员到科技成果转化平台工作，强化科技成果转化人才队伍建设，促进人才流动。

1．围绕加速科技成果转化

制定《南京大学关于科研人员分类评价的实施意见》《南京大学关于专业技术人员参与“双创”示范基地建设的实施意见》，对专业技术人员离岗创业给予三年离岗期，建立健全科研人员双向流动机制。修订《南京大学科技成果转化条例》，加速科技成果转化。

2．围绕大学生创业支持体系

制定《南京大学大学生创业园管理规定》《南京大学大学生创业园资助管理办法》《南京大学学生创业导师聘任与管理办法》《南京大学学生创业扶持资金管理办法》等。2016年4月按照创业导师聘任管理办法已经聘任101位创业导师；按照创业扶持资金办法，创业学生可以从南京大学获得5万～200万元的创业扶持资金，南京大学大学生创业园三个园区总面积5 400米^{2}全面向学生开放运营。

3．围绕双创支撑服务体系

南京大学出资成立“南京大学技术创新基金”，制定《南京大学技术创新基金管理条例》，引导推动创业投资、创业孵化与学校科技成果转化相结合；出资成立“南京大学专利基金”，制定《南京大学关于实施专利战略的意见》《南京大学专利基金管理条例》，保护、完善知识产权运营、使用；南京大学加入了“江苏省大型科学仪器开放共享平台”，向社会开放各类创业创新资源和基础设施，构建开放式创业创新体系。

（二）4个重点平台建设

1．产学融合“校园众创实训平台”

产学融合“校园众创实训平台”立足于南京大学人才培养、科学研究、社会服务的基础与优势，面向南京大学在校本科生、硕士生和博士生及周边高校大学生，致力于形成“创新、创意、创造、创业”四创融合，以“创”为核心和灵魂的创新创业实训平台和众创空间。项目包括建设“科创之星”大学生众创空间和大学生创业园、现代工学人才双创技能实训基地和精准药物创新中心，配套建设创新创业在线教育平台和创新创业导师库。

（1）“科创之星”大学生众创空间　一期在建面积为3 000 米^2，2016 年 9 月正式投入使用，是学生跨学科交流创新创业心得与体验、实践创新创业奇思妙想的乐园。众创空间一期包含3D打印室、机器人人机互动工作室、陶艺创意空间、VR虚拟现实工作室、创客交流室及创业沙龙室等不同功能的体验空间。二期新建为5 000 米^2 左右，2018 年初投入使用。平台内开设创新创业课程、工作坊、沙龙及培训，双创训练项目成功立项的团队可申请进入创新创业实训中心进行实践活动。

（2）大学生创业园　已建面积5 400 米^2 的大学创业园是学生创业成果孵化的主要基地，被认定为“江苏省大学生创业示范基地”和“南京市大学生创业园”。二期将新建创业企业加速器5 000 米^2，为学校学生创办的初具成效的发展中创业企业提供更多规模化、个性化的培育，以期通过资金、政策、法律全方位服务扶持加速企业成长，提供自由的发展空间。

（3）现代工学人才双创技能实训基地和精准药物创新中心　该创新中心新建面积为3 000 米^2，它是搭建新一代信息与软件技术、新能源、新材料、光电技术和生物医学等现代高新产业的实训平台。该平台旨在帮助学生真正掌握行业的核心技术，熟悉现代工业流程，提升动手操作和整合能力，培养现代工程急需的复合型人才，推动师生的技术创业实践。

（4）搭建创新创业在线教育平台　该在线教育平台有3方面的作用：第一为创新创业教学支持平台。其包括服务双创教育的教学辅助平台、基于开源项目的网络学习平台，采取统一身份认证、统一界面风格。其功能包括资源共享、课后讨论、作业提交、在线调查及考试，承载南京大学等高校的慕课资源，实现以上功能的移动端支持等。第二为与企业共建“中国大学双创人才素质模型数据库中心”。该中心面向全国高校和大中小企业，为双创人才的培养单位、用人单位、大学生提供独立的第三方素质评价服务。第三为大学生创业项目管理服务支持平台。该平台与大学生创新创业训练计划管理平台和校地共建“科技成果转化平台”的线上线下技术交易平台实现对接，打通训练、孵化、交易等双创工作环节。

（5）建设创新创业导师库　经过3年建设，邀请、聘任600名左右企业家、工程师、设计师、专利律师等进校担任创业导师，同时开展培训，强化校内导师的意识理念，提高其教学水平，以帮助解决当前创新创业教育缺乏师资的瓶颈问题。创业导师将根据自身特长和优势，面向有创业意向的大学生，开设创业课程、讲座，组织创业培训，采用线上、线下等多种形式一对一指导创业项目，对创业者提供专业辅导服务，协助培育优秀的创业企业和创业者。

2. 校地共建“科技成果转化平台”

通过国家、学校和地方政府部门支持以及与企业的合作，建设科技成果转化孵化平台，协同分布各地的政产学研平台、突出优势、形成合力、开放共享，将一批原创性研究成果深度研发孵化为企业可产业化成果，改造提升传统产业，发展新兴产业，服务中小企业，为企业发展提供新动力。比如，微纳制造科技成果转化分平台、环保科技成果转化分平台、生物医药科技成果转化分平台、新材料科技成果转化分平台、光电器件科技成果转化分平台、智能化软件新技术科技成果转化分平台、线上线下技术成果交易平台。

3. 校企协同“文化创意产业平台”

文化创意产业平台围绕文化产业创新、国家文化软实力提升和中国文化走出去战略，通过建设影视、创意营销、数字媒体、戏剧、城市与建筑设计、美术六个产研中心，为社会和行业培植、输送文创产业精英，培育孵化文创成果。

4. 国际合作“创新创业支持平台”

以双创大数据建设服务和创新创业理论研究为抓手，整合资源打造国际合作的创新创业服务支持平台，为区域、企业和个人双创发展提供服务，为国家双创建设及本示范基地各项目运行提供理论与数据支撑。

四、发展成就

南京大学国家双创示范基地3年内培训“双创”人才2万人次，用技术成果转化、创新人才与科技服务孵化培育创新型企业超过500家，新增产值超过100亿元。

参考文献

[1] 邵进.创新创业教育的两个切入点:创新能力与跨界能力培养:南京大学的思考、探索与实践[J].中国大学教学,2016(12):40-43.

[2] 李良,陆朝阳,禹甸,等.融合专业教育的创新创业体系构建研究:以南京大学环保产业"三级助推"模式为例[J].中国高校科技,2016(7):82-83.

南京大学科技园

一、概况

南京大学科技园的前身是南京大学科技工业园，其诞生于1994年8月南京高新技术产业开发区浦口校园内，是一个利用开发区社会支撑体系发展科技产业的“区中园”。2000年6月在南京市鼓楼区政府的积极推动、支持并牵头组织下，以南京大学为首的南京9所高校和鼓楼区政府签署了关于共建南京大学鼓楼高校科技园的合作意向书，形成了分别隶属于教育部和江苏省教育厅的9所大学与驻区政府共建科技园“校府共建”“多校一园”的模式和构架，并最终获得了科技部和教育部的认定，成为国家级大学科技园。南京大学科技园是大学教育（人才培养）、科研与产业的承载，它把高校的科技成果通过孵化有效地流向企业，从而有力地推动了高校科研与市场的结合，使高校教学、科研和社会经济发展形成良性循环。

二、孵化园区

（一）科技园企业的产业分布

得天独厚的科技资源优势和新的运作模式蕴含着南京大学科技园巨大的发展潜力。近年来，南京大学科技园里的9所高校在计算机科学与技术、电子信息、机电工程、材料科学、医学生命科学、生物制药、应用化学、新型材料等学科领域都产生了大量的科研成果，部分成果在国内甚至国际都处于领先地位。这些高校的科技资源特征决定了科技园孵化企业的类型和产业分布。南京大学科技园的优势领域分布在电子信息、新材料、生物、医药环保等领域，其中电子信息所占比重最大，达到61%。由此可见，南京大学科技园在孵化电子信息技术企业方面成绩突出。

（二）科技园的孵化面积

在南京市政府和9所大学的共同努力下，正确的战略定位和经营战略在南京大学科技园取得了瞩目的进步。现已建成的孵化器占地面积为5 500米^2，约有200家公司驻扎。目前规划的建设面积为 30 500 米²，未来还将打造 20 万米² 的战略储备。与全国平均水平相比，南京大学科技园单一公司孵化区占地略高于全国平均水平可以看出，该园区的孵化条件已经有了极大提升。此外，南京大学科技园的孵化器数量远远超过全国平均水平。目前国内每所大学科技园区平均有 126 家公司，而南京大学科技园区有 191 家公司。这表明南京大学科技园的孵化器生产效率很高，同时增长动力非常强劲。

三、园区特色

（一）政府规划导入宣传与经营城市谋略的灵活运用

一般情况下，政府支持主要体现在税收、基建、简化审批程序和提供更多服务上。然而，南京鼓楼区政府不仅提供了上述几项强有力的支持，还积极推动南京大学科技园的组织和协调。通过南京大学科技园的组织协调，南京大学科技园带动了 9 所大学的强效组合效应，超越了传统的行政手段，选用各种适应市场经济的方式。极富创意的战略规划将政府规划有效引入宣传，贯彻城市管理理念，提升了区域品位，并有机结合了政府权力与市场力量，它为南京大学科技园创造了一个良好的发展的软硬件环境。

（二）以创新体制激发高校潜力

9 所大学资源的优势毋庸置疑，但单一园区多所学校的模式也给政府带来了极大的不便。为此，科技园鼓励高校在初期建立自己的独立运营平台，即在南京大学科技园的基础上建立二级园区或建立高校独有的专业孵化器，在管理上相对独立同时又享受科技园政策。南京大学科技园在管理系统中实施这一创新模式的优势在于打破了高校与园区管理的复杂问题，充分利用各自的优势，激发各自的积极性、主动性和创造性。同时，每个二级园区或孵化器也可以享受国家科技园的政策以及共享资源的好处，并为每个二级园区和孵化器按照市场原则制定有利条件促使合作共赢。

从表面上看，让每所高校都建立一个以上的专业孵化器十分不易，但 9 所大学都有自己的重点实验基地和坚实的专业人才，这些资源本身就是技术型公司成功孵化的良好基础。从广义上讲，这些应用研究的实验资源是科学园专业孵化器概念的延伸。一旦大型可销售项目以大学的实验为基础，这个基地自然会成为一个虚拟的专业孵化器。实验项目可以在商业化过程中享受科技园的优惠政策。南京大学科技园提出的虚拟孵化器概念是一项加强资源整合能力的创新，其他实施多校一园模式的大学科技园如东湖高新区国家大学科技园、岳麓国家大学科技园、合肥国家大学科技园等都未提及这一概念。此外，在科技园的运作模式上，比起其他大学科技园，南京大学科技园具有其独特的创新性。它有效调动各大学积极性的同时，也加强各“二级园”之间的协助合作，促进其共同成长。

参考文献

[1] 戚旸. 南京地区大学科技园景观设计研究[D]. 南京:南京工业大学,2012.

[2] 刘春林,彭纪生. 大学科技园是如何打造的:关于南京大学科技园的实证研究[J]. 研究与发展管理,2004(4):101-107.

[3] 孙月平,刘俊,邵强,等. 加快大学科技园建设优化南京创业环境[J]. 南京社会科学,2004(S2):179-186.

[4] 闫青. 以产业集群促进大学科技园自主创新体系建设研究:以南京大学鼓楼高校国家大学科技园为例[J]. 科学经济社会,2009,27(1):71-73,78.

南京农业大学（浦口）创意创新创业空间

一、概况

南京农业大学（浦口）创意创新创业空间以工科专业为依托，以一、二课堂融合为抓手，以项目式管理的方式，为学生创意实验、创新实训、创业实践提供平台、培训、基金、导师指导等相关服务倡导学科交叉、探索未知、体验式学习与团队协作的教育理念，致力于围绕三创（创意、创新、创业），探索新型人才教育模式，帮助学生学习创意创新创业的知识、技能和理念，培养学生的创造力，造就新一代的创新型人才。

二、三创空间

（一）管理组成

南京农业大学（浦口）创意创新创业空间（以下简称“三创空间”）的运营和管理主要由“三创空间”管理委员会和“三创空间”管理办公室完成。

1.“三创空间”管理委员会

管理委员会由学院分管领导，学工处、教务处、团委、财务处、总务处等职能部门负责人组成。管理委员会定期召开“三创空间”管理工作会议，具体负责制定战略规划及发展方向，入驻团队申请评定与退出考核等重大事宜；

2.“三创空间”管理办公室

管理办公室挂靠学院学工处，负责三创空间日常管理，资金筹措与管理，内、外关系的维护与管理，项目跟进，竞赛组织等工作。为更好做好“三创空间”的运营管理，在办公室下设综合管理中心、培训交流中心、实践指导中心和项目发展中心。

（二）综合管理中心

综合管理中心负责“三创空间”日常管理工作，为“三创空间”的发展提供有条不紊的服务及管理，划分为财务部、外联部及服务部。

1. 财务部

财务部负责各三创工作室日常的开支及财务的核算与管理，财务分析和规划；对“三创空间”的财务支出、固定资产、经营性资产、日常工作消耗品等进行管理；做好“三创空间”运营的支出、种子资金的申请、管理及使用。

2. 外联部

外联部与各类金融、投资机构联系，研究探索切合实际的投、融资体系，为各创新项目争取各类资金支持；负责与各级政府部门进行对接联络，争取政府资金扶持。

3. 服务部

服务部对申请入驻“三创空间”的创业团队条件进行综合考核；负责空间日常各类活动的策划、组织、宣传及执行；制定、实施“三创空间”管理制度，做好相关考核；做好入驻项目的进展跟踪、统计工作并及时进行信息反馈。

（三）培训交流中心

培训交流中心负责工学院学生的创新创业教育，激发学生的创新意识，鼓励学生积极申报各类创新实验项目激发学生的学习动力。培训交流中心每年有计划、有组织地开展创新创业系列讲座，包括大学生职业生涯规划教育、创业培训班、政府优惠政策解读等。在培训过程中，教师与学生零距离交流、讨论，旨在激发学生创意创新创业意识；对有创业意向的团队提供针对性指导，包括项目策划书的撰写、各类创新竞赛申报等，并长期提供顾问咨询服务。

（四）实践指导中心

实践指导中心负责学生实践项目指导，以国家及部省级课外科技竞赛、大学生研究训练计划等各类创新创业竞赛为抓手，学院为各项目配备专业指导教师，提供技术指导；提供场地、水电、网络、设施等配套服务，实现科技成果的转化；同时负责指导学生参加各级各类创新创业训练项目。

（五）项目发展中心

项目发展中心负责具体项目的开发、洽谈，项目的推进及商业化跟进，帮助对接财务、法务、人力资源等中介服务机构，帮助开展工商、税务、人事等方面的工作，为创业项目市场化做好系列跟进服务，帮助项目多渠道地向外宣传、推广项目、产品。

三、空间特色

（一）跨学科团队合作模式

空间配备专业指导教师，对工作室各成员进行培训以及相关专业指导，同时多学科指导教师在空间进行办公，为成员学生进行全方位指导。南京农业大学倡导学科交叉、探索未知、体验式学习与团队协作的教育理念，致力于围绕创意创新创业，探索新型人才教育模式，帮助学生学习创意创新创业的知识、技能和理念，培养学生的创造力，造就新一代的创新型人才。

（二）一流优秀的管理服务团队

为加强管理，维护创意创新创业空间安全、稳定、有序、和谐的办公环境，保障空间的日常运营，制定了南京农业大学（浦口）“创意创新创业空间”入驻团队管理条例，条例对“三创空间”组织机构与管理体制、团队的入驻管理、“三创空间”管理、空间安全管理等制度都做了详细的规定。

（三）积极开展组织创新创业培训，设立各项基金

为加强“三创空间”的孵化和服务功能，加大对进入空间内的项目及团队的扶持力度，设立创意创新创业种子基金，制定《创意创新创业空间种子投资基金实施方案》。南京农业大学每年投入100余万元，立项国家及部省级课外科技竞赛20余项，举办南京农业大学内部竞赛15项，“挑战杯”大学生课外学术科技作品竞赛、大学生方程式汽车大赛、电子设计大赛、机器人大赛、大学生ERP沙盘模拟经营大赛等项目已成为学院经典赛事。在这些比赛中，南京农业大学每年有470人次获省级及以上的表彰。自2012年以来，南京农业大学先后获得国家级一等奖42项、二等奖68项、三等奖56项。

参考文献

[1] 南京农业大学学生之家. 三创学堂[EB/OL]. http://xszj.njau.edu.cn/cxcy/scxt/1.htm.

浙江省

浙江大学三大创新创业平台

一、浙江大学创新创业研究院

（一）研究院概况

浙江大学于2017年6月成立浙江大学创新创业研究院（以下简称“研究院”，浙江大学直属单位）。研究院以服务国家创新驱动发展战略为主旨，充分整合发挥浙江大学学科、人才、科技和国际合作资源优势，整合校友创新力量，凝聚吸引社会和校友资源，创新体制机制，积极推动和促进科技成果转化、产业化，为广大师生和校友着力打造一流的创新创业平台，构建母校和校友的发展共同体。

（二）发展背景和历程

创新是引领发展的第一动力，浙江大学多年来在创新的基础上开展创业教育，让技术创新作为创业的支撑点，将先进技术转化为生产力，形成了较为浓厚的创新创业氛围，并通过师生共创，开始填平大学实验室与产业界之间的鸿沟。

浙江大学创新创业研究院成立，并将牢牢把握创新驱动发展的东风，加速打造一流的创新创业平台，为浙江大学师生和校友创新创业提供有力的支持和保障，充分彰显浙江大学与浙江大学校友同呼吸、共命运的发展共同体理念，共同推动浙江大学迈向中国特色世界一流大学新征程。其发展大事如下。

2017年6月5日：浙江大学创新创业研究院成立。

2017年7月11日：浙江大学创新创业研究院有限公司成立。

2017年7月28日：浙江大学校友企业总部经济园项目签约。

2017年10月24日：浙江大学创新创业研究院与香港大学、香港中文大学、香港理工大学和香港城市大学四所高校签署技术转移合作协议。

2017年10月27日：创新创业研究院与新加坡科技设计大学签署技术转移合作谅解备忘录。

2017年11月08日：浙江大学校友企业总部经济园过渡办公空间入驻启用。

2017 年 11 月 29 日：省政府正式授牌成立浙江大学校友企业总部经济园；浙江省发展和改革委员会与创新创业研究院联合发布“5311”行动计划共同推进浙江大学校友企业总部经济园建设。

2017 年 12 月 22 日：浙江大学创新创业研究院与浙江省科学技术厅签署建设浙江大学校友企业总部经济园合作协议。

2018 年 1 月 16 日：浙江大学创新创业研究院与中新力合达成战略合作；浙江大学创新创业研究院与澳大利亚浙江大学校友会合作框架协议签约。

2018 年 7 月 15 日：亚太校友创新创业中心入驻浙江大学校友企业总部经济园。

2018 年 9 月 19 日：浙江大学校友企业总部经济园“ZJU 校友创客空间”启用仪式暨校友企业品牌发布会在未来科技城炬华智慧产业园举行。

2018 年 11 月 15 日：浙江大学校友企业总部经济园功能一区启动地块正式开工。

2018 年 12 月 5 日：老挝贸促会论坛中国代表处落户浙江大学校友企业总部经济园。

(三) 平台建设的特色做法

1. 组织架构

浙江大学创新创业研究院领导机构是研究院理事会，设理事长一名，由校领导担任；设常务副理事长、副理事长、常务理事和理事若干名，由浙江大学有关部门负责人、校友总会和教育基金会秘书长、重要出资企业代表、相关地方校友会代表等组成（图 1）。

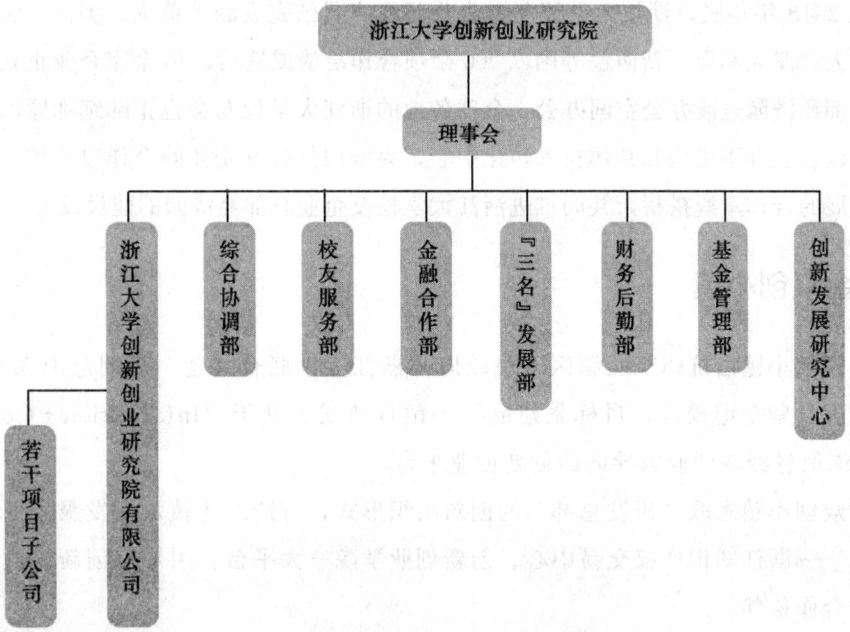

图 1　浙江大学创新创业研究院组织架构

2. 机构设置

浙江大学创新创业研究院设立浙江大学创新创业研究院有限公司、综合协调部、校友服务部、金融合作部、“三名”发展部、财务后勤部、基金管理部、创新发展研究中心等1个公司、7个部门。其中浙江大学创新创业研究院有限公司是由浙江大学教育基金会全资设立成立的企业性质独立法人，主要业务是推进学校及国内外科技成果的转化、产业化项目，参与战略性新兴产业和高水平教育、高端健康医疗产业以及其他有利于促进经济社会发展的项目等。

3. 重点项目——浙江大学校友企业总部经济园

浙江大学校友企业总部经济园是研究院发展初期的重点项目。2017年11月29日，浙江省人民政府授牌成立，浙江大学校友企业总部经济园是浙江大学与杭州市余杭区战略合作的重要内容，得到了浙江省、杭州市和余杭区三级政府的政策支持，是以汇聚全球浙大校友创新发展意愿为重点的创新型平台。

浙江大学校友企业总部经济园积极吸引校友企业和以校友企业为纽带的社会企业投资入驻，建成了具有“全省性、全国性、全球性”特征的校友企业总部，形成了以企业总部集群为特征的经济园区和新兴经济业态，着力打造为以高新技术为核心的研发、孵化、产业化创新创业平台。

（四）发展成果

截至2018年年底，浙江大学校友企业总部经济园已完成涵盖英国、美国、法国、俄罗斯、加拿大、澳大利亚、新西兰等国家200余项合作洽谈或签约，40余家企业正式注册落地并入驻总部经济园过渡办公空间办公。全球各地的浙江大学校友会也正陆续加盟国际合作网络，在园区设立办事机构和共建技术转化中心，为海内外校友企业间合作以及校友企业与学校学科发展的合作牵线搭桥，共同推进浙江大学校友企业总部经济园的建设发展。

二、紫金众创小镇

紫金众创小镇由杭州市西湖区人民政府与浙江大学联合共建，规划范围3.96千米^2，毗邻浙江大学紫金港校区，目标是建成将小镇打造成为基于“Information + Computer + X”的高端信息经济产业为导向的创新创业平台。

紫金众创小镇采取“研发总部”的创新组织形式，打造产业技术研发服务平台、众创服务平台——浙江知识产权交易中心、创新创业学院三大平台，引导有创新研发、产业升级需求的合作伙伴。

校友企业在紫金众创小镇创设“研发总部”，集中利用浙江大学及小镇的科创资源优势、平台优势，形成核心技术成果，并通过政产学研协同促进科研成果转化成生产力，带动地方产业创新升级，并同时搭建智慧联创平台，组建校企联合研发中心，发挥校企联合创新效能。

目前，该小镇已有企业 3 508 家，国家级孵化器 1 家，省级重点实验室 1 家，市级以上高新技术企业 103 家，其中国家扶持的高新技术企业 50 家。博士后工作站 2 个，市院士专家工作站 5 个，省、市技术研发中心 48 家。2016 年，紫金众创小镇实现总产值 130 亿元，税收总收入 11.81 亿元，吸引就业人数 1.5 万人。

紫金众创小镇设立 500 万元/年的大学生创业专项资金以及房租补贴和扶持政策；鼓励大学生创新创业，经过认定者提供房租补贴、创业资助和扶持资金等。

三、浙江大学国家科技园

（一）平台基本情况

浙江大学国家科技园创建于 2001 年，它是经科技部、教育部联合批准的国家级大学科技园，也是国家高新技术创业服务中心。浙江大学国家科技园由浙江省、杭州市和浙江大学联合共建，享受杭州国家高新技术产业开发区和省市政府出台的一系列优惠政策。浙江大学国家科技园的建设遵循“统筹规划、以人为本、市场推动、坚持开放”的方针，坚持技术创新和科技成果转化、高新技术企业孵化和创新创业人才培育、高新技术产业辐射的宗旨。

浙江大学学科综合交叉和高层次人才资源优势及强大的科技实力为科技园的技术创新和高技术企业孵化提供了强有力的支撑。浙江大学国家科技园规划建设用地为 1 700 亩（同时按照“一园多点”的原则，在宁波、嘉兴、绍兴、温州及江西省南昌市等地建有科技园分园）。

（二）平台特色做法

1. e-WORKS 创业实验室

浙江大学 e-WORKS 创业实验室位于杭州市西湖区浙江大学国家大学科技园内，由浙大国家科技园牵头，浙江大学党委研工部、浙江大学管理学院、浙江大学创新技术研究院等共同创办，旨在为创业团队提供专业的创业预孵化服务，以天使基金、免费孵化场地、“1 对 1”企业家导师指导及相关政策优惠孵化扶植极具潜力的创业团队。让每一位带着梦想而来的创业者都能从这里孵化出一片未来。浙江大学 e-WORKS 创业实验室已被科技部认定为首批国家级众创空间，并纳入国家级孵化器管理体系。

2. 空间运营

e-WORKS 何解？e 代表 entrepreneur，即创业者；e 代表 enthusiasm，即热情，这里拥有一群最富有激情与梦想的创业者和全力助其圆梦的创业导师；e 代表 ebusiness 和

ecommerce，这里支持富有高新科技含量的 idea，并利用互联网、移动端、自媒体等各种平台宣传与推广；WORKS 是工坊，寓意创业实验室是创业者的乐园，是创业梦想的孵化器。e-WORKS 的核心理念即：依托浙江大学，扶持基于创新的创业。

e-WORKS 入驻项目为期 1 年，每年培育项目 20～25 个，融资成功率 10%～30%；配套浙江大学科技园创业咖啡，截至 2017 年 3 月 31 日，已开展活动次数 320 多场，具有创新活力的创业点子秀活动将在浙江大学校内校外常态化开展。

目前，浙江大学着力打造特色的紫金众创小镇，借力紫金小镇天使投资基金的设立，浙江大学 e-WORKS 创业实验室将在浙江大学紫金众创小镇续写创新创业的篇章。

3. 成功案例

①时印科技：2016 年获 200 万元天使投资；②蜂飞科技：2016 年获 A 轮 3 000 万元融资；③飞秒检测：2016 年度营收 500 万元，2017 年度计划营收 1 000 万元；④快新风：2016 年 10 月入驻，入驻半年期间获得 8～10 家天使投融资机构关注和辅导，2017 年获得杭州日报、科技金融时报等杭州主流媒体关注。

（三）科技园成果

浙江大学国家科技园积极为学校科技成果与民间资本嫁接提供全方位、多层次的服务，已新创办科技孵化企业 300 多家，转化学校科技成果 300 多项。浙江大学的相关教师、科技人员和学生在科技园的专、兼职创新创业人员 1 000 余人，为科技孵化企业科技研发、转化和产业化提供了强有力的人才支撑，促进了孵化企业的快速发展，目前，浙江大学国家科技园已有 50 多家高新技术孵化企业毕业出园。一批高技术成果通过浙江大学国家科技园 这个平台向周边地区辐射，浙大三色、宇恒科技、图灵信息、辰光科技、国芯科技、科特光电、易纺数码纺织等一批优秀高技术企业成长壮大后不断走向社会，为区域科技进步和经济社会发展做贡献。

参考文献

[1] 浙江大学创新创业工作实践与思考. 第十一届中国产学研合作创新大会分论坛[J]. 中国科技产业,2018. 01.

福建省

福建农林大学

一、概况

福建农林大学近年来不断深化创新创业教育改革，构建了“234”（即“两平台、三融入、四转化”）创新创业实践育人体系，从顶层设计上为培养创新创业人才服务。“234”具体内容为：打造闽台联合育人创新创业实践育人和服务区域经济社会创新创业实践育人“两平台”；做好科教融合、产教融合、社教融合“三融入”；促进资源整合、联合育人机制、人才培养模式和社会服务方式“四转化”。“234”创新创业实践育人体系的构建，大幅度提升了学生的创新创业素养与能力，助推了一大批学生积极参与创新创业。其中“三融入”的落实可以让学生创新创业的梦想“开花”（图 1）。

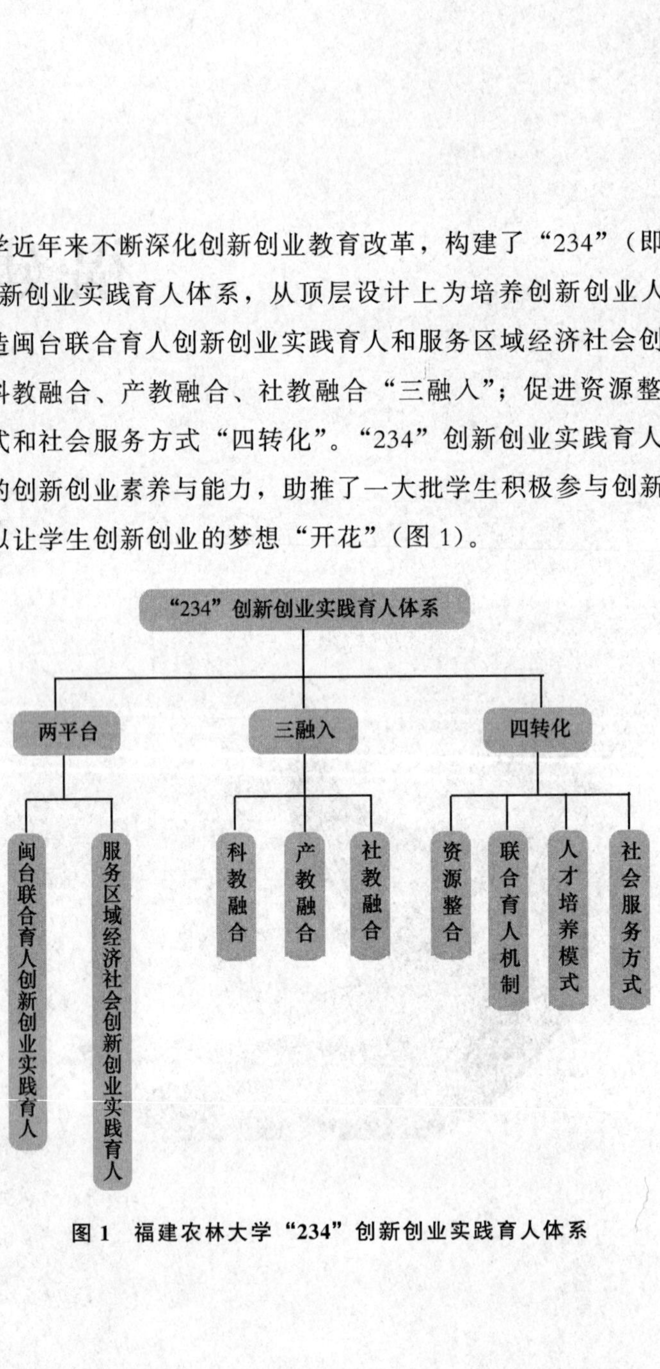

图 1　福建农林大学“234”创新创业实践育人体系

二、发展历程

（一）学校特色、教学优势奠定创新基础

福建农林大学是福建省重点建设的高等农林学府，闽台区域特色和农林学科优势明显，拥有一大批“把论文写在大地上”“把论文写在农民的钱袋里”的科研人员，社会服务覆盖福建省 73 个县区和全国 32 个省市 370 个县区。福建农林大学参加“中国·福建项目成果交易会”，连续 14 年对接并获资助项目数居所有参会高校和科研院所之首，创造了巨大的经济社会效益，其中福建农林大学发明的菌草技术推广到 101 个国家，育成的甘蔗品种占全国甘蔗种植面积的 85%，育成的麻类品种占全国的 2/3 并覆盖全国种植面积 1/2 以上。可见，福建农林大学大学生开展创新创业有着先天优势和肥沃土壤。在此背景下，福建农林大学近年来不断深化创新创业教育改革，构建了“234”（即“两平台、三融入、四转化”）创新创业实践育人体系。

（二）落实三个融合

1. 科教融合，提升了学生科研素质

在国家和部省级科研创新平台的基础上，福建农林大学已建 26 个校内高端科研创新训练基地。近 2 年来，这些高端科技创新训练基地共接受本科生 1 768 人进实验室，开展学术讲座 161 场，指导本科生发表论文 94 篇，申请专利 47 项，完成教师科研成果转化为本科教学内容 65 项，指导本科生参与并获得科技竞赛等学术活动奖项 302 项，其中获得省级以上科技竞赛奖 237 项。

2. 产教融合，提升了学生专业技能

以福建农林大学安溪茶学院为例，茶学院建设了福建省茶产业研究中心，引领助推茶产业改造升级，引入当地企业共同制定人才培养方案，聘任 55 位企业导师进校授课指导，探索融创新、创意、创业为一体的“三创人才”培养方式。茶学院在八马茶业、安溪铁观音集团、华祥苑等 25 个知名茶企建立创新创业实践基地。其创新创业实践教学内容对接茶产业链，与茶多网络（安溪）有限公司合作共建大学生创客空间，开展由企业全额资助的茶艺技能大赛，逐步形成校地、校企“共创、共建、共享”的创新创业教育模式，学生的专业技能得到了较大提高。

3. 社教融合，提升了学生服务社会能力

福建农林大学将创新教育融入大学生社会实践活动，以“三下乡”社会实践为引领，每年组织 140 多支重点团队、组织 90%以上的大学生参与各种形式的实践活动，奔赴全国各地开展科技服务工作，大学生参与推广实用技术累计 600 多项，举办科技培训讲座 750

场，制作和发放科技资料10万多册。福建农林大学连续21年获得全国大中专学生志愿者暑期“三下乡”社会实践活动先进单位荣誉称号。

（三）推进创新创业教育，完善育人体系

除了构建了“234”创新创业实践育人体系之外，福建农林大学还举行了以下3点措施。

①通过“帮扶促”并举促进大学生创新创业，在服务就业创业方面提出“三个必须”，并在政策、师资、资金等机制保障上为创新创业保驾护航。

②根据大学生创新创业规律，对大学生创业园进行一体化设计，建成“创意、试水、孵化”递进式三大功能区，助推大学创新创业“阶梯发展”。

③与知名校友发起成立的福建海丝发展有限公司合作共建海上丝绸之路创业学院，将契合国家“一带一路”倡议，围绕产业升级发展需求的创新创业教育生态圈和创业孵化服务生态链的构建，打造开放式合作联盟众创平台。

三、发展成就

（一）高校荣誉

2016年，福建农林大学先后获得教育部首批“全国高校创新创业典型经验高校”“全国高校实践育人创新创业基地”等一系列殊荣。2016年11月17日，《中国教育报》刊登《完善“帮扶促”机制搭建“创试孵”平台——探寻福建农林大学获首批“全国高校创新创业50强”的经验》。

（二）获奖项目

在2016年“创青春”全国大学生创业大赛中，福建农林大学获金奖2项、银奖2项、铜奖2项，以440分的团体总分与清华大学等20所高校一同获得“优胜杯”，并获“优秀组织奖”，总成绩继续位居福建省属高校第一，全国农林院校第一，同时也是继2005年、2009年、2011年福建农林大学三获“挑战杯”全国大学生课外学术科技作品竞赛“优胜杯”和2014年获“创青春”全国大学生创业大赛“优胜杯”后，第5次捧起“优胜杯”。在2016年第十三届国际遗传工程机器设计大赛（IGEM）中，福建农林大学斩获本届赛事金牌；在2016年“中国创翼”青年创业创新大赛中获全国团队组银翼奖（系福建省唯一获奖项目）及省赛一、二、三等奖各1项；在2016年中国“互联网+”大学生创新创业大赛中获国赛铜奖1项及省赛银奖1项，连续2年获省赛“优秀组织奖”。

（三）创业园区的发展

福建农林大学拥有占地超过200亩的大学生创业园，可同时容纳50个创业团队、500

名学生进驻。近5年来，福建农林大学累计有28个学生创业项目获高校毕业生创业省级资助（总资助金额144万元），63个项目获省级大学生“创业之星”项目扶持（总扶持金额245万元），均居全省高校前列。大学生创业园获评为福建省省级众创空间、省级高校毕业生创业培训基地是全省首家“闽台大学生创业培训基地”。涌现了一大批优秀的创业者和创业团体。例如，福建省第一个跨境电商校园孵化基地——福建农林大学大学生跨境电商创新创业实训基地。该基地2015年9月成立至今，现已吸纳会员270名，其中近3年毕业生106人，在校生164人，日均订单量2 000件，月用邮金额80万元，累计创汇达2亿元人民币。

参考文献

[1] 推进创新创业 铺设成长坦途：福建农林大学学生就业创业情况简述[EB/OL]. [2017-06-21]. http://www.fafu.edu.cn/2017/0620/c132a25632/page.htm.

[2] 完善“帮扶促”机制 搭建“创试孵”平台：探寻福建农林大学获首批“全国高校创新创业50强”的经验[EB/OL]. http://www.fafu.edu.cn/2016/1117/c124a2917/page.htm.

[3] 我校学子在第四届中国“互联网+”大学生创新创业大赛中创佳绩[EB/OL]. [2018-10-16]. http://www.fafu.edu.cn/2018/1016/c132a32862/page.htm.

[4] 我校大学生创新创业园获评首批省级创业孵化示范基地[EB/OL]. [2018-01-07]. http://www.fafu.edu.cn/2018/0117/c132a29112/page.htm.

福州大学

一、概况

福州大学依托以工为主、理工结合的特色优势，重点建设国家大学科技园阳光众创空间、“三千”创客空间、创新创业教育实践长廊、创业素质拓展基地、学院创新创业实验室等五大创新创业基地，构建创新创业生态圈，服务大学生创新创业实践，全面助力创新创业型人才培养。阳光众创空间位于福州大学旗山校区国家大学科技园阳光科技大厦的第9层，总面积达3 050 米^2，集创新苗圃、创新孵化、创业苗圃、创业孵化、创业加速等为一体的新型创业生态系统，首批22个团队已成功入驻。创新创业教育实践长廊位于福州大学五区研究生公寓外围，总面积为834 米^2，已经建成17个示范基地，吸纳结合专业特色定位的实体创业项目、跨领域多学科创意项目等17个学院特色项目入驻，努力建设成为展示创新创业人才培养成果的示范基地。

二、发展历程

（一）创立背景

为深化学校创新创业教育工作，福州大学整合校内外资源，以“三千”创客空间—创新创业教育实践长廊（示范基地）、素质拓展中心创业孵化基地、福友阁文创基地、国家大学科技园为基础，以助力创新创业，培育时代先锋为发展理念，积极打造阳光众创空坚持，致力于培养能够引领产业发展的创新创业型人才，以科技创新为动力，依托福州大学学科优势，孵化出一批“顶天立地”（科技含量高、市场前景好）的科技型企业。

（二）走进创业园

1．福州大学国家大学科技园

具体如图 1 所示。

图 1　福州大学国家大学科技园

2．创新创业办公室

具体如图 2 所示。

图 2　创新创业办公室

3. 三千创客中心

具体如图 3 所示。

图 3　三千创客中心

三、发展成就

（一）平台获奖情况

据科技部火炬高技术产业开发中心网站发布《科技部关于公布 2017 年度国家备案众创空间的通知》，福州大学阳光众创空间获评为国家众创空间，并纳入国家级科技企业孵化管理服务体系。

除此之外，福州大学阳光众创空间已获评为“全国大学生创业示范园区”“福建省大学生创新创业园”“福建高校毕业生创业孵化基地”“福建省众创空间”“福州市众创空间”等一系列荣誉称号。它是福建省唯一一家国家级的高校众创空间。

（二）项目获奖情况

2018 年 8 月 14 日，第七届中国创新创业大赛（福建赛区）暨福州市创新创业大赛决赛在福州举行，福州大学阳光众创空间推荐项目“C-Drug 降糖专家”在决赛中斩获一等奖、“河流管家”“绿建团队-隧道防火涂料”获得三等奖。

四、运营与服务

（一）发展目标

通过建设阳光众创空间，为青年学生提供全方位的创新创业实践服务和指导，全力打造基础研究、应用研究、成果孵化与产业化、加速升级等的完整生态链，发挥辐射带动作用，让更多大学生参与创新创业并且实现成功创业，促进全省大学生创新创业实践，打造全省首家国家级大学生创业示范园（图 4）。

（二）服务体系

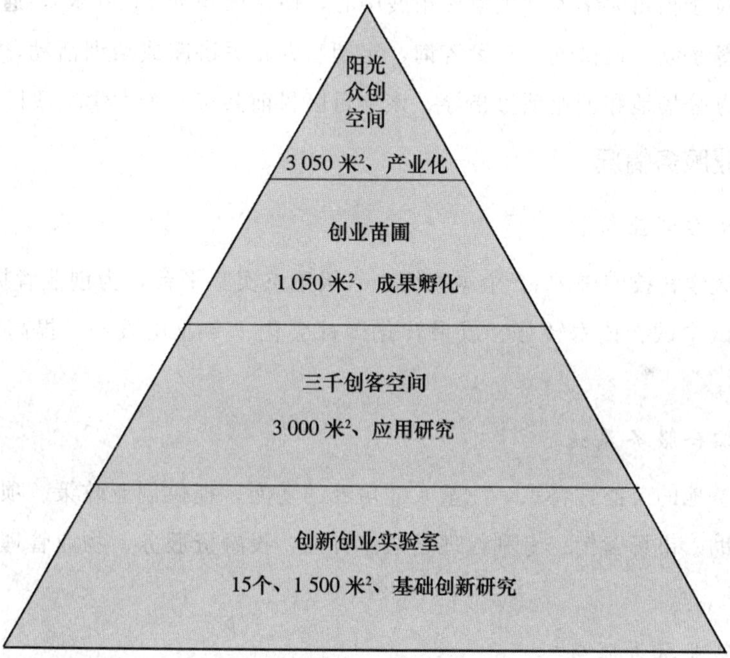

图 4　福州大学阳光众创空间创业服务体系

（三）运营现状

目前，福州大学阳光众创空间按照“创新创业实验室-创客空间-创业苗圃-阳光众创空间”一体化的科技创业孵化链条，抓好提质增效工程，以国家大学科技园阳光众创空间为基础与核心，建立创业苗圃、三千创客空间和学院创新创业实验室，构成全链条一体化创业孵化服务体系。

1. 创新创业实验室

创新创业实验室旨在鼓励学生开展专业基础创新和初级创业实践。目前，福州大学共建成实验室15个。由福州大学学生处每年组织“校十佳专业创新创业实验室”评选，给予优秀实验室1万元的经费奖励。同时，给予入驻实验室的20个“优秀创业苗圃项目”每年3 000元奖励。

2．三千创客空间

三千创客空间依托福建省唯一的综合性工程训练类国家级实验教学示范中心——校机电工程实践中心建设，使用面积为3 000米^2。2017年3月11日，“三千创客空间”入驻国家大学科技园海源3D创客工场，集结了包含VR畅游、3D打印、航模、机器人等科技热点项目的研发团队

3．创业苗圃

创业苗圃位于福州大学大学生素质拓展中心，使用面积为1 050米^2，通过为入驻团队代办工商注册等手续，提供创业政策咨询，定期举办相关讲座或培训活动，为初创型创业项目提供免费办公场地和创业项目指导。该项目区目前共有8个大学生项目入驻。

（四）创业服务情况

1．提供精准创业帮扶

依托国家大学科技园中的82个国家级、省级重点实验平台，为创业者提供检验检测、研发设计、小试中试、技术转移、成果转化等社会化、专业化服务，提高技术支撑服务能力。

2．建立综合服务系统

突出创业基地的公益性特点，注重人才培养的功能，提供创业政策、项目来源、项目论证、技术帮助、市场营销、专利代理、法律咨询、投融资服务、物业管理、创业辅导等“一条龙”服务。

3．强化创业融资服务

发挥共青团对外联系的便利，通过20多家投资机构合作，完善投融资模式，吸引社会资本投资初创企业，打造专业化的资源生态圈。

4．建立创业导师队伍

成立福州市青年创业促进会福州大学分会，建立由天使投资人、风险投资人、成功企业家、资深管理者、技术专家、市场营销专家、创业研究专家等组成的专兼职导师队伍。

5．开展创业教育培训

2015年至今，定期邀请创业导师、企业家、律师、风险投资人等举办讲座、培训、企业家沙龙，开展各类公益讲堂、创业论坛50多场，举办大学生创业训练营4期，积极

开展投资路演、项目宣传推介等活动 40 多场，建立创业实训体系。

6. 办创新创业活动

鼓励和支持学生参加大赛，为创新创业者提供学习和展示平台，形成了国家、省、校三级学生创新创业项目训练体系。

7. 突出创业项目申报

组织项目积极申报福建省大学生“创业之星”评选，参与“互联网+”“创青春”“挑战杯”等各类创新创业竞赛活动。

8. 强化创新创业信息化建设

福州大学阳光众创空间注重推进大学生创新创业工作信息化，搭建“福州大学大学生创业服务网”，开辟新闻资讯、孵化基地、创业项目、创业赛事、创业培训等专栏，为学生创新创业提供更加便捷的信息服务。

（五）后期规划

围绕建设全国大学生创业示范园的要求，福州大学将进一步完善阳光众创空间孵化平台的建设，积极开展创业培训、创业辅导等创业服务活动，挖掘、联系一批优秀的大学生创业企业和创业大学生；支持促进大学生创业就业服务体系建设，参加大学生创业服务活动，做好“创青春”“互联网+”等创新创业大赛优胜项目的孵化工作；动态跟踪国家、省、市有关部门出台的相关创业服务政策，及时形成政策解读材料，并配合做好政策宣传，发挥辐射和带动作用，让更多大学生参与创新创业并且实现成功创业。

参考文献

[1] 校领导到创新创业实践平台调研[EB/OL]. https://news.fzu.edu.cn/html/fdyw/2017/04/08/d8d5f5fb-b9e7-4281-a334-f75e497e4018.html.

[2] 喜讯:我校阳光众创空间入选“全国大学生创业示范园”[EB/OL]. http://xwgk.fzu.edu.cn/html/zhxx/2017/03/01/841590d7-75b9-4ebd-8dfd-79ba1236d5d5.html.

[3] 青春福大. 我校阳光众创空间荣获“全国大学生创业示范园”称号[EB/OL]. http://www.sohu.com/a/132076980_658689.

厦门大学

一、概况

厦门大学入选教育部全国首批深化创新创业教育改革示范高校，牵头发起成立全国大学生创新创业实践联盟；入选教育部首批“中美青年创客交流中心”。荣获“国创计划十周年”最佳组织奖、第三届中国“互联网+”大学生创新创业大赛“先进集体奖”、深化创新创业教育改革特色典型经验高校，厦门大学加强教师队伍建设和创新创业课程体系建设，进一步激发学生主动学习、主动创新的活力。近年来，厦门大学参与创新创业人数不断增加，创新创业氛围更加浓厚。

在2016年“创青春”（原“挑战杯”）全国大学生创业大赛中，厦门大学代表团取得2金、3银、1铜的优异成绩，总积分位于全国高校前列，再次捧得大赛“优胜杯”（全国仅有20所高校获此殊荣），并获“高校优秀组织奖”，再创参赛佳绩。

第四届中国“互联网+”大学生创新创业大赛在厦门大学举行。8 000余名来自海内外的师生、382支创新创业团队汇聚厦大校园，校园里青春的激情在创新创业的海洋中扬帆。在此次大赛中，厦门大学进入总决赛的8个项目，团队取得6金、2银的佳绩。其中，“罗化新材料”项目更是凭借着良好的商业性、全球领先的技术和出色的创业团队，获得大赛评委的高度认可和青睐，以总分1 140分排名全国第二，获得大赛亚军。

成绩的背后是厦门大学在持续深化创新创业教育改革的思考和探索。厦门大学抓住“政策”“兴趣”“地域”“资源”等关键词，形成了创新创业教育改革的厦门大学经验。改革经验成效初显，学生创新创业成果持续涌现，学业竞赛成绩优异，引起了社会和业界关注。

二、发展历程

（一）助力成果转化，双创基地遍地开花

有想法、有创意、要能真正落实开花，年轻的学子们和萌芽的项目，亟待各界力量的

支持。近年来，为进一步培育项目落地，多家高校不断打造培育平台，并携手多方资源，为青年创业者的创业之路提供助力。

厦门大学联合多家单位和部门共建“厦大—火炬极客空间”，并开展“ETC创业培训”（教育 Education、孵化 Tutor、投资 Capital），帮扶解决项目战略规划设计及实际经营问题。同时，厦门大学与数十家企业共建创新创业实践基地，并在人才培养、创业实践、项目孵化、资本对接等方面开展深入合作。

此外，在资源方面，多方力量共同支持产、学、研成果转化，为项目孵化提供资金支持。如统筹教学、学生经费和校友捐赠等资源，设立创业启动金、学生创新创业基金、科创竞赛奖学金、社会课堂奖学金等；联合金融机构，设立教育“双创”投资基金，支持优质创新项目及科技成果转化项目。

（二）兴趣带动，引导学生主动参与

对于厦门大学化学化工学院生物工程专业2015级本科生梁杨而言，在一年的时间里，认识并深交了一群“志同道合”的团队伙伴，一起三班倒合作完成实验，一起大街小巷严寒酷暑走访调查，一起为了同一个目标携手前行。在化学化工学院教授方柏山的指导下，他和他的小伙伴们确定了国际遗传工程机器大赛的选题后，走访调查了厦门市各级医院，对当前中国社会癌症诊断治疗现状进行深入调研，在数不清的头脑风暴、数不清的实验、数不清的碰撞中，构建起一套可用于疾病诊断与治疗的无细胞系统，并开发了相应的装置与手机应用程序。

近年来，在继续深化本科生创新创业教育改革的探索中，厦门大学用兴趣带动，实施科创竞赛全员化、多样化、课程化、基地化、团队化、国际化、常态化、日常化新模式，激励学生为兴趣创新创业。

据不完全统计，2012—2017年，厦门大学学生获得省市级以上学业竞赛奖项3 796项，其中国际级奖项433项。在获得的学业竞赛奖项和国际级奖项方面，2017年分别增长251%、425%。

（三）地域联动，打造联合培育平台

2017年年底，教育部公布了全国16所高校和两家企业为首批挂牌中美青年创客交流中心单位，其中厦门大学榜上有名。

创客交流中心的成立为厦大学生及创业青年带来的不仅仅是1 500米^{2}的创业孵化基地以及科研实验室，价值超过3 000万元的教学科研仪器，更有谷歌、英特尔、亚马逊等公司的云平台和技术资源，赛灵思、TI、ST、ARM等公司的捐赠开发套件，腾讯、华为公司的科研项目支持，美国麻省理工学院 Fab Lab 的创新课程与资源，并通过师资培训，厦门大学将经验与技术辐射到60余所高校。

截至目前，厦门大学与厦门市知名企业共建58个“青年就业创业见习基地”，延伸见习基地创业孵化职能，举办学生创业企业见习招聘会，专设创业企业展位，为创业团队寻找“创业伙伴”提供支持；建设福建省高校毕业生创业培训基地，优化课程体系，每年面向400名本校学生和100名厦门地区高校大学生开展“ETC创业培训”，帮扶解决项目战略规划设计及实际经营问题。

（四）资源推动，完善服务保障体系

“叩鼎我知盘中餐”“数字乡建”“果蔬卫士”“厦渔拾贝”……厦门大学的创业团队走进乡村，与乡镇企业携手创意扶贫；厦门大学学生团队自主研发罗化全谱荧光陶瓷转换器，以该陶瓷转换器为核心产品的江苏罗化新材料有限公司，已获得授权专利30项，截至2018年9月30日，该公司已确认收入达7 012万元。

国际冠军1项、国内冠军5项、全国一等奖3项、申请获批专利12项、大学生创新创业项目百余项……这是厦门大学RCS机器人队的一份成绩单。10年的打磨让这个团队不断蜕变和成长，并成为近年来厦门大学科创团队的一张名片。

不只是RCS机器人队，厦门大学还有“智能车队”“工业自动化”“创意工厂”“航模队”等一系列科创团队。厦门大学通过这些校内实践平台的打造，为学生进行科创竞赛训练提供了重要场所，让学生的才华和创造力有了用武之地。此外，厦门大学还建立湖畔咖啡、惜夕湾咖啡等特色创业实践基地，招募学生创业团队自主经营，搭建全仿真创业环境；设立创业服务中心，提供科研训练课程、风投引资、项目孵化、跟踪扶持等服务，依托国家大学科技园，成立创业孵化中心，为入驻大学生创业企业提供场地优惠、投资融资、创业咨询等服务。

厦门大学现代教育技术与实践训练中心主任、教务处副处长谢火木说：“学校还通过设立创新学分，实行创新学分奖励制度，完善科研创新机制，把创新创业教育融入人才培养全过程，不断提高人才培养质量。”

三、经验总结

（一）支持本科生科创　设立创新学分

为了鼓励督促每个本科生参与科创，厦门大学从2015级本科生开始，改革人才培养模式，设立创新学分，出台创新学分认定方法。创新学分要纳入人才培养方案，计入教学计划总学分。学生在厦门大学认定的各级各类竞赛、科创项目、发表论文、发明创造等方面取得成果，通过申请和认定，可以获得相应的学分。

（二）打造激发本科生科创潜力“两个平台”

厦门大学为有效提高本科生参与科学研究和创新活动的热情、激发他们的创造力，从

2013 年开始明确提出，精心打造“学业竞赛”和“本科生早期科研训练”两个平台。

厦门大学大刀阔斧改革“学业竞赛”形式，投入 186 万元专项经费，推出 49 个面向全校学生且有不同学科交叉的“学业竞赛”，通过专项经费，资助有潜质的竞赛项目参加国内外重大赛事，鼓励学校本科生与世界一流高校学生同台竞技。

在培养学生创新创造能力时，厦门大学支持建筑土木工程学院的“太阳屋”项目，参加 SD 国际太阳能十项全能竞赛；支持化学化工学院组队参加国际遗传工程机器大赛；以科研项目形式资助学生开展科研训练，设立校、省、国家三级大学生创新创业训练计划项目，以及基础创新科研基金本科生项目，吸引优秀本科生积极参与科研训练等。

参考文献

[1] 勇立时代潮头　双创成果量质齐飞　我市多所高校创新创业教育改革成效显著，大学生成创新创业主力军[EB/OL].[2018-10-13]. https://news.xmu.edu.cn/2018/1013/c1644a354298/page.htm.

[2] 厦门大学：让青春在创新创业的海洋中扬帆[EB/OL].光明日报，[2018-12-12]. http://www.sohu.com/a/281212615_162758.

[3] 厦门大学打造激发本科生科创潜力“两个平台”[EB/OL].[2014-04-04]. http://edu.163.com/14/0404/18/9P0O5K8S00294M9N.html.

厦门创新创业园

一、概况

厦门创新创业园的运营与服务机构——厦门高新技术创业中心有限公司创立于1996年12月。它作为中国科技企业孵化器发展的一个精彩缩影和管理模式探索的先行者，大力构建“2+4”创新创业体系，围绕创新创业生态建设，努力营造良好的园区营商环境，汇聚政府、投融资及中介服务机构、大学科研院所等创新要素和资源，为留学人员和科技人才创新创业提供强有力的平台和服务支持。

二、发展历程

1996年12月18日，厦门高新技术创业中心有限公司成立。该公司的成立掀开了鹭岛厦门创新创业的崭新一页，肩负起厦门经济特区的特殊使命，凝聚了厦门最早一批孵化器人的血汗。

（一）空间驱动：创新发展的基石保障

在寸土寸金的厦门实行以企业孵化为基础、以产业孵化为导向的“空间驱动”发展战略，为厦门创新创业园确保了产业发展新空间。

厦门本岛俗称“岛内”，其他区域被称为“岛外”。由于种种原因，岛内经济发展速度和基础设施建设远超岛外。早在2002年，时任福建省省长的习近平同志深入厦门调研，做出了“跨岛发展”的战略决策。而厦门跨岛发展不仅仅是空间距离的缩小，更要兴产业、促转型。

“向岛外挺进，将孵化基地建到岛外”，2006年，厦门创新创业园开启岛外发展篇章，建成厦门台湾科技企业育成中心。2007年，厦门创新创业园更是在厦门市率先推行加速器的试点运作，将位于火炬（翔安）产业区一期、总建筑面积2.7万$米^2$的11幢研发小楼定位为加速器实验基地，并先后于2013年、2015年，建成加速器一期以及加速器二期基地，总规模达11.8万$米^2$。以厦门乾照光电为代表的一家家企业涌入岛外孵化基地，不仅形成集聚效应，更为培育新的经济增长点提供了强大的产业支撑。

2015 年，“芝麻开门创客汇”的启动运营，标志着厦门创新创业园已搭建起“苗圃-孵化器-加速器”完整的孵化培育体系。如今的厦门创新创业园已经形成岛内、岛外一体化发展的良好格局，实现了创新体系、孵化功能、生态系统等跨越发展。它是福建省和海西规模最大的科技企业孵化器集群。

（二）人才驱动：创新发展的内生动力

创新驱动就是人才驱动。2007 年，洪伟从澳大利亚留学回国创办了清源科技，开始对光伏产业研发。2009 年，园区出资缓解清源科技资金压力。2014 年，创业中心与清源合作建成福建省第一个兆瓦级分布式光伏电站。2017 年，清源科技上市，厦门创新创业园协助清源科技获得 130 万元上市扶持资金。

海归人才是厦门市人才引进的重点。作为福建省最早的国家级留创园，引进留学人员到厦门创业，厦门创新创业园走在前列。

2002 年，在厦门创新创业园的推动下，厦门市人大常委会审议并通过了《厦门经济特区鼓励留学人员来厦创业工作规定》。该规定成为全国首部鼓励留学人员回国创业工作的地方性法规，为厦门创新创业园在全国打响知了名度。2009 年，在厦门创新创业园参与下，厦门火炬高新区又推出人才政策“升级版”——《厦门火炬高技术产业开发区引进境外科技创业创新领军人才办法（试行）》和《厦门火炬高技术产业开发区鼓励企业技术改造和技术革新办法（试行）》。

厦门创新创业园深入实施“人才驱动”是厦门市“双百计划”和福建省“百人计划”的最重要载体和平台，担负着厦门市领军人才创业孵化和培育的重任。厦门创新创业园累计引进海内外科技创业人才 1 600 多人，其中海外留学人员 520 人，占来厦门创业留学人员总数的 90%，研究生创业者的比例超过 90%。在引进海外高层次人才方面，自 2010 年以来，厦门创新创业园已承接 80 位厦门市“双百计划”人才落户创业，其中有 8 位人才入选中央“千人计划”创业型人才；11 位人才入选科技部“创新人才推进计划”；5 个团队、28 位人才入选福建省“百人计划”，4 位人才入选福建省首批海西创业英才。

（三）创新生态：构建创新孵化支撑体系

作为国内科技金融第一梯队城市，厦门具备良好的科技金融生态环境。紧贴不同阶段企业发展需求破解融资难题，打造良好的科技金融生态环境，厦门创新创业园在实践中形成了许多富有成效的模式。

2009 年 12 月，厦门创新创业园凭借优质服务以及和创业者多年相处积累的情感，成功引进 4399 公司，并促使企业将厦门作为国内总部所在地，将分散在全国各地的业务集中到厦门结算。

2013 年，厦门创新创业园成立规模 1.1 亿元的天使创投公司，打破园区原有以政策扶持资金为主导及零散投资的服务模式，实现“孵化 + 投资”双轮驱动模式，形成种子期、发展期、加速期多层次科技金融服务链条。

2016 年 12 月 15 日，美图在香港主板挂牌上市。按每股 8.50 港元发行 5.74 亿股，所得款项净额约 46.88 亿港元，获得全球资本瞩目。截至 2016 年 10 月，美图旗下应用已在全球超过 11 亿个独立设备上激活，其全部应用月活跃用户达 4.56 亿。

三、运营与服务

(一) 创新创业载体

1. 厦门留学人员创业园

厦门留学人员创业园位于火炬高科技园东侧，占地面积为 6.8 万米^2，建筑面积为 10.84 万米^2，拥有研发中试、生产加工、办公服务和生活配套等主要功能区，以及国家备案众创空间“厦门芝麻开门创客汇”，配套有餐厅、超市等生活服务设施和 129 套装修完善、配套齐全的生活公寓。2001 年 6 月，经科技部、人事部、教育部、国家外专局认定为“国家留学人员创业园”。2004 年 12 月，国家人事部与厦门市人民政府共建“中国厦门留学人员创业园”。

2. 厦门台湾科技企业育成中心

厦门台湾科技企业育成中心是面向台湾科技人才创业和技术转移的创新孵化基地，位于火炬（翔安）产业区，总建筑面积为 18.8 万米^2，2009 年被科技部批准为全国“对台科技合作与交流基地”，2017 年被工信部认定为“国家小型微型企业创业创新示范基地”。

3. 厦门科技企业加速器

厦门科技企业加速器位于火炬（翔安）产业区，总建筑面积约为 11.9 万米^2，主要引进和培育自主创新能力强、年产值增长率在 20%以上、年产值在 2 000 万元以上的高成长性“瞪羚企业”，为它们提供较大发展空间和个性化的资本运作、市场对接、人力资源、技术合作等方面的服务。其中起步基地和一期基地位于厦门台湾科技企业育成中心附近，二期基地紧邻火炬高新大厦。

4. 其他创新创业载体

厦门创新创业园内还有火炬双创园、金丰大厦、东海科技园创新基地、同安孵化基地、火炬高新大厦 5 个创新创业基地。

(二) 服务平台

1. 金融服务平台

政府资金申报、股权投资和社会融资、厦门创融汇科技金融服务平台。

2. 公共技术平台

国家半导体发光器件(LED)应用产品质量监督检验中心、厦门市科学仪器设备资源共享平台、厦门大学电化学技术教育部工程研究中心、厦门大学分子诊断教育部工程研究中心、第三方检验检测公司。

3. 专业孵化平台

石墨烯新材料专业孵化器、物联网专业孵化器、海洋专业孵化器、光电子专业孵化器。

4. 人才培训平台

人才服务、管理培训、主题沙龙、高新技术企业辅导。

5. 市场拓展平台

市场拓展、品牌宣传、信息资讯。

6. 商务服务平台

企业创立、物业管理、商务共享、知识产权服务、科技文献检索、第三方服务。

四、发展成就

(一) 20 年打造服务品牌

经过 20 多年集群化、品牌化发展,厦门创新创业园已拥有孵化载体面积超过 60 万米^2,建成完整的“苗圃(众创空间)+孵化器+加速器”的创新孵化和企业培育链条,成为国内规模较大、配套设施较完善、科技部重点扶持的科技创新创业集群。它们先后被科技部、工信部和人社部等部委认定为“国家高新技术创业中心”“国家留学人员创业园”“国家对台科技合作与交流基地”“国家小型微型企业创业创新示范基地”“国家技术转移示范机构”“中国大学生创业园”“高校学生科技创业实习基地”。

(二) 海峡西岸创新驱动器

20 年来,厦门创新创业园在厦门市创新发展中一直扮演着重要角色,创新成果辐射整个鹭岛。在厦门创新创业园涌现出美图公司、4399 网络、乾照光电等一批优秀企业,培育出上市公司 7 家,占厦门市 10.6%;“新三板”挂牌公司 23 家,占厦门市 13.6%;福建省科技小巨人领军企业 55 家,占厦门市 18.8%;厦门市科技小巨人领军企业 116 家,占厦门市 14.7%；厦门市高新技术企业 178 家，占厦门市 14.5%。厦门创新创业园成功培育出年产值超亿元企业 22 家、规模以上企业 120 家、国家创新型试点企业 2 家、省级创新型企业 6 家、省级创新型试点企业 11 家。

经过 20 年的发展，厦门创新创业园已成为区域创新体系的核心载体，并获得了上级部门和社会各界的充分肯定，先后获批为国家留学人员创业园、国家高新技术创业中心、首批国家小型微型创新创业示范基地、首批国家技术转移示范机构、首批对台科技合作与交流基地等。

（三）企业成长的沃土

依托厦门创新创业园高效的创新创业孵化平台，众多具有自主知识产权项目、技术创新水平高、产业化前景好的优秀高科技企业飞速成长。经过多年来的孵化，500 多家科技创业企业先后成长起来，纷纷“飞”出这片沃土，成功实现企业发展道路上的一次重要“蜕变”。目前，厦门创新创业园区已培育出年产值超亿元的企业 20 多家、年产值超 2 000 万元的企业 100 多家。

参考文献

[1] 厦门创新创业园[EB/OL]. http://www.xmibi.com/Toaboutme.Aspx? Act = XMIBICXCY.

[2] 孵化器 30 年厦门高新技术创业中心：打造海峡西岸孵化器标杆[EB/OL].[2017-10-20]. http://news.163.com/17/1020/14/D16SDQF50001986B.html.

[3] 创新创业载体[EB/OL]. http://www.xmibi.com/Tocxcyzt.Aspx? Act = CXCYZT.

[4] 厦门创新创业园里建“苗圃”[EB/OL].[2018-01-29]. http://www.chinahightech.com/html/paper/2018/0129/450714.html.

广东省

华南农业大学创新创业孵化基地

一、概况

华南农业大学大学生创新创业孵化基地（以下简称基地）是由华南农业大学和中国移动通信共同投资建设的大型创新创业孵化基地，位于广州市天河区华南农业大学燕山区莘园2楼，基地共占地2 000 米²，2014年5月开始筹建，2015年3月正式投入使用。

该基地的经营主体为华南农业大学创新创业学院，创新创业学院设有院长1名、常务副院长1名、副院长4名、专职工作人员4名，创新创业学院人员配置充分，组织机构健全（图1）。

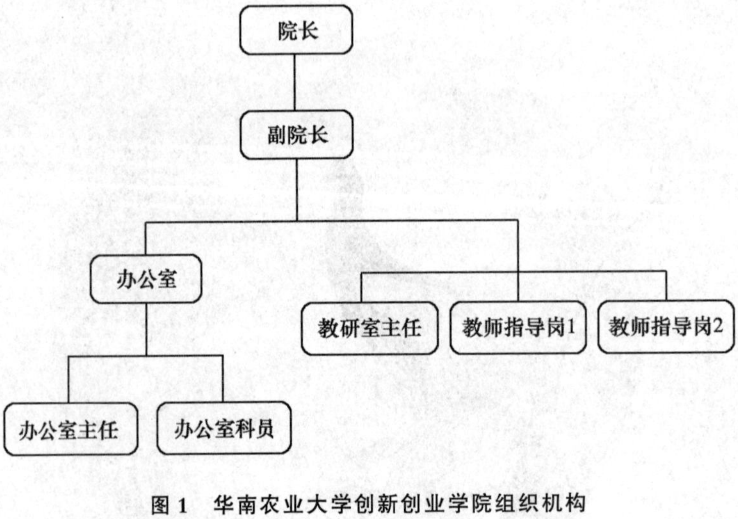

图1　华南农业大学创新创业学院组织机构

该基地依托华南农业大学的科研平台，致力于华南地区农业产业的发展，推动信息科技、生物技术、小动物文化、服装设计、风景园林景观设计、旅游咨询服务等产业发展，为创业大学生提供了独特的工作场所和良好的系统服务。其中包括招商引资、政策咨询和法律援助，全力为创业大学生提供培养、孵化、外包、融资服务“一条龙”的服务（图2、图3）。

图 2　华南农业大学创客空间办公区

图 3　华南农业大学创客空间交流区

二、发展历程

华南农业大学于 2014 年 10 月成立创新创业学院，整合、组织、协调全校创新创业资源，全面开展华南农业大学大学生创新创业教育实践活动。2015 年 3 月，华南农业大学入选广东省首批大学生创新创业教育示范学校，9 月与天河区科技园达成打造“政校企”合作意向，12 月，牵头成立“广东省高校创新创业联盟”。2016 年获广东省众创空间省级示范单位。2017 年，华南农业大学入选 101 所全国深化创新创业教育改革示范高校名单，同时入选教育部 2017 年度 50 所全国创新创业典型经验高校名单。

目前，华南农业大学创新创业学院共有 300 多个团队进驻孵化，其中 100 多个团队已经注册公司，3 年来融资额超 5 000 万。学生创新团队共获得国际级奖励 52 项、国家级奖励 505 项，省级奖励1 019 项，申请专利 778 项，各类媒体报道达 200 多次，涌现出“睿航无人船”“e 村 e 品”“迈创智能”等创新创业的典型。

三、运营与服务

（一）顶层设计，科学谋划

1. 成立大学生创新创业工作指导委员会和创业孵化基地管理委员会

华南农业大学于 2015 年 7 月成立大学生创新创业工作指导委员会，为大学生提供创新素质训练、创新能力培养、创业教育、创业培训、创业辅导、创业咨询、项目论证、法律咨询、市场开发、人才推荐、资金扶持、项目孵化与管理等全方位的服务。

基地管理委员会设主任 1 名，由校党政领导担任，成员包括招生就业处、学生工作处、教务处、校团委、后勤处、教育发展基金会等相关职能部门负责人。委员会主要负责创业孵化基地的建设与管理工作，审核创业基地的发展规划，筹措和管理创业基金，指导创业服务工作和入驻企业的创业活动，研究和帮助解决入驻创业基地企业在创业过程中遇到的困难，帮助协调入驻企业与地方工商财税各有关部门的关系等。

2. 创新创业学院实体化运作

创新创业学院的主要职责为开展创新创业实践活动、统筹指导大学生创新创业孵化基地建设及加强师资队伍和教学团队建设。4 年来，通过全校师生的共同努力，目前，华南农业大学已形成了层层落实全程跟进的运作体系和全方位配合齐抓共管的管理体系。

（二）建章立制，实质运作

1. 建设大学生创新创业孵化基地

为给大学生创业者提供“试验田”，充分发挥平台建设的示范带动作用。通过开展合作，华南农业大学先后与中国移动通信集团公司和广州科创节能科技服务有限公司合作，投资 600 多万元，共建了华南农业大学—中国移动大学生创业孵化基地和华农科创创客空间，总面积达 10 000 多米^2。在孵化基地和创客空间，华南农业大学为入驻企业（团队）配备了座椅、网络等办公基础设施（备）。

2. 成立大学生创新创业专家指导团

为给大学生提供技术、智力、政策咨询、法律援助等创新创业方面专业化的指导和跟踪服务，提高大学生的创业能力和创业成功率。华南农业大学实施“思想 + 创新 + 创业”三导师制计划，通过校内选配和校外聘请，选聘了一批富有创业经验与创业能力的专业教师、科研人员、管理人员、企业家、创业成功人士作为学校大学生创新创业导师，其总人数 300 余人。

3. 设立标准化、精细化创新创业课程

为培养学生的创新创业精神，提高其综合实践和研究创新能力，华南农业大学在学校人才培养方案中专门设立了 48 学时、3 学分的“就业与创业”课程教育模块，面向全体学生开设创业教育必修课程，启发其创业思维。不仅如此，华南农业大学还定期举办创响课堂、创新创业论坛、创业指导讲座、SYB 创业培训班和阿里巴巴电商人才培训班等。

4. 制定大学生创新创业管理制度

为形成科学合理的长效工作机制，保障大学生创新创业教育较快发展，华南农业大学先后制定了创业训练计划管理、创业基地管理、创业基金管理、创业导师管理、创业项目管理等一系列管理制度，充分发挥技术、场地、资金、专业指导等资源的作用，为大学生创新研究和自主创业提供支撑。

华南农业大学与中科招商投资集团、昆吾九鼎投资公司签订战略合作协议，由中科招商、昆吾九鼎两家投资公司分别发起设立 10 亿元（人民币）创业基金用于华南农业大学师生创新创业、项目孵化、成果转化等。

（三）改革创新，齐心协力

华南农业大学联合广州市天河区政府、天河科技园等单位，以天河区创新创业服务平台“天英汇”为载体，推动成立政校企合作联盟——“广东省高校创新创业联盟”。依托联盟，拟通过整合各高校创业服务机构、众创空间、产业园区等服务资源和科技创新平台，加强信息交流、资源共享、优势互补，促进创业企业和团队交流合作，营造良好的区域创新创业生态环境，打造区域创业创新服务品牌。

（四）孵化条件

①入驻创业团队自愿提出申请。

②创业团队成员必须是华南农业大学全日制在校生或毕业 2 年内的学生，团队规模为 3～8 人，鼓励多学科背景的同学联合组成团队，负责人原则上不能由本科一年级学生担任。

③创业团队必须有明确的创业项目。创业园项目要技术水平高、市场前景好，并且具备一定的创业项目启动资金和承担风险能力。创业项目应符合国家政策、法律。

④创业团队需自行邀请至少 1 名学校在职人员作为指导教师。

⑤团队成员能够自觉接受并遵守执行孵化基地的各项管理制度，确保项目在孵化期间能够正常运营。

⑥创业团队需提供入驻申请表、创业计划书、团队负责人简历（附上学期成绩单）。

参考文献

[1] 华南农业大学创新创业学院[DB/OL]. http://cxcyxy. scau. edu. cn/.

[2] 张雨婷，胡明. 创新创业类学生组织在高校创业教育中的作用：以华南农大农学院金穗创新创业中心为例[J]. 山西农经，2016(7)：129，131.

中山大学创新创业平台

中山大学着力打破学科专业教育和创新创业教育“两张皮”瓶颈，推动创业启蒙的普惠模式和创新孵化的精英模式有机结合，将创新创业的知识模块嵌入专业教育课程体系，建立更加公平、高效、开放的创新创业人才培养机制，同时努力打造“三个特色”育人平台：一是依托国家大学科技园设立“大学生创业园”，通过设立创业基金、创业导师、租金优惠等方式，打造创新实践孵化平台。二是依托工商管理一级重点学科，设立实体化创业学院，以双学位、双专业模式吸纳全校各专业学生修读“创业黄埔班”，打造精英教育模式。三是依托毗邻港澳台的优势，打造具有国际影响力的大学生区域性竞赛品牌。

一、中山大学科技园

（一）概况

中山大学科技园是科技部、教育部认定的国家大学科技园、高校学生科技创业实习基地、科技部认定的国家级科技企业孵化器、广州市中小企业局认定的“2011年广州市中小企业创业示范基地”。

中山大学科技园依托中山大学的科研、人才资源优势，面向社会，开放办园，以产权为纽带，以市场为导向，以技术创新为中心，结合社会资源已经发展成为具有持续创新能力，集高新技术研究开发、高新技术企业孵化、创新人才培育于一体的大学科技园，成为学校科研、技术开发和服务经济社会的延伸。

中山大学科技园本着“服务社会、服务企业、服务大学生”的宗旨，在学校和各级政府大力支持下，以支持高校学生实习和创业实践为目的，设立“中山大学大学生创业园”“中山大学虚拟大学科技园”“中山大学学生科技创业实习基地”和“中大科技园青年跨界众创空间”，为高校学生提供全方位的实习实训和创业就业服务。

（二）发展历程

具体发展历程如表 1 所列。

表 1　中山大学创新创业平台发展历程

日期	事件
2018 年 11 月	召开南部地区大学科技园联盟成立大会
2018 年 10 月	获评“广东省优秀（A 级）孵化器”
2018 年 10 月	获评 2017 年度“A 类国家级科技企业孵化器”
2018 年 6 月	获 IDG 和南方都市报联合授予首届“中国孵化器 50 强”
2018 年 5 月	获共青团广州市委员会授予“广州青年就业创业孵化示范基地”
2018 年 4 月	获广州市国家税务局、广州市地方税务局认定为“2017 年度纳税信用等级 A 级纳税人”
2018 年 1 月	获评“广东省优秀（A 级）孵化器”
2017 年 12 月	获评“A 类国家级科技企业孵化器”
2016 年 11 月	获海珠区国税局、海珠区地税局认定为“税企廉政共建示范点”
2016 年 7 月	获海珠区人民政府认定为“海珠区科技创新园区（区科技创新产业园）”
2015 年 1 月	获广东省科学技术厅认定为“广东省前孵化器建设试点单位”
2014 年 12 月	获共青团广东省委员会认定首批“广东省青年创新创业示范园区”
2014 年 8 月	获共青团广东省委员会认定为“广州青年创业就业孵化基

（三）园区特色

1. 中山大学大学生创业园

中山大学大学生创业园（以下简称“创业园”）于 2006 年成立，面积约为 1 100 米^2，主要用以培育大学生创业项目（团队），可容纳创业企业 59 家（高级孵化区 11 家，初级孵化区 48 家）。

中山大学大学生创业园在学生创业就业服务和创新创业培育方面获得显著成效，分别被广东省科技厅、共青团广东省委认定为“广东高校毕业生科技创业孵化基地”；被教育部、科技部认定为“高校学生科技创业实习基地”；被广州市人力资源和社会保障局认定为“广州市创业（孵化）示范基地”。

2. 入园条件

①创业团队负责人（创始人）及其主要成员为各类高校在校本（专）科生、研究生，应届毕业生或毕业 2 年内（含 2 年）的往届毕业生。

②企业注册地及工作场所应在创业园内。

③企业创办人或团队所占公司股份不低于 30%。

④如企业入园前已成立公司，则成立时间不超过 2 年；如企业较具发展潜力，成立时间可放宽至不超过 3 年。

⑤创业项目（企业）应为科技创新类或文化创意类。

符合以上条件的团队或创业企业，可通过创新创业服务中心协助进行网上申请入园。

3．创业园服务

①免费为入园企业（团队）配备办公桌椅、文件柜等基础办公设施。

②免费提供公共交流洽谈区场地供入园企业（团队）使用。

③免费为入园企业（团队）提供创业导师咨询服务。

④入园企业（团队）可免费参加大学生创业园组织举办的各类创业培训讲座、论坛等活动。

⑤协助入园企业（团队）做好项目申报、资质认定等工作。

⑥优先推荐大学生创业园毕业企业进入孵化器继续发展。

4．创业园创业教育培训

通过举办“中山大学大学生创业教育系列讲座”“创业大讲堂”“创业会客厅”等活动（创业团队管理、法律知识、财税政策、人力资源、知识产权、项目申报、高新技术企业认定等），为广大学生提供创业就业培训、指导和实习平台，进一步提升大学生的综合素质和创业技能。

5．创业实践

中山大学科技园参与承办“广东创新＋ 海珠梦起航”创新创业大赛，组织和动员企业参加中国创新创业大赛、广东“众创杯”大学生启航赛暨“赢在广州”大学生创业大赛、广东“互联网＋旅游”创新创业大赛等，其中科技园创业团队曾获“创青春”全国大学生创业大赛金奖、中国“互联网＋”大学生创新创业大赛国赛金奖、中国创新创业大赛（广东赛区）二、三等奖、“赢在广州”大学生创业大赛铜奖等奖项。

6．建设人才实习实训基地

中山大学科技园及园区企业与学校相关院系共同搭建各类人才实习实训基地，建立企业竞争模拟实验室、ERP 沙盘模拟实验室每年提供 400 个实习岗位，带动就业人数达 500 人以上。

二、中山大学创业学院创业黄埔班

（一）概况

中山大学创业学院开设创业黄埔班，基于 SELM 创业教育模式，重在培养能够从事自主创业、公司内创新创业以及社会公益创业的新事业开创者，同时也培养能够在创业投资

PE 机构、基金管理公司、投资银行等新事业投资机构进行独立的项目运作和管理的高级专门人才。创业黄埔班前七期共招收 369 名学生，累计产生出 40 多个自主创业项目，50 多个企业委托创业实习项目。

（二）运营与服务

1．独具特色的实践教学体系

创业黄埔班的实践教学体系由创业理论与实务、创业模拟与实践、创业项目设计与运作三大模块构成。创业理论与实务模块由创业学院、管理学院和相关学院老师讲授；创业模拟和实践课程由校内外在业界有着丰富指导经验的老师、创业家以及资本市场的专家讲授，部分以讲座、模拟竞赛方式执行。

为了培养创业黄埔班学生的创业实践能力，毕业阶段的创业项目设计为实操项目。在项目实际运作和实施过程中，学院将根据实际情况实施创业团队“三导师制”，即校内导师负责创业理论知识与基本技能学习及学业发展；校外导师负责指导创业实习和传授创业实操经验与技能；学术专业导师负责指导技术研发与创新指导。

为了促进创业黄埔班的学生成功开展创业实践并落地，创业黄埔班积极推进企业委托专项创业实践与实习机会，已设立中山大学创业学院创业孵化基地与创业种子基金，并结合学校“大学生创新创业实践支持项目”，为学生积极提供各类创业投资天使基金以及项目孵化机会。

2．招生方案

面向全校各专业二年级以上本科生，招生 60 名，进入创业学院“创业黄埔班”学习。采用“2＋2”模式，即 1～2 年级在原学院修读，3～4 年级在 2 个专业同时修读，由原学院（系）管理。独立开班，授课地点将根据课程需要安排在东校区或南校区进行，授课时间一般安排在晚上或周末集中授课。学生修读辅修课程需按时向学校按学分缴纳相应学费。遵照《中山大学本科生学籍管理规定》实施执行，最终符合条件的本科生由中山大学授予辅修证书，创业学院同时颁发学习证明。

参考文献

[1] 中山大学科技园. http://www.sysusp.com/spsite/c/site/overview.html.

[2] 将系统的创业教育纳入人才培养全过程：中山大学开展创业教育工作的实践[J]. 国家教育行政学院学报，2011(5)：97.

[3] 王洋. 2010—2011 年度全国毕业生就业典型经验高校之中山大学 创新人才培养模式服务学生成长成才[J]. 中国大学生就业，2012(5)：23-24.

四川省

四川大学国家大学科技园

一、概况

四川大学国家大学科技园是由科技部、教育部 2001 年 5 月正式挂牌成立的全国首批国家大学科技园之一。自四川大学国家大学科技园运行以来，它依托四川大学雄厚的科技人才、技术优势以及丰富的教育优势，逐步构建了创新创业服务体系、行政服务体系、投融资服务体系等体系。2012 年，四川大学国家大学科技园担任四川省大学科技园联盟第一届理事长单位，成为国家创新体系的重要组成部分。2018 年 10 月 12 日，四川大学与武侯区深化校地合作，启动国家双创示范基地——四川大学高新技术企业孵化平台，重点扶持科技型高端人才创新创业，以智能化梦工场、开放学校实验资源、全要素综合服务系统等为主要特征，打造“双创”孵化生态体系，服务于高新技术企业（项目）孵化。

二、特色与功能

四川大学国家大学科技园作为四川大学社会服务功能的有机外延，致力于创业企业孵化、高新技术研发、创新创业人才培养、科技成果转化等。该科技园采用“专业化、法人化”的机制，吸引各种社会资源，转化科技成果，通过设立各种专业公司的方式来实现各种功能，以低成本、便利化、开放式、全要素为特征，努力打造一个特色鲜明、国内一流的国家大学科技园。

（一）园区特色

四川大学国家大学科技园作为首批国家级大学科技园和国内较早建立的科技园之一，自 1999 年创立以来，以“搭建先进创新平台，构筑特色服务体系”为办园宗旨和目标，依托四川大学的教学、科研、人才优势实现产学研相结合，致力于“科技成果转化、企业孵化和创新创业人才培养”三大中心任务，始终坚持观念创新、机制创新与技术创新相结合。现已成为具有持续创新能力，集研发与成果转化、企业孵化、创新人才的吸纳与培育于一体的国家重点大学科技园，为促进四川大学科技和教学整体水平的提高服务，为四川的经济建设服务。

（二）园区功能

（1）科技成果转化　在科技成果转化方面，四川大学国家大学科技园不断密切产学研合作，通过更新高校科技成果转化科技人才专家库、项目库、企业技术需求库、孵化型企业推介库等，广泛加强校内外合作，极大提高了科技成果转化成功率。

（2）企业孵化　“孵化器”功能是科技园的核心功能之一。经过长期发展，科技园为企业孵化创造了良好的基础条件。当前，四川大学国家大学科技园主园区拥有孵化器场地总面积达 3.8 万$米^2$，孵化企业使用的场地面积约为 3 万$米^2$。

三、管理体制

（一）宏观层面是领导小组

领导小组对四川大学国家大学科技园的建设总体规划、发展战略、优惠政策及扶持政策等重大问题进行决策。下设协调工作办公室，由省、区、市相关职能部门及四川大学国家大学科技园中的有关人员组成，对四川大学国家大学科技园建设中的重大问题向领导小组提出建设性意见。

（二）中间管理层

中间管理层成立了四川大学管委会，其职能是确定四川大学国家大学科技园的建设规划和发展方向，提出促进四川大学国家大学科技园建设和发展措施，协调园区与校内有关部门的关系，并对园区建设和运行中需要学校解决的重大问题进行决策。管委会下设科技园管理办公室。

（三）基本运作层

基本运作层成立了科技产业集团公司，具体负责园区的开发、建设、经营管理和招商引资。四川大学国家大学科技园实行公司化的运作模式，公司实行董事会领导下的总经理负责制，下设投资公司、技术经营公司、技术服务公司等若干子公司，负责园区的开发、建设、经营管理和招商引资。

四、创新平台

（一）技术转移平台

四川大学科技园于 2004 年 9 月设立技术转移平台——成都川大技术转移中心。该中心用以加强科技成果转化，推进技术转移，探索促进科技成果和技术转移的新机制，为当地经济发展培育新的增长点。成都川大技术转移中心已与全国大学科技园联合会、成都市技术产权交易所签订了全面合作协议，共享全国数十家知名大学的科技成果资源。

（二）公共技术支撑平台

四川大学国家大学科技园根据自身特点，建立了一批专业性公共技术平台，如软件研发与测试专业技术平台、电子信息技术开发平台、生物医药技术服务平台。其中，生物医药技术服务平台以国家生物医学材料工程技术研究中心、纳米生物医用材料产业化孵化基地、烟气脱硫工程技术研究中心、Good Laboratory Practice 等技术支撑平台单位为依托，形成一个完整的技术服务体系，在创新药物的筛选、质量标准控制、药效及安全性评价、临床研究等公共研发技术服务为企业提供了技术支撑。

（三）创新创业人才培育平台

1. 构建学生科技创新创业体系

四川大学国家大学科技园以学生在科技园自主创业、组织学生参加“挑战杯”创业大赛等形式，将科技成果转化工作和学生创新创业培育有机结合，将学生实习同孵化基地、转移平台的建设结合起来，大大加强学生综合分析能力、实践操作能力。

2. 打造社会人才创业平台

四川大学国家大学科技园开办了开放式的、适应市场经济发展和全球化趋势所需要的教育培训课程，并已成为面向科技型中小企业创业发展的指导中心和技术企业复合型管理人才、职业技能人才的培训基地。四川大学国家大学园区已经吸引、聚集了一大批各类专业人才，包括具有现代管理理念、通晓国际高科技产业化的高级管理人员和高级财务管理、项目管理、专利技术评估、资本运作等方面的专业人员。

五、运营与服务

（一）行政与中介咨询服务

四川大学国家大学科技园构建了行政资源支撑体系，为入园企业提供校园主干网、科研设备、会议中心、信息资源等方面的服务。四川大学国家大学科技园内设有投资办证综合服务中心，工商、税务、银行、法律等部门在园内设有办事机构，为企业实行“一站式”服务。四川大学国家大学科技园区专业化科技中介服务具有要素聚集、创新服务、桥梁纽带等功能，营造了一个低成本的创业环境，有效地降低了科技企业和科技人员的创业成本以及管理风险。

（二）金融（投融资）服务

四川大学国家大学科技园正在建立健全科技企业金融数据库与银企互动平台，以动态掌握企业投融资需求和方式，鼓励园区企业与金融机构建立长期稳定的合作关系。四川大学国家大学科技园与银行、保险、风险投资等金融机构有良好的合作关系，为园区的建设和入园企业的发展提供了资金、技术与人才后盾。同时四川大学国家大学科技园大力推进资本市场建设，利用国内外证券市场和产权交易市场为入园企业融资，支持重点企业上市和发行债券，构建园区科技企业上市服务体系。

（三）科技项目配套服务

四川大学国家大学科技园于 2006 年 5 月正式成为服务四川全省的技术型中小企业创新基金服务机构，为企业申报创新基金提供服务；2007 年，搭建了成都市鞋业共性技术研发设计服务平台，为四川制鞋产业整体竞争力的提升提供服务；2007 年，成为首批成立专利工作站的国家大学科技园之一，为企业申报专利提供更为便利的服务。在项目资金方面，四川大学国家大学科技园采取以多种形式筹集种子基金 3 000 余万元，四川大学学校还拨款 300 万元在科技园设立了成果孵化基金。

六、经验总结

四川大学国家大学科技园是四川大学与政府共建学生创业园，四川省首创“地方 + 高校 + 科技园”的学生创业服务平台建设模式，充分发挥了地方政府、四川大学及科技园各自的优势；构建特色的服务体系，致力于先进创新平台与特色服务体系的搭建和构筑，将科技成果转化、高新技术企业孵化和创新创业人才培养为三大中心任务；重视知识产权对科技创新的推动作用，进一步建立、完善有利于创新的专利制度。通过专利制度的合理、有效运用促进大学科技园的制度创新。

参考文献

[1] 黄庆国. 我国大学科技园制度创新研究：以科技园为例[D]. 成都：成都理工大学，2010.

[2] 搭建先进创新平台 构筑特色服务体系[J]. 中国科技产业，2008(12)：126-129.

[3] 国家双创示范基地四川大学高新技术企业孵化平台启动[EB/OL]. 成都商报，2018-10-13 [2019-02-25]. http://www.dzwww.com/xinwen/shehuixinwen/201810/t20181013_17939897.htm.

电子科技大学国家大学科技园

一、概况

电子科技大学国家大学科技园由国家“985 工程”“211 工程”教育部直属管理的电子科技大学建设。电子科技大学是电子信息领域唯一的一所双一流 A 类建设高校，这也就奠定了电子科技大学在电子信息领域高校的排头兵的地位。该科技园依托电子科技大学在电子信息领域以及得天独厚的区位优势和环境特色，已经建成拥有 4 个园区（其中菁蓉逆向创新孵化基地在建）的东、西、南“一园多区”的鼎立布局以及从苗圃、孵化、加速器到规模化的完整科技产业生态链。

二、发展历程

电子科技大学国家大学科技园多园并举，共襄发展。4 个园区分别是 1997 年成立的沙河科技园（东区科技园）、2008 年成立西区科技园（图 1），2015 年成立电子科技大学国家

图 1　西区科技园

大学科技园——天府园以及 2017 年电子科技大学与成都市郫都区在成都菁蓉镇签订合作协议，宣布电子科技大学菁蓉逆向创新孵化基地正式入驻菁蓉镇。

东区科技园作为电子科技大学国家大学科技园的起步园区，经过多年发展，已建设成为以孵化电子信息产业特质的小微企业为主的大学科技园区，功能定位于“苗圃和孵化器”。其总面积约为 22 000 米^2，现有 85 家科技企业、46 个创业团队入园孵化。其有中国千计划创业企业 2 家（其中之一获得 2016 年四川杰出创新团队）、省千人计划 1 家，新三板挂牌 2 家，已累计孵化毕业企业 52 家。成为 2015 和 2016 年的国家 A 级（优秀）科技企业孵化器。

西区科技园是电子科技大学国家大学科技园的直辖园区（图 2）。其园区占地 60 余亩，总建筑面积约 5.8 万米^2，已形成以智慧型中小企业的加速器为主的科技园区，专注于中小微企业成长加速孵化，充分发挥中小型企业孵化器 + 加速器的作用，承接苗圃成熟团队，向产业园输送优质产业化企业。该园内入园企业 130 余家，孵化服务科技企业 200 余家科技企业，其中 2 家成功登陆新三板，多家通过上市公司并购做大、做强。

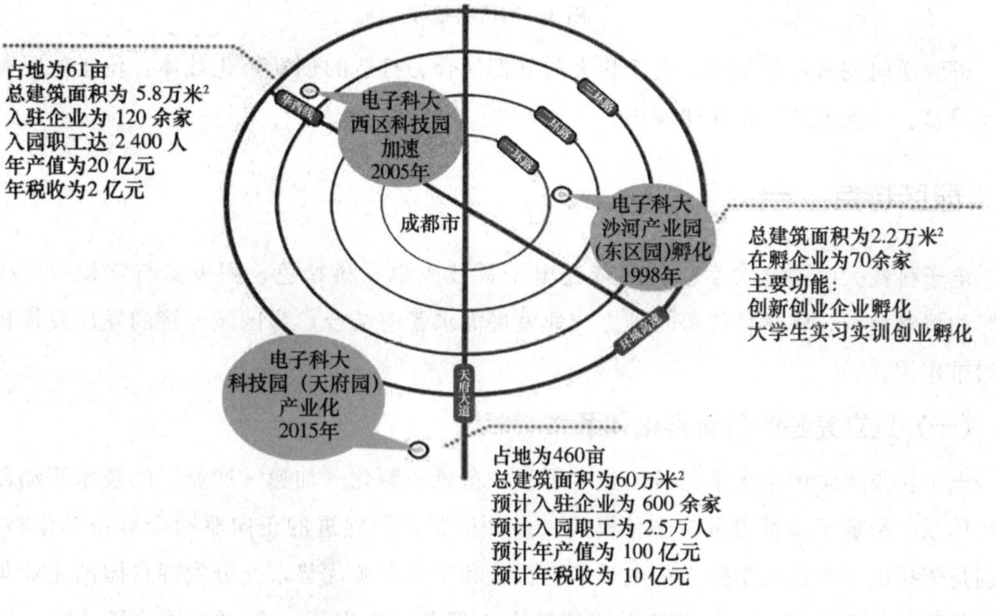

图 2　电子科技大学国家大学科技园

南区科技园位于国家级新区——天府新区发展核心区域，它是推动学校科技成果转化、创业企业孵化、创新创业人才培养的科技创新平台（图 3）。其总占地面积约为 460 亩，总建筑面积约 60 万米^2，总投资为 30 亿元，全域布局微电子与电子元器件、通信与互联网、软件与云计算、智能硬件与精密仪器制造、生物电子等产业。该园区由成都置信集团和电子科大联合打造，由成都科杏投资发展有限公司开发运营。南区科技园区在孵企业有 56 家，初步聚集了以陈星弼院士、罗迅教授（国家“千人计划”人才）等为首的一批优秀创业人才和优质创业项目。

图 3　南区科技园

菁蓉逆向创新孵化基地是电子科大与郫都区合力打造的创新孵化载体，位于国际菁蓉创新小镇。目前该基地正在建设中。

三、园区特色

电子科技大学国家大学科技园依托电子科技大学学科特色，积极参与学校“一校一带”的战略规划，将学科优势与地方产业发展需求紧密结合，为区域经济的发展发挥桥梁和纽带作用。

（一）建立完整的创新孵化体系

电子科技大学国家大学科技园建立了从“苗圃—孵化—加速—产业”的技术驱动创新孵化体系，形成了多种力量、多种模式、多种机制共同促进的正向驱动全链条孵化格局，特别是依托电子科技大学强大的电子信息行业和学科资源优势，充分发挥科园的企业集聚和孵化服务体系作用，服务学校人才培养中心任务，走出了一条“大学 + 科技园 + 孵化器”的互利多赢之路（图 4）。

（二）汇聚电子信息产业，彰显军工行业特色

电子科技大学国家大学科技园充分发挥高校人才与学科资源优势，聚焦电子信息产业，汇聚产业前沿核心技术与人才。作为电子信息产业的凝聚地与辐射源，电子科技大学国家大学科技园有效地承接了电子科技大学高校人才输出。目前，在该科技园拥有的 300 余家企业中，92%以上的企业均为电子信息产业，其中在园军工、军品配套企业总计 18 家，年产值千万元以上的 6 家企业，具备了聚集资源走“军民融合”科技园之路的条件。

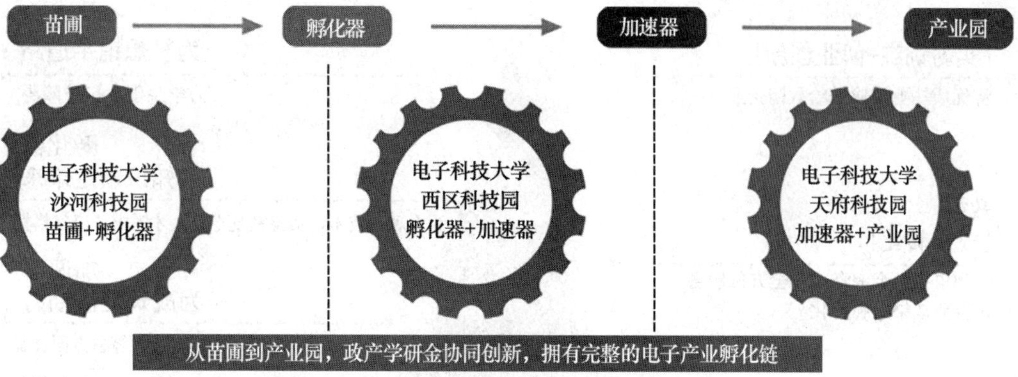

图 4 电子科技大学国家大学创新孵化体系

（三）联动校友会与金融机构，打造创新金融服务体系

电子科技大学国家大学科技园通过与各大银行、风险投资等多家金融机构共同达成战略合作伙伴关系，共同打造“电子科技大学-金融蜂巢科技创新孵化联盟”。在该联盟中设立金融财税服务中心，为电子科技大学各产业园区及相关科技创业企业提供高效益、低成本的投融资服务和企业财税顾问服务。同时，该联盟联动电子科大校友会创投基金帮助校友企业快速成长（图 5）。

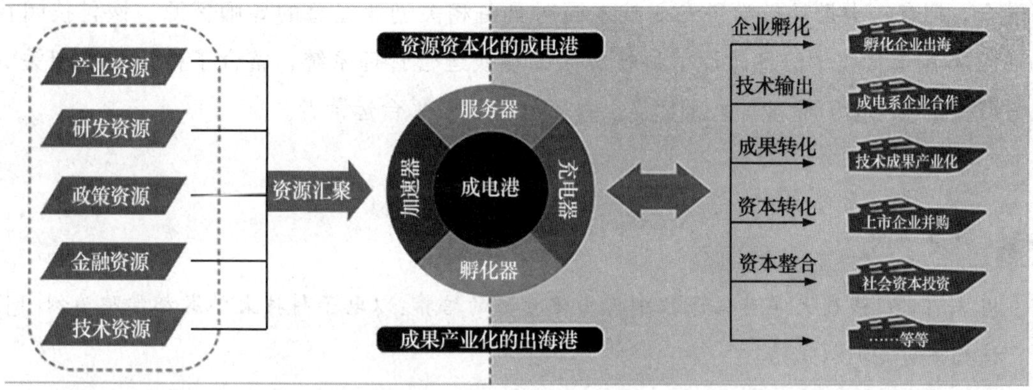

图 5 电子科技大学-金融蜂巢科技创新孵化联盟

（四）参与电子科技大学“双实双创”，打造科技园“双创 · 思比齐”品牌系列活动

自 2016 年开始，电子科技大学国家大学科技园就成功打造了科技园“双创 · 思比齐”品牌系列活动。这一系列活动共邀请了 40 名行业专家、学者、企业家，举办了共计 20 余场分享会。“双创 · 思比齐”为研究产业科技前沿动态，分享科技成果转化经验提供了良好的平台（图 6）。

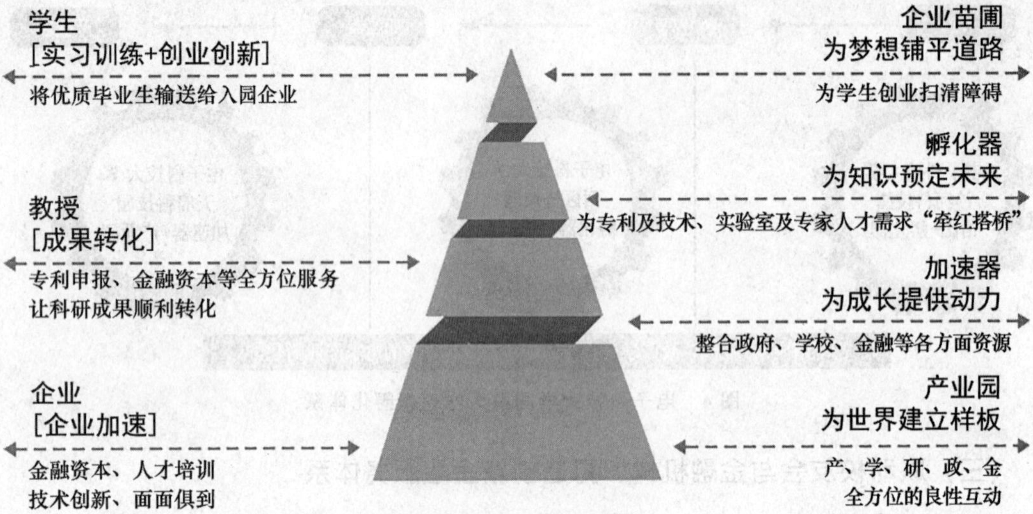

图 6　电子科技大学国家大学科技园实践平台

（五）建立专家导师团队，打造科技成果转化平台

电子科技大学国家大学科技园拥有签约导师 50 多人，并以此建立了完善的创业导师体制。电子科技大学国家大学科技园注重成功的校友企业、研究机构以及校内多学科的导师融合，拥有一大批具备学科专业技术同时具备相关创业经验的导师资源。该科技园在 2015 年利用现代技术信息建设了科技成果的在线运营管理系统，整合了科技成果相关资源方及关键参与者：企业、教师团队、技术经纪人及平台运营者。

参考文献

[1] 胡苇，龚伟．浅谈大学英语课程中跨文化素质的培养：以电子科技大学成都学院为例[J]．科教导刊，2018(1)．

[2] 秦秀林．大学生科研创新能力培养：四川大学和电子科技大学考察心得[J]．教育教学论坛，2017(8)：47-48．

[3] 成都置信集团．电子科大科技园[EB/OL]．[2019．2．27]．http：// www．uestcpark-tf．com/home/News．asp．

[4] 科技孵化载体服务联盟．电子科技大学国家大学科技园[EB/OL]．[2019．2．28]．http：// fuhua．scppc．org．cn/show-97-290-1．html．

[5]从孵化、加速到规模化电子科大科技园迈入 3.0 时代 [EB/OL]．四川日报网，2014-07-17[2019-02-26]．https：// region．scdaily．cn/jrsz/content/2014-07/17/content_8274609．htm？ node = 3538．

西南交通大学国家大学科技园

一、概况

西南交通大学国家大学科技园创建于1994年，以西南交通大学为依托，利用其人才、科技、试验设备、文化氛围和综合创新资源优势，旨在科技企业孵化。2003年，在各级政府和企业的大力支持下，西南交通大学国家大学科技园经过资源整合注册了科技园管理公司，并建立了规范的管理体系和市场化的运作机制，完成了园区基础设施建设，完善了科技园区各项功能和服务体系的建设，初步构建起一个充满生机与活力，融合技术、资金、管理和市场。

二、发展历程

（一）园区主体

西南交通大学国家大学科技园园区主体位于原西南交大工业中心内，由西南交通大学对原工业中心进行改建而成。因原工业中心场地所限及部分入孵项目对实验设备和实验场所的需求，校区内还散布有中低速磁浮、客运专线道岔、列车运行预警系统、表面改性生物医学材料等入孵项目的孵化基地。

孵化楼A座于2002年投入使用，为入驻公司、中介机构、科技园管理公司各部门使用，面积约为1 200 米^2。孵化楼B座于2004年建成，主要由孵化园出园公司运达公司使用，兼有少量入驻公司共用，面积约为2 600 米^2。孵化楼C座于2004年投入使用，为现代工业技术培训中心、第3层楼为培训基地教室、入驻公司使用，孵化区域面积约为2 400 米^2。孵化楼D座于2005年划归孵化园，主要供入驻孵化园的公司使用，面积约为400 米^2。中低速磁浮列车项目孵化基地于2004年建成，供城市中低速磁浮列车孵化项目使用，面积约为500 米^2。客运专线道岔项目孵化基地于2005年建成，孵化用房面积约为500 米^2。列车运行安全预警系统项目孵化基地于2004年建成，它位于牵引动力实验室的第2层，孵化用房面积约为500米^2。表面改性生物医学材料项目孵化基地于2004年建成，它位于先进材料实验室内，孵化用房面积约为500米^2。

（二）研发基地

1．科技创新与成果的转化基地

积极促进科技成果的转化和产业化，建立技术交易、产权交易机制，将科技成果作为技术资产，培育并发展与资本市场相匹配的科技市场。

2．高新技术企业的孵化基地

建设和完善西南交通大学国家大学科技园园区的孵化功能，孵化高新科技创新企业。凝聚创新人才，营建创新、创业文化氛围。不断孵化、培育高新科技企业。

3．创新创业人才的培养基地

通过完善西南交通大学国家大学科技园区的软硬件创业环境和服务功能，吸收教师、学生和社会力量入园创业。在创业过程中锻炼和培养创新、创业复合型人才，同时面向社会和市场，为中、小型科技企业的复合型高级管理人才提供培训基地。

4．产、学、研相结合的示范基地

以西南交通大学国家大学科技园为纽带和平台，密切和强化高等院校的教学、科研和社会服务三大功能之间的配合及相互促进。以高水平的教育体系培养高水平的创新人才，由创新型人才研究开发出高新技术，以完善的成果转化体制完成科研成果的转化和产业化，创造效益的同时提升学校影响，反过来又促进教育教学的健康持续发展。

（三）培训基地

西南交通大学国家大学科技园培训基地主要有：铁道部继续教育西南基地、四川省专业技术继续教育基地、国家职业资格认证培训中心、铁路机车司机培训考试中心、西南交大现代工业技术培训中心、学生创新制作中心、经济管理学院进修培训部等。培训基地为学校员工和学生提供多种培训机会，培养创新、创业的精神和技能，提高学生的综合素质。同时培训基地还面向社会，承担举办各种层次的培训班，为企业的复合型管理人才提供高层次的培训。

（四）金牛区高新技术产业园

金牛区高新技术产业园由成都市金牛区政府和西南交大2000年6月共同创建，规划面积为7.74千米^2，分为一期和二期。目前，园区规模以上的工业企业达50家，已形成电子信息、生物制药、机械加工等支柱产业，而新兴的轨道交通产业也正在加速聚集。该园区入驻企业还包括三泰电子、金亚科技等8家上市企业；水井坊、康弘药业集团等4家企业进入成都工业 50 强；康弘药业集团进入省级大企业大集团培育名单，该园区企业软实力突出。

（五）峨眉校区产业园

峨眉校区中药产业园为西南交通大学国家大学科技园区分址。峨眉校区产业园包括核心园围栏、温室大棚、资源圃和 GAP 试验基地等设施。在该园区设有中药研发中心，该中心主要以中草药基地的中草药作为园区主营业务。峨眉校园产业园利用峨眉山地区得天独厚的中药材资源和峨眉山、乐山地区的旅游资源，大力发展生态中药和旅游中药，同时配合地方政府大力发展生态中药旅游园区，该园区具有极大的发展潜力。

（六）深圳市虚拟大学园建设

深圳市虚拟大学园是由深圳市政府和国内多所大学共同创建的大学园。西南交通大学作为主要参与学校，积极参加了虚拟大学园的建设。通过参与深圳市虚拟大学园的建设，西南交通大学也加强了西南交通大学国家大学科技园与深圳市虚拟大学园的联系和协作。西南交通大学将深圳市虚拟大学园的孵化园作为西南交通大学国家大学科技园的建设窗口，极大地推动了西南交大科技园的建设与发展。

三、园区特色

（一）以交通领域的新技术、新产品为孵化重点

西南交通大学的传统优势学科主要集中在交通领域。在我国能源紧缺、轨道交通行业快速发展和西部大开发的战略背景下，西南交通大学国家大学科技园以轨道交通领域内的新技术和新产品孵化为重点，积极参与相关行业和西部地区的基础设施、传统工业、高新技术产业的建设和发展。通过产、学、研相结合搭建服务平台，加速科技成果转化和孵化，努力发展具有鲜明轨道交通特色的高科技产业。

（二）以职务科技成果权属混合所有制改革为契机

2016 年 1 月，西南交通大学出台了《西南交通大学专利管理规定》，在全国高校首次从制度层面确定了职务发明人对职务科技成果的所有权，将职务科技成果从“纯粹国有”变成“国家和个人混合所有”，使职务发明人“晋升”为与学校平等的共同专利权人。这项政策彻底点燃了科研人员从事科技成果转化的热情。截至 2019 年 1 月，西南交通大学共有 205 项职务科技成果完成知识产权分割确权，注册成立高科技创业公司 24 家，知识产权评估作价入股总价值超过 1.3 亿元，带动社会投资近 8 亿元。

参考文献

[1] 西南交通大学国家大学科技园[J]. 中国科技产业，2007(3)：150-150.

[2] 西南交大“小岗村实验”：破除科技成果转化的“陈果魔咒”[EB/OL]. [2019-03-04]. https：//baijiahao.baidu.com/s? id = 1622791392443331171&wfr = spider&for = pc.

[3] 西南交通大学科技园. 园区概况[EB/OL]. [2019-03-04]. http：//www.swjtusp.cn/list-10-1.html.

[4] 成都金牛高新技术产业园[EB/OL]. [2019-03-04]. http：//sc.zhaoshang.net/yuanqu/detail/566.

四川农业大学创新创业孵化中心

一、概况

四川农业大学的创业孵化工作于2009年开始，2011年与成都高新技术创新服务中心合作成立了“中国大学生创业园（四川农业大学基地）”；2012年，经雅安市人力资源和社会保障局批准，建立了“雅安市大学生创业孵化园（四川农业大学基地）”，并荣获“四川省高校毕业生创业园区（孵化基地）”称号；2016年，四川农业大学成为获批省级大学生创新创业园区（孵化基地）的3所高校之一。自孵化工作开展以来，依托四川农业大学的学科特色和技术优势，以“凤栖梧桐”为理念，实施以孵化中心提升为目标的“梧桐计划”和以孵化优质创业项目为目标的“凤凰计划”，逐步构建起创新创业制度、队伍、指导和服务体系，服务于学校科技和教学水平提高。

四川农业大学是全国首批“毕业生就业典型经验高校”、全国“创新创业典型经验高校”，四川省首批“创新创业示范俱乐部”的单位之一，四川省深化创新创业教育改革示范高校。近年来，国务院总理李克强2次亲切接见四川农业大学创业学生代表，共8名学子获得“全国大学生创业英雄100强”，四川农业大学学子陈飞宇在“中国创翼”青年创业创新大赛赢得总冠军，成功融资8 100万元，刘一盛获《人民日报》报道，金柳被中央电视台《走遍中国》栏目专题报道，并入选“2017—2018大学生就业创业年度新闻人物”，全国仅20名。

二、特色与功能

（一）园区特色

1. 以人才培养为根本

四川农业大学大学生创新创业孵化中心搭建集政策理论研究、创业指导培训和综合服务为一体的创业孵化平台，力争为在校大学生提供自主创业的有利条件和良好环境，提高大学生自主创业的意识，培养国家发展所必需的创新创业人才。

2. 以社会需求为导向

四川农业大学创新创业孵化中心主动适应和服务经济社会发展和国家战略需求，结合国家乡村振兴战略和精准扶贫规划等，深入推进农业供给侧结构性改革，坚持产、学、研融合，鼓励师生将专业知识带入农村，切实增强师生的创新精神和创造能力，厚植大众创业、万众创新土壤，为我国经济创新力和国际竞争力的增强提供源源不断的人才智力支撑。

3. 以服务三农为要义

四川农业大学创新创业孵化中心秉承学校“兴中华之农事”的优良传统，弘扬“爱国敬业、艰苦奋斗、团结拼搏、求实创新”的“川农大精神”，坚持“人才培养是立校之本、科学研究是强校之路、社会服务是兴校之策、文化传承创新是荣校之魂”的办学理念，始终把培养具有“三农”情怀，重实干、能创新、敢创业的高素质人才作为自己的努力方向。

4. 以科技创新为核心

四川农业大学创新创业孵化中心围绕国家科技强国战略和人才战略，充分发挥高校在人才培养、科技创新中的重要作用，利用学科优势，注重个性化发展，加强对学生科学精神、创新思维和能力、学术规范等培养和训练，鼓励本科生参与教师科研项目，鼓励师生将共创科技成果进行转化以及创业项目与专业紧密结合，为学生未来担负起建设世界科技强国的职责和使命打下坚实基础。

(二) 园区功能

1. 科技成果转化

在科技成果转化方面，四川农业大学创新创业孵化中心不断加强产、学、研合作，更新高校科技成果转化科技人才专家库、项目库、企业技术需求库，在校内建设企业需求工作室，通过系列措施，广泛加强校内外合作，提高科技成果转化成功率。

2. 创业项目孵化

扶持大学生自主创业是四川农业大学创新创业孵化中心的核心目标之一。通过搭建系室创新创业工作室—院级创新创业苗圃—校级创新创业孵化园3层递进式的孵化体系，四川农业大学创新创业孵化中心为创业项目提供场地、培训指导、配套服务等，实现创业项目的质变性成长，提升项目孵化成功率。

3. 双创人才培养

四川农业大学创新创业孵化中心的根本目标是培养符合国家战略要求的创新创业人才。通过加强指导培训、搭建实训平台，开展实践活动等措施，四川农业大学创新创业孵化中心将四川农业大学的第一课堂和第二课堂相结合，并充分利用政企资源，加强学生创新意识和创业能力。

三、管理体制

（一）工作领导小组

工作领导小组由主要领导任组长、分管校领导任副组长、有关部门负责人参加，对推进全校创新创业孵化建设工作进行顶层设计、建设规划与统筹，落实创新创业孵化中心工作的主体责任。

（二）校级管理层

校级管理层由招生就业处牵头，负责孵化中心的工作安排、协调、考核、评估等日常管理工作，提出四川农业大学创新创业孵化中心建设和发展的具体措施，协调中心与校内有关部门的关系，组织开展创新创业相关指导培训活动，对四川农业大学创新创业孵化中心进行招商引资。

（三）基本运作层

基本运作层以各学院、系室为单位。院级创新创业苗圃和系室创新创业工作室具体负责四川农业大学创新创业孵化中心的项目挖掘、培育、推荐和导师管理等工作，执行孵化中心的建设计划。

四、运营与服务

（一）行政与中介咨询服务

四川农业大学创新创业孵化中心构建了行政资源支撑体系，为在孵创业项目提供办公空间、会议室、综合演播厅、休闲洽谈区、成果展示区等硬件服务，同时将学校电子文献、科技人才、科技成果、科研设施等向入园企业开放。一个入驻项目一个项目管家，对其进行个性化的行政服务，同时整合地方资源，为企业开启工商、税务、银行、法律办理绿色通道，实行“一站式服务”，创造低成本创业环境，有效降低企业创业成本与管理风险。

（二）金融（投融资）服务

四川农业大学创新创业孵化中心通过项目管家掌握企业投融资需求和方式，并正在建设创新创业管理服务系统以完善项目大数据，更好了解项目发展的动态与需求。四川农业大学创新创业孵化中心大力开拓与银行、保险、风险投资等金融机构资源，与其开展合作，为孵化中心建设和入园项目的发展提供资金、技术与人才后盾。

（三）科技项目配套服务

四川农业大学创新创业孵化中心为在孵项目提供认定服务指导，组织并协助其申报各类科技项目，争取政府科技发展基金、创新基金等的支持，促进科技成果转化。大力推动产学研合作，先后与全省60余个市（州）、县（区）签订了全面或科技合作协议，合作共建了40余个科技专家大院、大学生创新创业孵化器，支持大学生创新创业、成果优先转化。

（四）双创人才培育服务

四川农业大学创新创业孵化中心经常性开展项目培训、联合路演、创业双选会和创业大讲堂、创业沙龙等，保证“周周有活动”，并通过组织“互联网+”“挑战杯”“创青春”等大型创新创业大赛，进一步加强学生双创实践能力。为入驻创业企业提供系统培训服务，设有近100人的创新创业导师团，根据企业需求，聘请专家定期为企业提供企业管理、财务管理、市场开发等方面的知识培训。

五、经验总结

四川农业大学创新创业孵化中心注重产、学、研合作，加强与地方政府、企业等对接，充分发挥了地方政府、学校和企业各自的优势；构建了特色化的服务体系，将科技成果转化、双创项目孵化和创新创业人才培养作为三大核心任务，并注重分层次、个性化的服务模式。

参考文献

[1] 谢建平. 我校荣获四川省高校毕业生创业园区（孵化基地）称号[EB/OL]. 2012-08-24. http://news.sicau.edu.cn/info/1078/34682.htm.

[2] 我校获批省大学生创新创业园区（孵化基地）称号 全省高校仅三所[EB/OL]. 2016-03-03，http://news.sicau.edu.cn/info/1135/37611.htm.

西南科技大学国家大学科技园

一、概况

2003年10月，科技部、教育部以国科发高字〔2003〕336号文件批准认定第二批国家大学科技园，“西南科技大学国家大学科技园”位列其中，成为全国36个国家大学科技园之一。西南科技大学国家大学科技园规划建设土地为4.98千米^2。在建园初期，西南科技大学国家大学科技园区采取“市校共建，以市为主”的建设模式，由绵阳市人民政府与西南科技大学合作共建。绵阳市科技城科教创业园区、西南科技大学国家大学科技园区以及在科技部与国防科工委共同支持下建设的国家军转民科技园区实行“三块牌子、一套班子”的管理体制。

二、发展历程

西南科技大学国家大学科技园区有综合孵化器1个、专业孵化器4个，场地面积为2.2万米^2。其中4个专业孵化器分别为新材料技术专业孵化器、信息技术专业孵化器、环境工程技术专业孵化器、生物技术专业孵化器。它们的场地面积为7 570米^2。此外，西南科技大学国家大学科技园与九洲集团合作共建了国家863软件专业孵化器。

西南科技大学国家大学科技园区引进了注册资金达1.2亿元的四川天晨投资控股公司，从事担保、风险投资等业务，扩大中、小型企业的融资范围。该园区分别投资5 000万元和100万元参股绵阳市风险投资有限责任公司和绵阳市中、小企业担保公司，引导社会资金参与对中、小企业技术创新活动的支持。

西南科技大学国家大学科技园区引进了法律、资产评估、管理咨询等中介服务机构12家。这些中介服务机构一方面为企业提供工商、税务、法律等方面的基本服务，另一方面为孵化企业提供发展咨询、市场、技术等增值服务，营造了良好的创业软环境。

自2011年以来，西南科技大学国家大学科技园成功转化科技成果119项，其中，转化国防科技成果17项。西南科技大学国家大学科技园累计孵化和培育科技型中、小、微企业177家、现有在孵企业112家，其中15家企业被绵阳市认定为军民融合企业。孵化载体建设全面完成，西南科技大学国家大学科技园可自主使用的场地面积达到 2.32 万米^2，孵化场地面积约为 1.97 万米^2，入孵企业新增知识产权 176 项，覆盖电子信息、先进制造、节能环保、新材料等多个战略性新兴产业领域；建设了大学生创新创业苗圃，实现了大学生“拎包创业”，大学生科技创业企业数量已突破 40 家，入园企业累计提供科技创业实习岗位 815 个、接纳学生实习实训 29 万人，组织园区企业提供就业岗位 1 389 个，为学校创新创业人才培养体系建设，提升人才培养质量，促进大学生创业就业发挥了重要作用。

三、主园区空间功能分区

力争把西南科技大学国家大学科技园建设成为创业孵化基地、科技成果转化基地、创新人才培养基地、军民结合互动平台以及融资平台，尤其是要建设好大学生创新基地，鼓励和吸引在校学生在园区内进行创新创业活动，形成校区、园区、社区三区融合、联动发展的新格局，实现产学研结合，服务地方经济建设。整合校内外资源，建设好主园区、研发区、产业区、培训区，形成四区相互依托，相互联动，共同发展的格局，打造西南科技大学国家大学科技园特色品牌，创建西部一流大学科技园。

(一)主园区

与四川省内外的知名企业合作，成立西南科技大学国家大学科技园管理公司，并吸收社会资本，将其建成环境优美、现代气息浓郁、功能配套、设施完善、服务平台齐全的智能化、生态型高科技园区，西南科技大学国家大学科技园与绵江产业带浑然一体，互为支撑和补充。

(二)研发区

坚持校内和园区研发相结合的原则。结合学科特色和优势，利用军工背景、建材背景和农学背景，在已有 4 个专业孵化器的基础上，建立其他专业孵化器。利用国家对西部地区一省一校的支持，在园内建成国家级重点实验室、国防重点实验室和教育部工程技术中心。积极企业合作，设立创新创业基金。以企业为主体，组建市场运作实体，开发具有自主知识产权的新技术，推出“技术成果交易超市”服务项目，为科研成果与企业对接转化和实施产业化提供服务平台。

(三)产业区

以品牌经营为主，与政府和社会合作组建产业区。在确保主园区在孵企业的生产用房的前提下，修建标准厂房达 2 万米^2，同时积极争取条件，把产业区做大做强，以引进有较大规模的科技型企业和进驻主园区孵化育成的毕业企业，逐步实现向“孵化 + 产业型”建设模式的转变。在依托学校学科优势的基础上，进一步整合资源，调整结构，培育和发展一批具有竞争力的企业，构建和完善以水稻与小麦、环境治理与安全、土木建筑设计与咨询、环境友好材料、建筑材料、电子信息等为特色的产业集群。同时，西南科技大学国家大学科技园采取辐射战略，有侧重的在科创园区、高新区及部分地区与政府、社会合作，建立高科技企业，使大学科技园的服务功能最大限度地发挥。

（四）培训区

建立以西南科技大学国家大学科技园为中心，由若干个培训基地为架构的职业教育培训区。面向科技园企业、在校学生和社会各类人员开展职业教育、创业培训，建立西南科技大学工程硕士培训中心。重点构建新材料、制药工程技术、生物工程技术、农产品及食品质量安全分析、作物育种及质量分析检测、超大型精密及超精密加工等研发和中试平台，进行高新技术企业的孵化，创建西部一流的大学科技园。

四、管理机构

（一）管理体制

西南科技大学国家大学科技园实行“市校共建，以校为主”的管理体制。绵阳市人民政府和西南科技大学派人组成西南科技大学国家大学科技园管委会全权负责大学科技园的建设。其主要包括制定园区的总体规划、园区内城市基础设施建设、孵化体系的建设、制定和实施政策、履行行政管理服务职能等。

（二）运行机制

西南科技大学国家大学科技园区努力探索市场化运行机制。一组建了绵阳科教创新投资有限责任公司。该公司主要负责园区基础设施建设和资本运作。该园区的开发建设采取“开发公司建设—政府回租—企业运行”的方式。二坚持开放式办园。该园区不仅吸纳西南科技大学的高科技企业和人才到园区发展，而且努力吸引绵阳市军工科研院所和企业的资金、人才到园区发展，并且还与西北工大、华中科技大学、成都理工大学等高等院校建立了密切的合作关系，为西南科技大学国家大学科技园建设的持续发展提供有力支撑。

2008 年，西南科技大学国家大学科技园区组建成立了具有独立法人资格的西南科技大学国家大学科技园有限公司。该公司负责科技园的日常建设与管理工作，实行“政府支持、依托大学、市场机制、企业运作”的运行机制，吸引社会企业和风险资本的投入，吸引社会资源向大学科技园汇聚，促进科技园更快更好地发展。

五、经验总结

①西南科技大学国家大学科技园不断加强与区域政府的良性互动，探索制度创新和注重体制和机制创新，实行“市校共建，以校为主”的管理体制，深化了行政体制创新，推行“小政府，大社会”和“小机构，大服务”。实行“政府支持、依托大学、市场机制、企业运作”的运行

机制。

②充分发挥区位优势，与区域内企业、科研院所密切联系，紧密依托西南科技大学、中国工程物理研究院等科研机构和长虹公司、九洲公司等大型企业的科技创新和人才资源优势，积极吸引西南科技大学、国防科研院所和企业的资金、人才到园区发展。

③加强校校合作。与西北工业大学、华中科技大学、西南财大、北京邮电大学、深圳清华研究院、成都理工大学等建立了密切的合作关系，坚持优势互补，双赢合作。

参考文献

[1] 西南科技大学国家大学科技园[J]. 中国高校科技与产业化，2010(7).

[2] 本刊通讯员. 打造创业梦工厂，孵化未来企业家：西南科技大学国家大学科技园创新创业工作纪实[J]. 四川劳动保障，2017(5)：57-57.

[3] 园区概况[EB/OL]. [2019-03-25]. http：//www.kjy.swust.edu.cn/index.php? m = List&a = index&cid = 1.

湖北省

华中农业大学“悦创空间”

一、概况

华中农业大学坚持“三个结合”（创新创业教育与学科专业教育相结合、学校教育资源与社会创业教育资源相结合、课堂知识传授与创新创业实践相结合），构建“七位一体”（课堂教育、活动引导、竞赛助推、典型引路、基金支持、基地孵化、跟踪服务）“悦创空间”创业教育工作体系。实施了创新创业教育“101 计划”，力争 100%的学生接受创新精神、创业意识和创新创业能力培养，1%的毕业生投身自主创业。立足农业高校特色，打造“六个一”特色创业孵化器：一栋创业大楼、一笔创业基金、一个活动品牌、一套管理制度、一支管理团队、一点工作进步。

二、发展历程

（一）创业大楼

2010 年，华中农业大学建成了总面积达 300 米^2 的大学生创业实践中心。2015 年，华中农业大学将 2 800 米^2 的学生宿舍楼改造为大学生创业孵化器。2017 年，建筑面积达 1.1 万米^2 的创业大楼投入使用。创业大楼设置有创业孵化区、公共服务区、管理办公区。创业孵化区共有孵化单间 123 个，苗圃区 1 个，房间内配置有办公桌椅、光纤网络、文件柜、空调等基本办公设施，供创业者免费使用（图 1）。

（二）创业基金

从 2015 年起，华中农业大学每年给予 40 万元的工作经费、100 万元的创业项目扶持经费、350 万元左右的大学生创新创业训练基金支持大学生创业项目实践实训项目孵化，累计共有 167 个项目获得学校创业项目扶持经费的支持。

图 1　创业大楼

（三）活动品牌

“悦创狮山”系列活动（图 2）从 2014 年开始启动，2017 年共开展以“悦创狮山”为品牌的未来企业家创业实践体验营、创业游学团、创业训练营、三创文化节、悦创讲坛系列活动共 62 场，参与学生达 13 400 余人次。

图 2　“悦创狮山”系列活动

三、运营与服务

（一）依托创业大楼，在创业基金等资金，系统性地开展讲坛、训练营等活动

“要创业·趁青春”主题分享、“悦创青春”狮子山青年创客分享会、大学生创新创业意识培养主题讲座，开展财务知识、法务知识、孵化器入驻、创业扶持项目等专题沙龙（图 3、图 4）。

图3 开展“精益创业”研修班、“跨越生死线”创业训练营、“精益创业”实战训练营、“互联网+农业”专题培训

图 4　深入海大、扬翔、新加坡、北京创业园及企业走访等未来企业家创业实践体验营系列活动

（二）一套行之有效的管理制度

自 2012 年以来，华中农业大学先后出台《关于加强大学生创业教育工作的意见》《关于加快推进大学生创业教育工作的意见》《华中农业大学深化创新创业教育改革实施方案》3 份文件，将创新创业教育贯穿人才培养的全过程；出台《大学生创业孵化器管理办法》《大学生创业基金管理办法》和《“国家级大学生创新创业训练计划”项目管理办法》等配套文件来保障大学生创业项目训练和实践有效运行。

（三）规划的工作流程确保工作有效开展

1. 孵化器入驻流程

具体如图 5 所示。

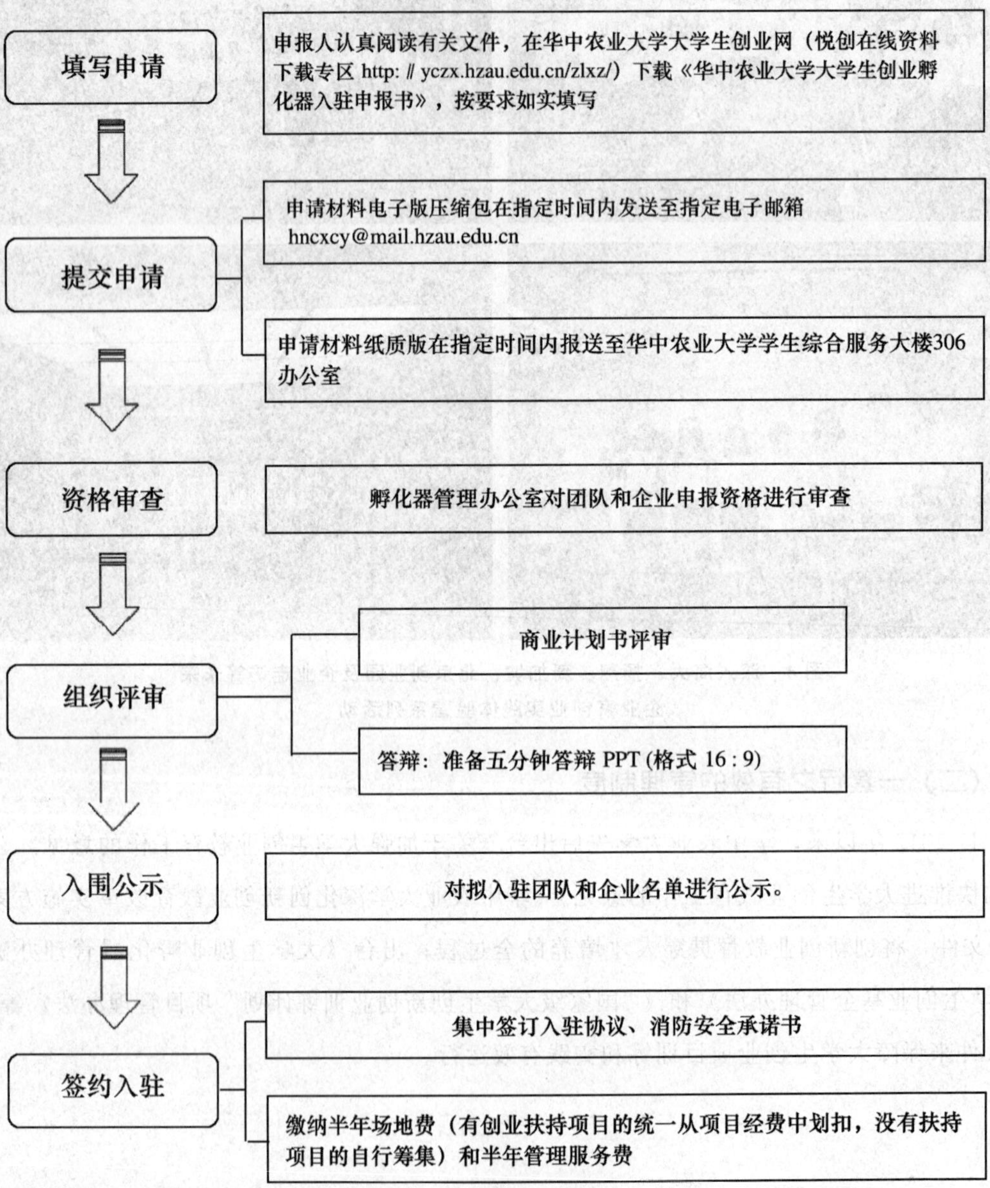

图 5　孵化器入驻流程

2．创业扶持项目申报流程

具体如图 6 所示。

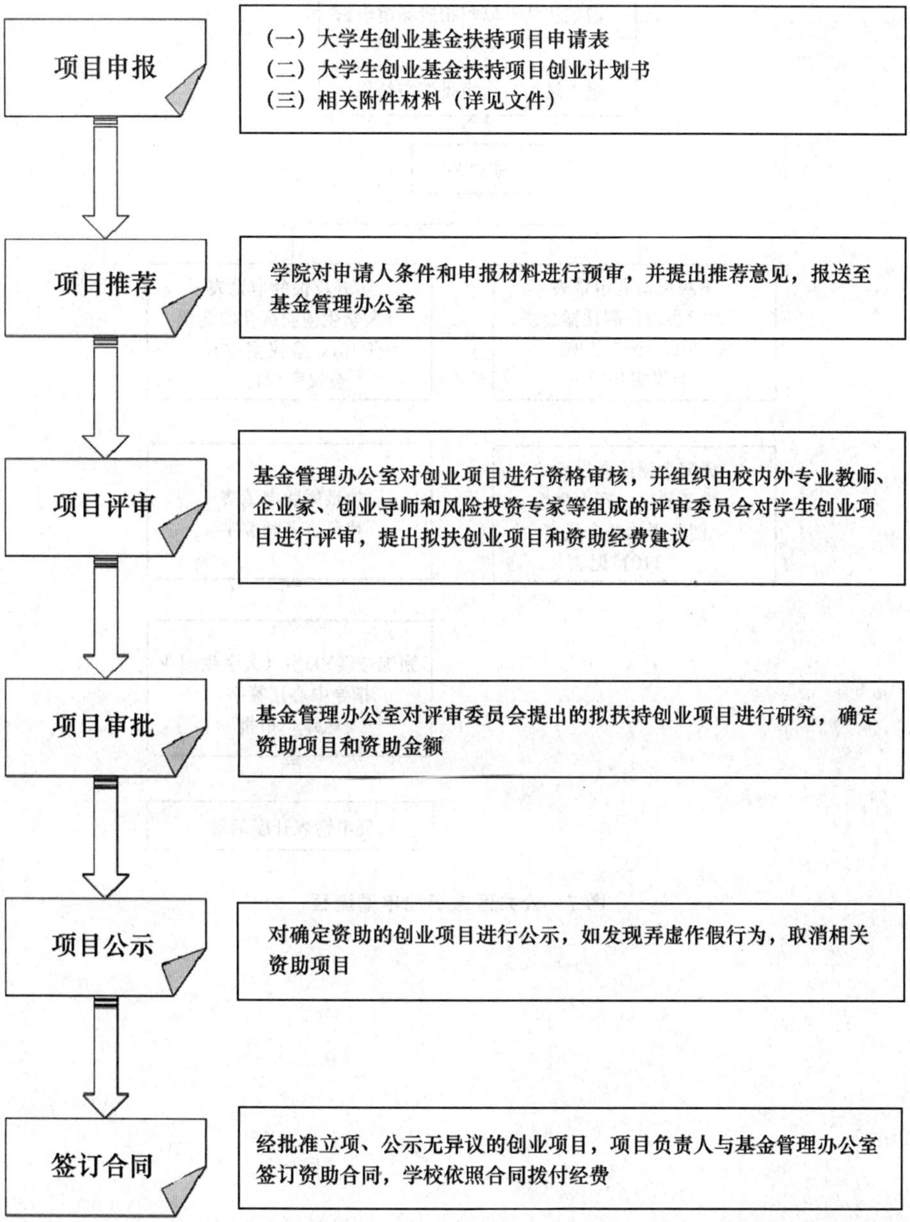

图 6　创业扶持项目申报流程

3．公共区域场地申请流程

具体如图 7 所示。

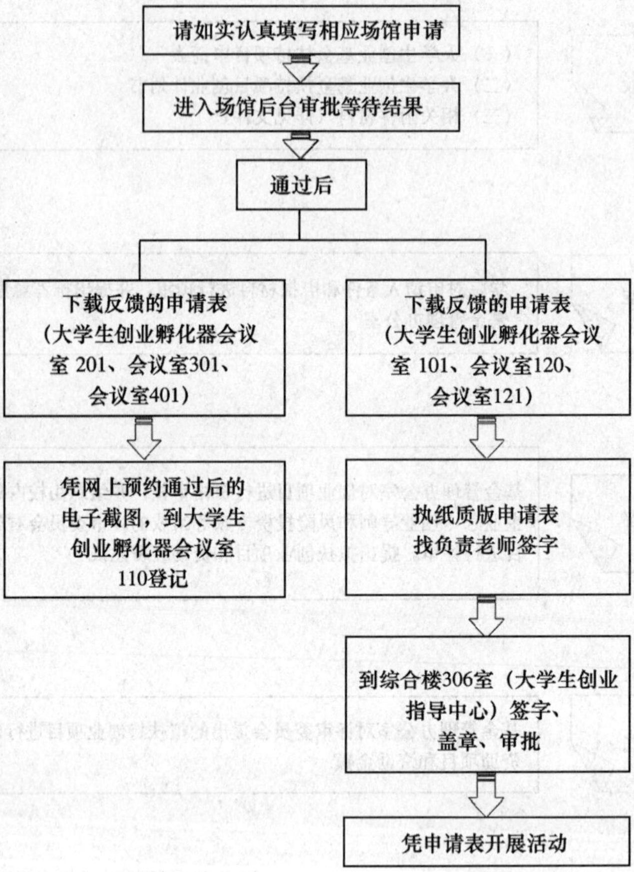

图 7　公共区域场地申请流程

4. 工商注册办理流程

具体如图 8 所示。

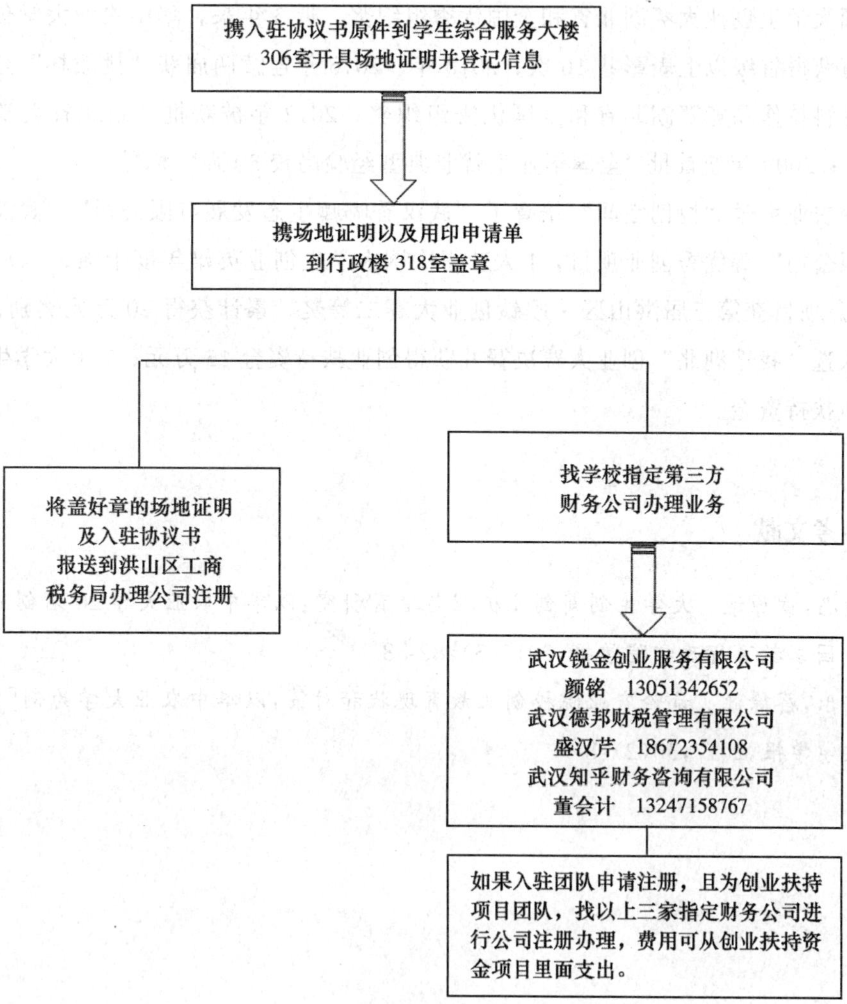

图 8 工商注册办理流程

（四）一个管理团队

其构建的队伍有：“悦创联盟”学生组织各类创新创业社团、创新创业教育指导委员会、大学生创新创业教育研究中心、大学生创业指导中心、悦创空间孵化器管理运营团队、大学生创新创业教育工作领导小组。

四、发展成就

2017 年，华中农业大学被获评为全国“深化创新创业教育改革示范高校”，湖北省

"挑战杯"优秀组织奖；2016 年被评为湖北省"深化创新创业教育改革示范高校"；2015 年获"全国高校创业教育研究与实践先进单位"，在黄陂区王家河街设立的大学生实习实践基地获批为"全国高校实践育人创新创业基地"；2014 年、2016 年连续两届获"创青春"全国大学生创业大赛湖北省和全国优秀组织奖。近 3 年来，华中农业大学创新创业工作或赛事获得省级以上表彰共 16 次；2013 年、2015 年连续两届获"挑战杯"全国大学生课外学术科技作品竞赛湖北省和全国优秀组织奖；2012 年被获批"湖北省大学生创业示范基地"；2009 年获首批"全国毕业生就业典型经验高校 50 强"称号。

华中农业大学"悦创空间"培育了"武汉香嘟嘟生态发展有限公司""武汉亲亲果园农业有限公司"等优秀创业项目，1 人获得中国大学生创业英雄年度十强。《牧曲有机肥》《电刷刷》项目获第三届洪山区·嗅钛创业大赛二等奖，累计获得 20 万元奖励；《牧曲有机肥》入选"我选湖北"创业大赛决赛并获得创业扶持资金 15 万元；7 个大学生创业项目获武汉市扶持资金。

参考文献

[1] 陈新忠，黄原迪．大学生创新创业机理与培育研究：以华中农业大学 20 名创业先锋为例[J]．国家教育行政学院学报，2017(5)：82-88.

[2] 刘广乐，蔡徐涵．试论农业院校创业教育现状和对策：以华中农业大学为例[J]．湖北函授大学学报，2017，30(2)：8-9.

湖南省

中南大学大学生创业园

一、概况

中南大学大学生创业园成立于2008年。中南大学大学生创业园在中南大学党委和行政的领导下，由中南大学学生创新创业指导中心具体管理，以培育大学生创业意识、创业精神和创业能力为宗旨，为中南大学创业教育提供实践环境，为大学生自主创业提供指导与帮助。

二、发展历程

（一）创建背景

中南大学大学生创业园在校党委的大力支持下、校团委的直接领导下，以“提高学生科技创新能力、引领学生自主创业潮流、全面提高学生综合素质”为宗旨，以促进良好的学校科技氛围为工作中心，大力开展各种丰富多彩的科技类校园活动的校级学生组织。

（二）发展历程

2010年6月，中共中央组织部常务副部长、时任教育部副部长陈希、时任人力资源和社会保障部就业促进司副司长王亚栋、《光明日报》社教育部主任汪大勇、教育部科学技术司副司长娄晶、教育部高等教育司副司长刘贵芹及2010年全国大学生创业高峰论坛参会代表等400余人参观中南大学大学生创业园。

2009年下半年至2010年，长沙市委统战部副部长、创业富民办主任饶福明等相关负责同志来校实地考察了中南大学大学生创业工作和创业园入驻学生公司运作情况，对创业园提出了建设性意见，并给予了充分肯定。

2011年4月13日，时任国家人力资源和社会保障部副部长王晓初在湖南省对口援疆工作领导小组常务副组长赵湘平等人的陪同下来到中南大学大学生创新创业教育实践基地调研大学生创业教育工作。

2011年8月，中央电视台特别制作的大型电视理论片《从怎么看到怎么办》重点报道了中南大学学生公司和创新创业教育课程。

2012 年 4 月，人力资源和社会保障部部长尹蔚民在时任中共湖南省委书记、省人大常委会主任周强，时任省人民政府常务副省长于来山，时任省委常委、中共长沙市委书记陈润儿，时任省委常委、省委秘书长易炼红参观。

2013 年 5 月，人力资源和社会保障部副部长胡晓义在湖南省人民政府副省长黄兰香的陪同下莅临中南大学创新创业教育实践基地调研大学生创业教育工作。

三、发展成就

（一）资源聚集

中南大学大学创业园是全国首家集创业培训、项目孵化、信息服务和成果展示等功能于一体的高校创业教育实践基地。该创业园在全国率先将大学生创业教育纳入学校人才培养方案，开设创业通识、技能、实训类课程共 86 门。成立全国首家 SIYB 培训项目管理部，提供创业培（实）训近6 000 人。目前，中南大学在校学生组建创业工作室 553 个，先后建立创业依托基地、实践基地、模拟基地 916 个，创建全国首家大学生创新创业综合性服务网站——中国大学生创业网。

（二）产业发展

中南大学大学生创业园共有在校学生创办公司 196 家，72 家学生公司入驻创业园。在入驻企业中，85%以上为科技型公司，产值达 1 209 万元，利税 316 万元，安置从业人员人数就业人数 683 人。每年在校学生新注册企业约有 20 家。

中南大学大学生创业园的基地面积达 3 200 多米^2，在该创业园里设有中国大学生创业网站、大学生创业园、创业培训教室、创业实训教室、模拟创业实训室、企业诊断室、会议室、创业者沙龙及创新创业教育成果展厅等，被授予省部级基地和平台 12 个。

（三）平台发展

自 2005 年以来，中南大学创新创业指导中心引导学生积极投身各类创新创业活动，参与活动学生人数比例已达到 95% 以上。学生学科竞赛获奖 1 371 项，其中国际奖 204 项、国家级 446 项、省部级 721 项。在校学生创办的 315 家中，21 家公司获科技部中、小企业创新基金资助 890 万元，66 家公司获地方政府专项资金资助 450 万元。中南大学的经验获得国家相关部委的推介，以此希望中南大学创新创业教育形成典型经验，以此扩大其引领作用。国家教育体制改革简报单篇转发了中南大学的经验，中宣部理论局理论片专集介绍学校案例。新华社、光明日报、经济日报、中央电视台等各大中央媒体多次跟踪报道。2015 年，中南大学获“第四届全国教育改革创新优秀奖”；2016 年，中南大学获教育部首批 50 所“2016 年度全国创新创业典型经验高校”的荣誉。

四、主园区空间功能分区

（一）办公室

办公室负责创业园相关管理办法的起草编写、各类文书的资料的整理、会议的通知记录以及活动的组织策划等。收集各部门的反馈信息，做好公文政策的上传下达。负责各部门工作的督查。协调各部门之间的行政关系。负责与其他社团的公关工作，协调其他部门工作。

（二）开业指导部

开业指导部及时掌握国家、省区市的各项政策，并及时向企业发布。负责联系老师、教授对公司指导。负责了解跟踪新入住公司的经营情况。拟定开业指导部的有关制度。

（三）企业培训部

企业培训部定期举办大学生创业企业负责人创业素质提高班。举办各类交流活动及各类专题培训和讲座。邀请校内外专家开展“企业诊断”等咨询。组织校内外创业联盟活动，开展相关活动，实现资源共享。

（四）成果转化部

成果转化部负责创新创业成果展厅的日常管理、维护和更新。负责收集学生中间的创新创业教育成果，充实展厅展品。负责追踪公司成果信息，了解产品特点、功能，并以书面、图片形式整理备案。负责实物模型解说词的编写。初步筛选、评估大学生创业入驻项目、大学生创业企业。协调其他部门工作。

（五）企业联络部

企业联络部负责办理企业入（离）手续。建立入驻企业档案盒数据链。保持与公司之间的良性沟通，及时了解公司需求。

（六）企业管理部

企业管理部负责创业园入驻公司各类信息的收集，并建立档案和数据链。负责拟定、实施创业园办公地点行为准则。负责为公司传达各种信息及创新创业指导中心的通知，做好记录。

（七）宣传推广部

宣传推广部负责各类活动前期和后期的宣传工作、活动接待的解说、宣传资料的制作，包括解说词、传单、海报等。定期举办对内对外的宣传工作。拟定宣传推广部的有关制度。负责创业园内部招新的工作。

五、经验总结

（一）组织保障

中南大学将科技园的与学校整体建设与发展统一规划，并且建立健全了相关制度，从而保障科技园的各类资源齐全，鼓励师生到园区创业，并在园区内为学生构建相关基地从而提高学生的实践实战能力，使科技园成为学校成果转化与产业化的重要基地。

（二）政策保障

中南大学相关职能部门及科技园相关管理部门要及时了解，学习、落实国家的有关政策，同时根据实际情况，积极制定相应的管理办法和实施细则，确保各项工作合法、合规、合理，并且向学生团队及时的宣讲相关政策，为团队保驾护航。

（三）资金保障

中南大学每年投入 7 000 多万元支持学生创业项目，项目数量达上千项。

参考文献

［1］中南大学创业园成为富民资金扶持基地［EB/OL］. http：//uzone. univs. cn/news2_2008_234590. html.

［2］国家人力资源和社会保障部副部长王晓初来中南大学调研大学生创业教育工作［EB/OL］. https：//dwz. cn/QCKlLuxq？ u＝9f5df4980a368d26

［3］国家人社部部长尹蔚民，中共湖南省委书记周强莅临中南大学创新创业教育实践基地视察指导工作［EB/OL］. https：//dwz. cn/Djnw0jP3？ u＝237d42fd9eac683

［4］国家人社部副部长胡晓义调研中南大学创新创业教育实践基地［EB/OL］. https：//dwz. cn/Djnw0jP3？ u＝237d42fd9eac683

湖南农业大学科技园

一、概况

湖南农业大学科技园在上级有关部门的领导下，由湖南农业大学招生就业处负责具体指导与管理。湖南农业大学科技园以扶持大学生自主创业为核心目标，以公益性、示范性、专业性为主要特征，以搭建集政策理论研究、创业指导培训和综合服务为一体的创业孵化平台为主要形式，力争为在校大学生提供自主创业的有利条件和良好环境，提高大学生自主创业的意识。

二、园区主体

湖南农业大学科技园于2010年开始建设，先后3次迁址，2012年定址在十一教学楼南面的负一楼，面积为1 100米^2，2016年11月，又新增面积3 760米^{2}的场地（十二教综合实验大楼的三楼）作为大学生创业孵化基地，基地总面积已达486米^2，同时，采取集中与分散相结合的模式，由各学院结合学科特点，引进社会资源建立了学院创业孵化基地，建立了不同形式的创新创业孵化基地或创客空间，面积为1 400米^{2}左右。如园艺园林学院引进省茶叶总公司、食品科技学院引进德人牧业公司、研究生院引进唐人神公司，目前，湖南农业大学建有大学生创业孵化基地6 260米^{2}左右。

三、主园区空间功能分区

（一）创业激发区

创业激发区设在原创业孵化基地，它包括SIYB培训教室、KAB培训教室。

（二）公共服务区1

公共服务区1设在十一教创业孵化基地。它提供与学生创新创业相关的配套服务，如金融服务、快递服务、创业就业接待、学生服务组织的工作值班室、接待室等及时传达有关科技政策信息，并提供政策、管理、财务、市场、营销、法律、人力资源等方面的咨询；学生活动中心 1 间。

（三）公共服务区 2

公共服务区 2 设在十二教综合实验大楼的三楼。它的功能是组织企业工商管理、税务登记、政府财税扶持政策、法律、专利、财务管理、市场营销、吸引投融资等企业开办及运营方面的知识培训。

（四）成果展示区

成果展示区创业成果展示厅设置在十二教综合实验大楼的三楼。

（五）创业孵化区

创业孵化区设在十二教综合实验大楼的三楼。它设有创业项目洽谈室、创业团队孵化办公室、公司办公室。

四、发展成就

目前，湖南农业大学已初步形成大学生创新创业“三层次、四平台”的创新创业教育体系。“三层次”课程教育体系是以培养学生创新创业能力为目标，按支撑能力培养的知识结构三要素（即创新创业的素养与意识、专业知识和知识应用）建设创新创业课程模块，并依次以创新创业类公共必修课、创新创业类公选课和与专业相容的创新创业选修课、创新创业精英班课程的三层次课程体系；“四平台”，即大学生科研平台、大创项目及竞赛平台、创业实践平台、校企合作平台。

湖南农业大学已经开设了面对全校所有学生的创新创业类课程必修课共 3 门，它们分别是“创业基础”“学生生涯规划”“就业指导”。湖南农业大学已有创新创业类课程公选课 19 门。但是在创新创业精英班的课程设置上还处于空白，这就严重束缚了湖南农业大学创新创业课程体系的建设与完善，无法满足具有创新创业潜能和意愿的学生进步学习需求，所以创新创业教育中心建议开设创新创业精英班来填补学校在创新创业课程设置上的空缺，并且为毕业时或毕业若千年后有志创业的学生提供更好的学习平台、实训机会和与学习资源。

五、组织机构与职责

湖南农业大学成立“湖南农业大学创新创业教育改革领导小组”（以下简称“领导小组”）来组织、协调和指导学校创新创业教育工作开展。其成员单位为：创新创业教育中心，教务处、招就处、学工部、团委、研究生院、研究生工作部、党政办、组织部、宣传部、人事处、科技处、计财处、新农村发展研究院、南方粮油中心办、资产处、后勤基建处、继续教育学院、资产经营中心、校友办、后勤服务集团、东方科技学院主要负责人和各学院院长。

湖南农业大学设创新创业教育中心。该创新创业教育中心负责管理全校创新创业教育工作。其职责是：统筹管理学校创新创业教育，制定学校创新创业教育工作的总体规划和规章制度；组织制订创新创业教育人才培养方案，建设大学生创新创业教育课程体系；开设大学生创新创业教育课程，举办各类创新创业教育指导活动，协助组织各类创新创业教育大赛；培育和管理创新创业教育项目；建设和管理创新创业教育基地；建设和管理创新创业教育师资队伍。

六、运营与服务

湖南农业大学科技园本着“以人为本、扶持创业、促进就业”的工作宗旨，为符合条件的初始创业者提供零租金经营场地，并免费提供政策咨询、创业培训、项目评估、开业指导、企业策划、市场营销、专家指导等创业扶持服务。另外，入驻者还可享受以下扶持政策。

①给予开办费补贴 1 000 元。

②实行小额担保贷款贴息补贴。毕业 2 年内的高校毕业生入驻创业基地的，可享受为期 2 年，不超过 10 万元贷款额度的财政贴息扶持。

③实行社会保险补贴。依法参加和缴纳了社会保险，并签订了 1 年以上劳动合同的，可享受社会保险补贴。

④实行一次性岗位补贴。依法参加和缴纳了社会保险，企业和招用人员签订了 1 年以上劳动合同的，给予一次性岗位补贴 1 000 元。

⑤落实税收优惠政策。创业基地办公室将协助入驻实体争取以下税收优惠政策：月销售额或营业额超过 3 万元的企业，在 3 年内按每户每年 8 000 元为限额依次扣减其当年实际应缴纳的营业税、城市维护建设税、教育费附加、地方教育附加和个人所得税；月销售额或营业额未达到 3 万元（含）的企业，免征相关税费。

参考文献

[1] 湖南省省级创业首批孵化基地[EB/OL]. [2018-05-08]. http://cy.hunau.edu.cn/cyfhjd/cxcyfhjd/201805/t20180508_227973.html.

[2] 全国高校实践育人创新创业基地[EB/OL]. [2018-05-08]. http://cy.hunau.edu.cn/cyfhjd/cxcyfhjd/201805/t20180508_227975.html.

湖南大学国家大学科技园

一、概况

湖南大学国家大学科技园（以下简称“湖大科技园”）创建于2006年，位处长沙国家高新技术产业开发区，占地214亩，规划总建筑面积约为24万米^2，基础建设总投资达6.4亿元。湖南大学国家大学科技园于2010年10月被科技部和教育部联合认定为“国家大学科技园”，成为湖南省首家跻身国家大学科技园行列的高校科技园。

二、发展历程

2006年，湖南大学国家大学科技园启动建设。湖南大学国家大学科技园被建成后已成为推进产学研结合、促进大学生创业就业、加快科技创新和科研成果转化、培养创新创业人才的重要平台。2008年，湖南大学国家大学科技园完成创业大厦、标准厂房和动力总成研究中心建设。艾盛汽车成为第一家入驻科技园的创业企业。2010年10月，湖南大学国家大学科技园被国家科技部、教育部正式认定为“国家级大学科技园”和“国家级高校学生科技创业实习基地”。2011年，湖南大学国家大学科技园被湖南省经济和信息化委员会认定为“湖南省中、小企业核心服务机构”。2012年，湖南大学国家大学科技园获评高新区及长沙市科技企业孵化器。2013年，湖南大学国家大学科技园被认定为“湖南省中小企业创业基地”“长沙市创业示范孵化园”和“长沙市创建创新科技服务中介机构”。2014年，湖南大学国家大学科技园被认定为“大学生科技创业平台”。2015年，湖南大学国家大学科技园被认定为“湖南省中、小、微企业创业创新基地”。

三、发展成就

目前，湖南大学国家大学科技园依托湖南大学雄厚的科研实力和技术、人才资源，发挥自身优势在园区已建成科技研发、孵化及生产用房达10万多米^2；入园企业总数达到98

家，就业人数达 1 700 多人，入园企业承担国家及省市科技计划、创新基金、企业委托类等项目 140 多项，累计获得专利 181 项，实现技术转移转化 70 多项。在该园区设立创业引导基金 600 万元以用于创业科技企业和项目的投资孵化；搭建“一站式”创业公共服务平台，为企业提供创业辅导、管理咨询、项目申报、法务税务等公共创业服务；建立和引进“汽车轻量化国家重点实验室湖南大学分中心”“湖南省激光增材制造工程技术研究中心”“湖南大学先进动力总成技术研究中心”“发动机动力总成技术及对标检测分析公共技术服务平台”等多个高水平的研究开发机构，为企业自主创新提供技术支撑。

完善的硬件设施条件、浓郁的科技文化氛围以及优质的管理与服务为湖南大学国家大学科技园区的企业带来了无限的机遇和广阔的发展空间，涌现了华曙高科、艾盛汽车、三佳车辆、奔腾动力等一批拥有自主知识产权、业界知名的高科技企业，加速和推动了高校的建设与发展。湖南大学国家大学科技园已建成科技研发、孵化及生产用房 10 万多米^2；入园企业总数达到 98 家，在孵企业 70 家，累计培育大学生创业企业 31 家。该园区就业人数达 1 700 余人；2015 年，湖南大学国家大学科技园区总收入逾 4 亿元，上缴利税 3 000 多万元。

四、运营与服务

①湖南大学国家大学科技园区企业可享受国家、省、市和高新区给予的各项优惠政策，入驻园区的企业可享受一定比例的税收返还。

②优秀企业或优秀项目，可申请湖南大学国家大学科技园科技成果孵化专项基金。

③入驻企业为湖南大学迎接毕业生提供就业岗位，且该毕业生在企业工作满 1 年的，每招收一名湖南大学应届毕业生，给予企业 1 个月 18 米^2 的房租补贴。

④大学生创业企业入驻湖南大学国家大学科技园区，可获得 1 年相应核准场地面积的房租减免。大学生创业企业应具备的 3 个条件：

A. 大学生指全日制大专以上学历学生；

B. 在读或者毕业 2 年以内大学生创办的企业；

C. 大学生担任所创办企业的法人且为第一大股东（大学生创业证明由市政务服务中心大学生创业绿色通道教育窗口开具）。

⑤湖南大学教师创业企业入驻湖南大学国家大学科技园区，可获得 1 年相应核准场地面积每平方米 3 元/月的房租补贴。教师创办企业应具备的 3 个条件：教师为湖南大学教师；湖南大学教师为所创办企业的股东且占股 30%以上；创办企业经教师所在院系的认可和同意。

⑥湖南大学国家大学科技园统筹社会资源，集聚整合湖南大学各类创新要素，通过参

股、合作、引入等方式初步搭建了创新创业孵化平台，为园区企业提供创业孵化服务、公共信息服务、公共技术服务、教育培训服务、投融资服务和产业化支撑服务。2013—2015年，湖南大学国家科技园累计为园区内的企业提供各类创业公共服务230多次，帮助118家、次企业参与项目申报，共获得扶持金额2 300余万元；直接指导44家、次大学生企业进行项目申报，累计获得资金扶持197万元；为70余家、次企业提供了科技、法律、知识产权、技术测试等专业化服务，为136家、次企业提供创业辅导，举办各类培训对接会30余场，培训人数1 000多人；直接帮助园区企业实现融资近4 000万元，另外，通过湖南大学国家大学科技园的孵化服务，园区内的企业智多星软件及麦融高科于2015年新三板挂牌。

五、主园区空间功能分区

具体如图1所示。

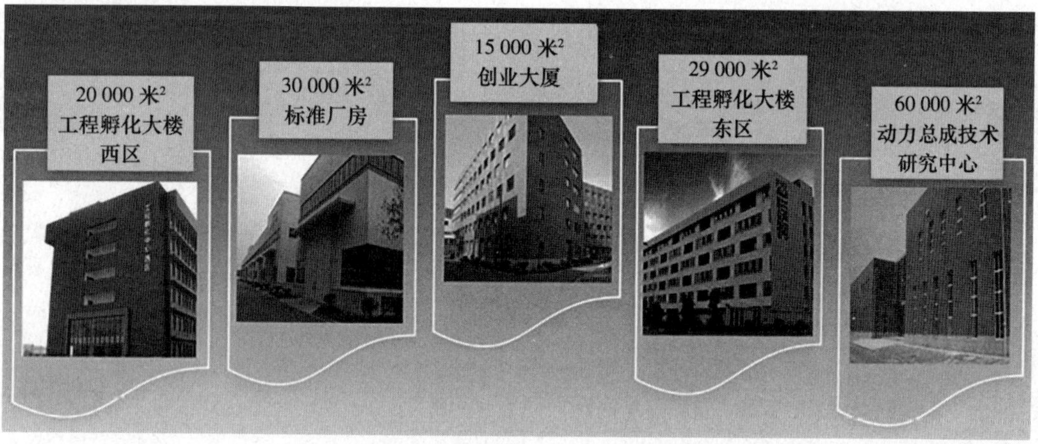

图1　湖南大学国家大学科技园空间功能分区

六、经验总结

湖南大学国家大学科技园全力打造以先进装备制造、新材料、新能源和电子信息味主导产业的创新型高科技产业园。一期建筑面积约为10万米²，包括工程孵化大楼、大学生创业大厦、工程研究中心和工业厂房已全部投入使用；二期建筑面积约为14万米²，主要为科技孵化大楼和工业厂房。二期于2014年启动建设，2016年完工，已投入使用。

参考文献

[1] 湖南大学国家大学科技园[EB/OL]. [2019-02-25]. http://www.hnusp.com/A-

bout. asp? classes = % E5% 9B% AD% E5% 8C% BA% E8% A7% 84% E5% 88% 92&def = 2.

[2] 湖南大学国家大学科技园[EB/OL]. [2019-02-25]. http://kjy. hnu. edu. cn/info/1003/1063. htm.

[3] 走进园区[EB/OL]. [2019-02-25]. http://y7028. y. zhaoshang800. com/main-jianjie. html.

海南省

海南师范大学国家大学科技园

一、概况

海南师范大学国家大学科技园是海南省吉宁阳教育科技产业园的重要组成部分。它于2014年9月获得科技部的认可。自创建以来，该园区注重“科学研究、创新创业教育、新兴产业、科研合作”四大中心业务，重点建设其高端人才创新基地和学生创新基地。

二、孵化园区

（一）园区主体

海南师范大学国家大学科技园一期占地面积约为50亩，配套建设有孵化楼、研发楼、中试楼和人才公寓共2万米^{2}的孵化空间，搭建了包括科技金融服务、成果的转化利用、知识产权服务等八大平台，同时面向高校师生以及社会需求、满足区域经济，形成“实验室—众创空间—科技园”的创新创业项目孵化链，并逐步形成“政府＋科研＋教育＋产业＋资本”五位一体创新创业服务新模式，创新链围绕产业链发展，围绕创新链部署资金链，服务于海南省十二大产业，促进区域经济转型升级。2016年，海南师范大学国家大学科技园被省、市政府认定为海南省中小微企业服务基地、省创业孵化基地、海南省众创空间、首批海口市众创空间；被科技部、教育部认定并列入全国69家税收优惠的国家大学科技园之一；成为“中国大学科技园双创服务联盟”理事单位、粤桂琼生产力促进服务联盟海南省生产力促进中心。

（二）研发基地

海南师范大学国家大学科技园拥有多个引进项目，例如，半导体激光研发、互联网结合大数据健康医养研究以及国家海洋局下属的天津海水淡化与综合利用研究所与海南发展控股有限公司共建南海海水研究中心等科研院所和然药物开发、基因育种等项目。我国唯一一家天然浴海绵研发、养殖和生产集合一体的企业入驻海南师范大学国家大学科技园区，该企业的入驻使科技园拥有包括科学研究机构支撑、人才项目、科技型中小微企业聚集蓬勃发展的良好前景。

（三）产、学、研结合

截至目前，海南师范大学国家大学科技园已经有合格手续的园区企业150家，其中包括由海南师范大学、海南大学、海南医学院等牵头创办的省内外高校科研院所校企合办企业97家、培育高企5家；入驻园区的研究机构以及企业下属的研发中心共33家，其中有41家企业和大学高校以及科研院所建立了良好的产学研合作关系；

海南师范大学国家大学科技园区帮助入驻企业进行技术成果转化22项，申请知识产权共80项；为师生和企业开展创新创业演讲会、分享会以及举办创业团队项目路演会、税务知识培训科普讲堂、知识产权讲座等各类培训和实践训练共500余场次，培训创新创业人才累计10 000多人次；

三、园区特色

（一）以科技成果转化为重点

海南师范大学国家大学科技园区重点建设其高水平创新创业人才基地，为大学生创新创业奠定基础。面向高校的教授和学生，面向社会需求，面向区域经济，搭建桥梁，开辟大学科研院所与社会的耦合渠道，解决两者之间存在的人才、技术、产业和资本的需求。

（二）以创新创业人才培养为理念

海南师范大学国家大学科技园区就大学生创业存在的缺陷及迷惑问题进行梳理与帮助。例如，经验缺乏、资金不足、销售渠道尚未打通；大学生富有创业激情，但是校园仍然有学业任务。因此，海南师范大学国家大学科技园区主要从这些方面入手帮助辅导大学生进行创新创业，提供创业方面的辅导、创业资金，利用科技园的平台协助大学生与市场进行对接，打通产品的销售渠道。

（三）推动新兴产业培育

历经多年的建设，海南师范大学国家大学科技园在科研成果转化、人才培养、新兴产业开发和产学研合作等方面取得了良好的效果。园区以期打造成为海南省重点的科研成果转化基地、创新创业人才培养输送后备军、新兴产业培育开发基地、模范产学研合作示范基地、融合科技与文化生活的示范基地、成为海南省高新技术产业集聚基地、引领海南省自主创新基和经济转型升级的新风向，为海南省十二大产业发展以及生态文明建设提供人力资源与技术支持。

（四）加强产、学、研合作

海南师范大学国家大学科技园区通过每年举办的“创梦杯”创新创业大赛，并为获奖项目团队提供 600 万元种子资金。截至目前，海南师范大学国家大学科技园通过大赛筛选的帮扶创业项目有 34 个。由其推选出的项目团队在国家级、省市级的创新创业大赛中取得了优秀的成绩，其中牧洋文化项目获得第三届中国“互联网 +”大学生创新创业大赛国赛银奖；获得投融资 5 000 多万元，为社会提供工作岗位累计近 900 个，组织园区内的企业在定安、琼海、白沙、五指山等地区积极开展产业扶贫工作，为海南省县域经济服务，助力脱贫攻坚，累计惠及的农户达 350 多户。海南师范大学国家大学科技园 2015—2016 年企业总产值 7 500 多万元，2017 年企业总产值预计超过 1.5 亿元，2018 年企业总产值计划达 3.5 亿元。

参考文献

[1] 海南师范大学国家大学科技园．园区概况［EB/OL］.［2019-06-25］. http：// www.hkdsp.com/yqjj/.

[2] 海南师范大学国家大学科技园打造高端人才创新创业基地［EB/OL］.［2019-06-25］. http：// www.hinews.cn/news/system/2018/04/30/031446875.shtml.

重庆市

重庆大学国家大学科技园

一、概况

重庆大学国家大学科技园是科技部和教育部批准的首批22个国家大学科技园之一。这是重庆实施科教兴国战略和实施《中共中央、国务院关于加强技术创新，发展高科技，实现产业化的决定》的具体措施。重庆大学国家大学科技园区建设采用校本建设、地区学校建设、周边大学和科研院所资源整合的方式。它由重庆大学和重庆市沙坪坝区人民政府共同建立，并以重庆大学为基础，以第三军医大学、重庆交通学院、煤炭研究院重庆分院的第一批研究型大学和研究机构的资源为优势，坚持依托大学，政府引导，以人为本，市场运作的原则实施的一个开放的园区，但同时也是封闭式管理。科技园区的建设得到了重庆市政府，沙坪坝区政府和重庆大学的大力支持。它有一个相对独立的工业和商业，税收和金融支持系统。它拥有坚实可靠的监管政策和宽松的发展环境。它的成立尤其适合重庆。沙坪坝区高新技术产业的发展，产业结构调整，对促进地方经济发展、促进西部大开发战略具有重要的现实意义和深远的历史意义。

沙坪坝区是重庆市的主要城市和文化教育中心。它具有突出的科学和教育优势和强大的科研实力，在科技和智力资源方面具有独特的优势。重庆大学科技园位于重庆大学和解放军第三军医大学周边，由核心区、生物医药基地、创新创业园组成。

二、发展历程

（一）孵化科技企业

重庆大学国家大学科技园已经参与孵化了几个重大项目。它们将通过与其他公司的合作研究和开发进入园区，研发内容包括信息、系统集成、应用软件开发、网络技术、虚拟仪器库、生物医药等。这些项目拥有高科技含量，广阔的市场前景，科学合理的运作机制。截至2005年年底，重庆大学国家大学科学园共有232家孵化器和104家研究生公司。重庆大学国家大学科技园区拥有电子信息、通信技术、网络、生物技术、机电一体化、新材料等领域的高新技术企业32家，这些企业包括重大高科技股份有限公司、重庆重大生物技术发展有限公司、重庆海吉科技有限公司等。

截至2005年年底，投资孵化中心实现销售收入1 360.2万元。税收总额7 000万元，引进投资资金8 700万元。

（二）科技园的孵化面积

重庆大学国家大学科技园主要是打造一个加速成果孵化的基地，以满足园区日益增长的入园企业和项目的场地需求。目前，重庆大学国家大学科技园“一区一园一基地”的建设格局已经基本形成，其中，核心区内通过利用国有闲置资产改造一批及多渠道新建一批，现投入使用的孵化楼共有24万米^2，主要分布在重庆大学A区中门、重庆大学B区、重庆市制药机械厂、重庆市丝纺厂及庆泰大厦等5个片区。

三、园区特色

（一）创建模式——区校共建

重庆大学国家大学科技园以创造性的方式采用了大学和政府的共同创造模式，这种模式有其自身的优势。重庆大学国家大学科技园支持重庆政府的校区共赢，并提出了校园建设的发展模式。通过这两个机构（学校和地方政府）的协调配合，充分发挥了科技园的孵化功能，大大提高了科技园区建设的可行性和成功率。

（二）园区科技资源的运用——整合区内优势资源

重庆大学国家大学科技园整合了重庆大学和其他沙坪坝区域内的高校及科研院所，通过三医大、通信学院等高校和科研院所的参与，提升了生物医药和电子通信等方面的科研力量，为全面加强高新技术项目开发和中试孵化提供丰富的智力、人力资源。

（三）运行管理机制——开放式办园，封闭式管理，市场化运作

重庆大学国家大学科技园的建设管理将通过提高综合管理能力，大力整合了该地区众多大学和研究机构的科技资源、人力资源、实验设施、信息资源、科研设备、政府管理资源和学校教育以及周边企业和金融机构的投资和财务职能。

（四）园区建设策略——大孵化器下的低成本扩张，充分利用资源

孵化器建设范围包括加强环境建设、打造高新区等其他园区合作建设、资本经营环境、中介服一务体系、人才培养和使用机制等软环境，并建设好沙坪坝区国有企业的成长环境。重庆大学科技园打造二大孵化器的概念，规划重点在于整体环境的变差、整合优质资源，力争通过建设重庆大学国家大学科技园，提升整体区域经济实力。科技园一直在探索的发展模式是：在经济和社会发展相对滞后的西部地区，因地制宜、充分发挥自主创新

的潜力，把科技园的发展与改造国家老工业基地传统产业、提升重庆产业结构的工程结合起来。

参考文献

[1] 韩春民. 大学科技园与区域经济融合发展机制研究[D]. 武汉:武汉理工大学,2013.

[2] 宜喜平. 我国大学科技园发展运行模式研究[D]. 重庆:重庆大学,2006.

[3] 重庆大学国家大学科技园创业服务中心介绍[EB/OL]. [2019-06-25]. http://kjy.cqu.edu.cn/jggk/cyfwzxbjjs.htm.

[4] 王永宁. 大学科技园发展评价指标及评价方法研究[D]. 重庆:重庆大学,2004.

[5] 李林,耿伶利,王永宁. 平衡计分卡在国家大学科技园发展绩效中的应用研究:以重庆大学科技园为例[J]. 中国科技论坛,2012(12):44-49.

陕西省

西北农林科技大学校团委创新创业部

一、概况

西北农林科技大学校团委创新创业部是隶属于校团委的重要的职能部门之一，以“崇尚科学、追求真知、勤奋学习、锐意创新、迎接挑战”为指导思想，以“科研能力培训，创新思维培养”为主题，以“想挑战，找科创”为宗旨，以服务创新创业活动为主线，在西北农林科技大学科技创新方面发挥着重要作用。西北农林科技大学校团委创新创业部协助老师为学校发掘、选拔、培训有创新思维、创造潜力和科学爱好的创新人才，定期组织开展大学生创新创业论坛暨成果展示、大学生创新创业训练计划项目，组织学生参加挑战杯大学生课外学术作品竞赛、节能减排大赛、水利创新设计大赛等创新赛事和“互联网+”大学生创新创业大赛、“创青春”全国大学生创业大赛、“创业吴江”“创业张家港”“西咸沣东杯”“榆林三创”“中国创翼”等创业大赛，为同学们搭建创新创业梦想和现实的桥梁。

二、运营与服务

西北农林科技大学校团委创新创业部的创新平台服务体系分为办公事务组、赛事策划组、创业服务组和宣传设计组。4 个小组既分工明确，又互帮互助，均以加强西北农林科技大学的创新创业为目标，积极组织开展科技创新比赛及展示活动，举办创新创业培训，与外校做积极的科创文化交流，丰富同学们课余生活，为广大同学的创新创业服务。

（一）办公事务组

办公事务组负责西北农林科技大学校院间的联系沟通，包括部长例会、部委例会；办公事务管理及文件的准备；304 办公室的环境维持；负责部门报账、部门内部考察记录、学院评优、自查审核；参与各项比赛筹备，负责校院、院院间活动的协调，核查学院活动并遴选优秀赛事活动。

（二）赛事策划组

赛事策划组负责“互联网＋”参赛的筹备、宣传、参赛等；负责西北农林科技大学各项创业大赛的筹备、组织，包括全国林业创新创业大赛、“创业吴江”“创业张家港”“西咸沣杯”“榆林三创”“中国创翼”等创业赛事；“挑战杯”参赛的筹备、参赛等，创新性竞赛的参赛的筹备、宣传、参赛等。

（三）创业服务组

创业服务组负责创业立项、创业结题等活动的筹备、答辩等；创客空间创业苗圃、创业培训、就业培训、创业选修课的各项事务；大学生创新创业论坛暨成果展、创业训练营、报告会，同时负责日常创新竞赛的报告会及跨校交流。

（四）宣传设计组

宣传设计组负责宣传材料的设计、制作及布置，包括条幅、海报、展板、桁架等，包括青创汇、“互联网＋”“挑战杯”等创新创业赛事及其余比赛活动；负责新媒体、包括QQ、微信、官网等新媒体事务，负责团委网站创新创业专题维护和更新。

三、创新创业建设

（一）资源聚集

西北农林科技大学校团委创新创业部于2016年8月获学校专项资金建设改造，并面向全校师生及毕业未满3年实体注册公司的创业学生免费提供办公空间。入园企业先后争取到陕西省和杨凌示范区各类资金支持400余万元。除此以外，西北农林科技大学校团委创新创业部也为同学们提供优质师资资源，例如，定期举办创业讲堂、设计思维训练营、商业模式创新营、精益创业训练营等实训活动；帮助同学们师从名家，还为同学们提供更广阔的成长平台，例如，积极推荐学生参加北京大学光华创业营、君商学院等各类创业精英活动，助力同学们的创业之路。

（二）企业发展

西北农林科技大学校团委创新创业部内现有入孵企业40余家，其中40支团队获批杨凌示范区创新创业优秀团队。除了校外的创业园，西北农林科技大学校团委创新创业部在校内也成立了创客空间，在提供基础商业服务的同时，致力于推动创新创业的交流。

（三）产业发展

西北农林科技大学创新创业项目为周边地区农业、林业等多种产业的发展做出了巨大贡献。农作物品种的改良使农业收益得到提高；农产品的国际化贸易使陕西的特色产品远销海外；“互联网＋”的发展拓展了产品的销售渠道，带动了多种产业的发展。

（四）推行措施

①以项目为纽带，引导学生参与创新创业实践。创新创业项目是大学生从事创新创业实践的重要载体，也是建立多学科领域融合的有效手段。

②以活动为载体，完善创新创业实践模式。“创业活动”灵活性强、吸纳学生广泛、专业限制小，其主要作用在于提高大学生的创业意识，激发兴趣，发展技能。

③以基地为依托，强化创新创业实践效果。

四、创新创业教育孵化基地

（一）创客空间

1. 稷下创咖：便捷学习交流平台

通过组织开展创新创业沙龙、校友讲堂、投资人下午茶等活动，吸引有创新创业想法的年轻人分享经验、交流思想。利用创咖的线上、线下联动资源以及“信息墙”等渠道，帮助创业学生完成合伙人招募、创业项目推介宣传。这些学习和交流为他们提供了全方位支持。

2. 创业苗圃：走向创业的平台

在创业苗圃里，每个入驻团队有专属的办公场地。在这里，他们商讨公司业务，规划未来发展。在开展业务的同时，创业苗圃还为他们提供了继续充电、不断提升的机会。不仅如此，创客们还有更多接受免费培训的机会。除了初创者，入驻创业苗圃的大部分团队是处于孵化阶段的创业团队。目前，已有创业团队入驻苗圃，开展创业实践。

3. 创木工坊：化创意为创新的实践平台

创客工坊为学生们提供更便捷的实践平台，项目团队可以通过申请加入工坊。在这里大家讨论创意、交流观点，一起解决实践中遇到的困难和问题。除此以外，创客工坊还积极鼓励学生展开各种体验和实践活动，以增强创新思维能力、实践动手能力和团队意识。3D 打印机、VR 等各类先进装备为同学们的创新实践提供方便。

（二）创业园

西北农林科技大学创业园地处杨凌示范区商业中心，建筑面积为 3 000 米^2。2016 年，西北农林科技大学创业园已通过科技部审核备案，被认定为国家级众创空间，获批教育部第二批“全国高校实践育人创新创业基地”，并与杨凌示范区进行挂牌共建。

西北农林科技大学全体师生及毕业未满 3 年注册公司的创业学生均可提出入孵申请，经专家审核通过后，可免费入驻。西北农林科技大学创业园为入孵企业提供办公室、办公家具和设备，并提供初期种子资金扶持、工商税务等咨询服务、“一企一档”式项目管理、校内外培训交流、分类导师指导、线上线下市场推广和分阶段融资服务等全方位、一体化综合创业服务，对企业在创办、经营过程中遇到的困难提供解决方案，扶持企业成长发展。

五、经验总结与挑战

（一）创新创业面临的机遇

1. 国家为大学生创新创业提供了有力的政策和制度保障

党的十七大报告开始就明确提出了以创业带动就业的战略，为鼓励全民创业指引了方向。另外，国家出台了很多鼓励创新创业的政策，为创业提供了包括融资、税收、行政服务等大力支持。因此，我们要抓住机遇，顺应时代潮流，在高校创新创业领域取得积极进展。

2. 地方政府采取一系列扶持政策与措施

特别对高新技术成果转化为企业的项目，政府大力投入资金支持，促使更多的大学生加入创业的队伍中来，一方面解决大学生就业难的问题，另一方面推动了创新创业的发展。

（二）需要重点解决的问题

①人员管理：部门成员众多，有时会出现积极性不强的情况。

②宣传力度：目前，西北农林科技大学创业园缺乏专门的网站进行宣传，不利于有创业意向的学生了解创业政策、交流创业经验、学习创业方法。同时影响创新创业部在校内外扩大宣传的广度。

③如何提高学生参与创新创业活动的热情。

④项目经营：部分创业项目业主对其生产及经营等方面仍不熟悉，主动性不强，对学校仍有较大依赖，由于缺乏专业团队对创业项目持续管理和指导。

参考文献

[1] 共青团西北农林科技大学委员会创新创业部[EB/OL]. https://54youth.nwsuaf.edu.cn/kjcx/index.htm.

[2] 西北农林科技大学深化创新创业教育改革实施方案[EB/OL]. http://www.moe.edu.cn/s78/A08/gjs_left/s3854/cxcyjy_ssfa/201605/t20160516_244113.html.

[3] 西北农林科技大学教学并重着力打造创新创业教育新模式[EB/OL]. http://www.snedu.gov.cn/jynews/gdxx/201511/13/54171.html.

[4] 西北农林科技大学全方位做好创新创业人才培养[EB/OL]. http://www.snedu.gov.cn/jynews/gdxx/201806/07/79708.html.

长安大学大学生科技创新与创业协会

一、概况

长安大学大学生科技创新与创业协会是在长安大学党委的大力支持下、长安大学校团委的直接领导下，以“提高学生科技创新能力、引领学生自主创业潮流、全面提高学生综合素质”为宗旨，以营造浓厚的科技创新与创业校园氛围为工作中心，大力开展各种特色鲜明、内容丰富、形式多样的科技创新与创业活动的校一级学生组织。

长安大学大学生科技创新与创业协会在“大众创业、万众创新”政策的号召下，始终以科学发展观为宗旨，秉承“团结协作，求实创新”的精神，践行“科技点燃激情，创业成就梦想”的口号，引领广大长大学生在学习科技中成长，在社会实践中成才，积极为广大学生提供竞赛指导平台，做好本科生专利申请服务和学生科技成果申报与推广工作，不断提高自身在同学中的影响力和号召力。

长安大学大学生科技创新与创业协会下设 11 个部门，各部门齐心协作，始终致力于营造我校浓厚的科技创新创业氛围，引领我校学生科技创新与创业思潮。校科协以挑战杯为龙头赛事，以大学生“科技节”为工作重点，每年都举办如创业先锋挑战赛、“通大杯”专利创造及发明大赛、创新创业教育高端论坛、科创风云人物大讲坛等的创业创新比赛和讲座。长安大学成为首批 SYB 定点培训机构以及创业团队成功注入“渭梦”创客空间，也为学校科创氛围填上华丽的一笔。成立 7 年以来，长安大学大学生科技创新与创业协会促进了良好的学风校风建设，开展形式多样的科技活动，提高学生的科研实践能力和创新能力，为发展科技事业，推动科技进步，加强精神文明建设，做出应有的贡献。

二、发展历程

长安大学大学生科技创新与创业协会始终坚持以“挑战杯”“创青春”系列竞赛为龙头，组织各类创新创业竞赛协同并进；以大学生科技节为抓手，营造学校创新创业氛围；以创业达人训练营为第二课堂载体，以长安大学取得省人社厅 SYB 创业培训定点机构资质为契机，面向全校招收创业培训学员并开展 SYB 创业培训；以“创客月”为平台，推进学生创业项目转化；统筹整合校内外资源，搭建创新创业实践平台，促进学生科技成果转化；通过分别举办本科生、研究生“专利月”知识产权培训及专利竞赛，鼓励将学生科技创意转化为专利。

(一) 挑战杯

2017 年 3 月，长安大学选定 17 件作品参加第十一届“挑战杯”陕西省大学生课外学术科技作品竞赛，最终获得特等奖 5 项、一等奖 5 项、二等奖 5 项、三等奖 2 项，以特等奖获奖数全省第一、团体总分全省第二的成绩捧得“优胜杯”。

(二) 五小创

长安大学大学生科技创新与创业协会深入班团支部内部，开展长安大学班团支部“五小创”（即小创新、小创意、小创造、小研制、小发明活动）大赛，为同学提供更广阔的科技创新平台，为每个学生提供一个展示自我新思维的机会，培养其发明创造、创新创业的能力，达到“人人能参与，想法能实现”的目标。

(三) 科技节

科技节是由长安大学大学生科技创新与创业协会举办的大型科技创新及学术交流活动。科技节切实把握在校大学生科技创新的热情以及社会对大学生创业的迫切需求，校院两级科协协同各科技类社团，统筹策划一系列科技创新创业活动，以培养学生科普素质和营造校园浓厚的学术文化氛围为宗旨，搭建学生交流科学文化知识的纽带，是活跃校园学习气氛、提高大学生自主创新能力的平台，同时也是挖掘及培养优秀人才的重要途径。通过科技竞赛、科普立项、学术交流、职业规划及成果展示等活动，科技节开阔了学生的学术视野，培养了他们的科研实践能力，并树立科学精神。创新创业成果展是科技节期间各项创新创业赛事优秀成果的展示，同时也是长安大学科技风采的展示。

(四) 专利月

智慧培育专利，创新驱动未来，为进一步激发我校同学的创新创业热情，大学生创新与创业协会推出专利月活动。在“大众创业，万众创新”的背景下，当代大学生缺乏创新创业专业知识和知识产权保护意识。通过在专利月活动期间开展专利基础知识培训，举行专利创造与发明大赛，实现了对长安大学同学进行知识产权知识的普及，提高长安大学同学的知识产权应用与保护意识。同时也实现了创新型人才的挖掘和长安大学在校大学生综合素质的提高。近 3 年来，长安大学大学生科技创新与创业协会积极开展申报专利工作，成功授权专利 816 项，其中实用新型专利 805 项、发明专利 11 项。

(五) 创客月

以“创客月”为平台，推进学生创业项目转化；统筹整合校内外资源，搭建创新创业实践平台，促进学生科技成果转化。为响应当前国家鼓励创业，经济呼唤创业，民族依靠创业的号召，鼓励大学生创新创业，长安大学大学生科技创新与创业协会打造了创客月活动。通过在创客月期间开展一系列充满趣味性，实用性，挑战性的比赛和讲座活动，营造良好的学生创业氛围，增加学生创业知识，激发学生创业热情。其中，创业先锋挑战赛，ERP 沙盘模拟大赛，创业大咖秀等活动得到广大学生的积极参与，传播了创业知识和创业意识，扩大了创客月活动影响力，打响了创客月品牌。

（六）科创小组

创新无止境。为充分发挥各院系科协团支部基层组织力量，发掘一批优秀的创意项目和拔尖创新人才，营造浓厚的校园创新创业氛围，大学生科技创新与创业协会研究决定面向全校组建“科创小组”，发掘学院科创精英级项目。精简的小组模式、精准的科创选题、精密的团队合作唤醒了科创成果的活力，展现当代大学生的科创风采，为全校大学生提供一个发表创新想法，展开创新实践的坚实平台。

三、运营与服务

（一）运营

具体如图 1 所示。

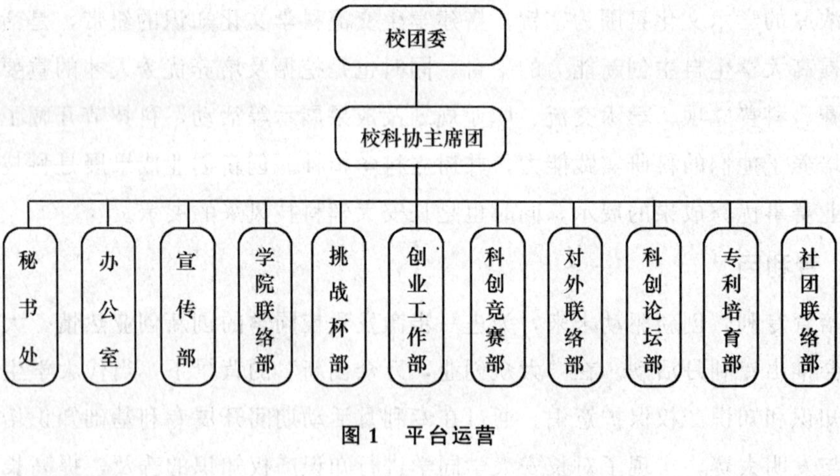

图 1　平台运营

（二）发展方向

1. 实施创新能力提升计划

坚持创新促就业、创业带就业，通过典型引领、榜样带动，营造创新创业文化氛围，促进学生就业创业能力全面提升。突出创新教育在“岗位复合型”就业教育和“创新实践型”创业教育中的基础作用，形成“创意—创新—就业—创业”四维度融合模式。设立创新创业教育网络教学平台，开设创业基础 2.0 等创新创业教育视频公开课，每年度选课覆盖达 6 000 人以上，并建立学生在线学习认证和学分认定制度。

2. 实施创新创业骨干培养计划

通过创新创业项目、社会实践项目、专利资助项目、“青马”培养项目以及校企合作项目等，分类分层培养具有创业潜能的创新型优秀人才。开设校级创业精英培训班和 SYB 创业达人训练班，每年培训学生 200 余人。将课堂听课、讲座辅导与创新项目展示、创业实践和创业计划路演相结合，建立以实践能力为重点的考核体系。

3. 实施创业基地建设与资助计划

建设“渭梦空间”大学生创业孵化基地，打造 10 000 米^2 的创新工程训练中心，联合地方经济技术开发区和生态区建成实践育人创新创业教育基地。实施大学生创新创业训练计划，每年立项 100 余项，投入 200 余万元。设立大学生创新创业基金、学生专利资助基金、校友创业实践基金，支持贫困学生创业能力训练。

参考文献

[1] 长安大学实施“三项计划”深化创新创业教育[J]. 中国大学生就业，2017(23)：33.

[2] 康霏. “互联网＋”背景下文化产业商业模式创新路径研究[D]. 长安大学，2017.

[3] 段雨欣. 高校媒介管理工作创新性研究：以长安大学为例[J]. 知识经济，2014(16)：167-168.

黑龙江省

东北农业大学国家大学科技园

一、概况

东北农业大学国家大学科技园依托东北农业大学建设，它是黑龙江省重点建设的大学科技园，拥有可自主支配的场地面积为 1.72 万米^2。东北农业大学国家大学科技园在 2011 年正式成立，先后被认定为哈尔滨市“创业实训、创业孵化和创业培训基地”，黑龙江省直属创业培训定点机构，黑龙江省级科技企业孵化器，“国家级高校学生科技创业实习基地”和国家级大学科技园、省级大学科技园、哈尔滨市科技企业孵化器、市级创业实训、创业孵化、创业培训基地。2014 年，东北农业大学国家大学科技园被评为国家大学科技园，是东北三省唯一的农业类国家大学科技园。

东北农业大学国家大学科技园坚持以兴农为己任，以研农为根本，坚持以学校高新技术创新成果为基础，有效整合物力、人力与财力，以壮大生物农业、支撑北方现代化大农业为建设追求和发展方向。坚持政府引领、市场化运营、公司化管理，政、产、学、研四方合作、社区、校区、园区三区联动发展的模式，以创新创业支撑黑龙江省粮食大省、畜牧大省、绿色食品大省建设。截至 2014 年，东北农业大学国家大学科技园累计入驻企业为 200 余家。入驻企业涉及生物肥料及饲料、生物医药及制剂、食品制造、种子苗木、农用机械及仪器 5 大类。

二、组织机构

东北农业大学国家大学科技园有限公司机构健全，机构设置合理。该公司下设企业服务部、创业培训部、综合管理部和投融资财务部等 4 个部门。总经理负责科技园全面工作；企业服务部负责科技园企业的注册登记和入驻管理，入园孵化项目的筛选等工作；创业培训部负责科技园企业人员培训工作；综合管理部负责科技园行政办公综合服务以及园区物业管理等工作；投融资财务部负责科技园的财务管理、科技园企业的投融资工作，收集园内企业各类统计数据。

三、运营与服务

东北农业大学国家大学科技园积极提升服务品质，围绕农业生物科技产业，吸引教师、学生、社会企业入驻。东北农业大学国家大学科技园与诸多知名机构合作，为企业提供法律、会计、工商税务、融资、贷款、担保以及上市等服务，满足创业者的资金需求；指导企业申报高新技术企业和创新基金，将多家企业培育为科技型中小企业。

东北农业大学国家大学科技园为大学生创业团队提供办公空间、公用设施空间、小型研发空间等，满足大学生创业的硬件基础设施建设，为大学生创业提供了条件，搭建了平台，让大学生自主创业的梦想变成了现实。

（一）创业培训服务

东北农业大学国家大学科技园将充分利用学校现有优势条件，结合社会有利资源，为高新技术企业培养其迫切需要的创新创业人才、科技企业家及其他复合型管理人才。首先，该科技园利用自身的优势和渠道，联系各类培训机构，为它们提供内容涉及企业管理、财务管理、税务知识、知识产权保护、进出口业务、企业生产标准、企业用工及社会保险等方面的各类培训服务。其次，还要为在校学生提供多种开阔眼界机会，提高学生的综合素质，培养学生创新、管理技能，增强其就业创业本领。总之，东北农业大学国家大学科技园将开展开放式的，适应市场经济发展和全球化趋势所需要的教育培训，引进国外成熟的培训经验，使之成为国际化的培训基地。

（二）科技咨询服务

东北农业大学国家大学科技园成立科技信息部，组织入园企业进行高新技术企业（产品）认定和复核、科技型中小企业认定等；组织并协助入园企业申报国家、省、市各级各类科技项目，以及促成产学研合作项目；促进专利的申请、保护、应用和推广；为学校教师以及入园企业提供交流和对接机会，推动科技成果转化。协助企业办理投资项目、技术转移、技术创新、项目管理、专利代理、咨询等知识产权事务，为科技企业联系资产评估机构做好企业各类科技成果鉴定和科技奖励项目申报等服务。

（三）企业（项目）入驻服务

东北农业大学国家大学科技园成立了企业管理部，专门负责企业登记服务，协助入驻园区的新办企业代办工商、税务等各种报批手续，协助企业办理注册登记、变更。东北农业大学国家大学科技园已与香坊区政府建立合作，工商及税务工作人员多次来园区为企业办理公司注册等相关事宜，利用创业政策积极为中小企业提供贴息等金融服务。

（四）物业管理服务

东北农业大学国家大学科技园安排专人负责整个园区的房屋租赁，确保入园机构的财产安全与环境清洁，保证园区水、电、气、消防和各种设备的安全正常运转；学校餐厅、体育场馆和娱乐场所等向入园企业全面开放；提供安全保卫、卫生、报刊征订收发以及火车票代售等后勤服务；科技园多功能会议室和培训教室向入园企业提供开放服务；为入园企业提供打印、复印、扫描、传真等多项商务服务；负责园区社区文化建设和宣传。

（五）中介综合服务

东北农业大学国家大学科技园吸引法律、财务、培训、会务等中介服务机构入驻，为企业提供产品认定、项目申报、政策动态、企业宣传等的中介服务和全方位的支持。

（六）投融资服务

为解决初创期的企业资金困难，东北农业大学国家大学科技园设立种子基金，并逐步建立科技创新企业的贷款担保体系，由该科技园提供贷款担保或者通过科技园与有关科技担保机构建立合作关系，为入驻企业联系和办理贷款担保手续。组织科技型中小企业和有发展前景的项目做好企业商业计划书、项目的技术、市场、经济可行性报告等相关材料，同时帮助各界风险投资机构筛选和推荐符合申请风险投资资金的项目和企业，使项目和资金得到很好的对接。为入驻企业提供股权服务，即顺应市场经济规律，探索全新的、独特的运营模式，努力提高经营管理水平，完善投融资体系，引导和支持企业技术创新，积极开展股权投资和股权管理服务。

四、主园区空间功能分区

东北农业大学国家大学科技园实行一园三区联动，通过合理规划、盘活资源，立足创业者需求，优化硬件配置，为创业者提供工作空间、社交空间以及资源共享空间。园区配套设施完善，有开放共享的实验室、提供各类服务的综合大厅、交流洽谈的创业咖啡。

五、经验总结

（一）以企业形式运作

以企业形式运作既能了解高校内科研的实际情况，也可以了解社会对于高校科技成果的需求，在辅导和带动大学生创业，实现以创业带动就业方面具有很大的优势并能发挥巨大的作用。通过“外联＋内合”模式，加强大学科技园孵化功能建设。“外联”即与外部单位建立合作关系，加强与社会资源的共享，为企业搭建各类外部平台。“内合”即科技园充分依托东北农业大学的人才、科技等优势资源，与各学院、处、办紧密合作，实现园内在孵企业与学校教师科研成果的有效对接。加速推动新产业、新业态、新模式兴起，加强成果产业化，进一步提高科技成果转化率。

（二）创新服务体系

东北农业大学国家大学科技园为创业者提供低成本、便利化、开放式的综合创业服务，涵盖企业入驻、项目申报、金融投资、法律保护等各类服务，设有完备的八大创新创业服务平台。与诸多知名金融机构合作，提供融资、贷款、担保以及上市等服务，满足创业者的资金需求；指导企业申报高新技术企业和创新基金，将多家企业培育为科技型中小企业。东北农业大学努力将科技园打造成一个创新创业的前沿地，一个创业孵化服务的集中区，一个宣扬创业文化的主战场，一个新项目与新产业的示范区。

参考文献

[1] 东北农业大学建设特色创新创业教育体系指导学生创业[EB/OL].[2017-09-26]. http://www.sohu.com/a/194613901_531786.

[2] 东北农业大学入选全国创新创业典型经验高校[EB/OL].[2018-11-12]. http://edu.nen.com.cn/system/2018/11/12/020706381.shtml.

[3] 东北农业大学创新创业"梦想小镇"入驻团队选拔通知[EB/OL].[2017-08-30]. http://www.sohu.com/a/168408950_201364.

[4] 东北农大创客空间成立半年孵化6个团队[EB/OL].[2016-05-10]. http://www.neau.edu.cn/info/1198/21569.htm.

[5] 腾讯众创空间.校园专场招聘会在东北农大举行 大学生对科技创新企业充满向往[EB/OL].[2017-09-17]. https://www.toutiao.com/i6466601334232580621/.

[6] 东北农业大学国家大学科技园.园区概况[EB/OL]. http://gjdxkjy.neau.edu.cn/yqgk/yqjj.htm.

[7] 东北农业大学科技园投入使用 首批40家企业入驻[EB/OL].[2011-09-21]. http://www.neau.edu.cn/info/1198/19933.htm.

哈尔滨工程大学国家大学科技园

一、概况

哈尔滨工程大学国家大学科技园是哈尔滨工程大学科技成果转化、高新技术企业孵化、创新创业人才培养、产学研结合的重要支撑平台和服务平台，是以市场为导向，集高新技术的研发、高新技术企业的孵化、创新人才的吸纳与培育于一体的国家级大学科技园。

哈尔滨工程大学国家大学科技园区于 2001 年投资建设，2003 年被科技部和教育部联合认定为国家大学科技园；2011 年被认定为国家级高校学生科技创业实习基地、中国产学研合作示范基地；2012 年被科技部认定为国家级孵化器；2016 年被科技部认定为国家级众创空间。

按照哈尔滨工程大学国家大学科技园"十一五"发展规划，科技园的科技产业发展重点依托哈尔滨工程大学"三海一核"的科技优势，结合海军建设与船舶工业发展需求，将船舶工业，海洋工程确立为园区科技产业发展方向，将哈尔滨工程大学船海领域的重大成果及重点项目列为科技园的重点产业化项目。

哈尔滨工程大学国家大学科技园区总投资 6 亿元人民币，园区占地为 7.6 万米^2，建筑面积为 30 万米^2，孵化场地面积为 2.1 万米^2。该科技园区以信息化、机电一体化、计算机软件及控制技术、工业自动化控制、系统集成，海洋科技设备、流体机械、能源设备等技术研发为主要发展方向。其拥有科技型在孵企业 122 家，其中 10 家为国家级高新技术企业，依托高校的师生成立的创业企业 62 家，技术领域涉及船海技术工程、人工智能、新材料、环境保护、医疗器械、互联网 + 等高新技术领域，拥有自主知识产权 200 余项。

二、主园区空间功能分区

（一）哈尔滨工程大学科技园（总部）

哈尔滨工程大学科技园（总部）2015 年全新打造的哈船众创生态园创新创业品牌已

在国家工商总局注册，在行业的影响力日益扩大。哈尔滨工程大学国家大学科技园依托哈尔滨工程大学技术储备成立的一批哈船系列科技企业，技术含量高，发展迅速，市场空间广阔，逐渐形成独具规模和特色以及品牌影响力的船海产业集群和共生体系。

（二）青岛产学研基地

2014 年 4 月，哈尔滨工程大学青岛船舶产业园启动建设，占地为 150 亩。该园区围绕“一院一园一中心”的建设思路，建设哈尔滨工程大学青岛研究院、哈尔滨工程大学青岛船舶科技园、青岛古镇口军民融合舰船装备技术保障中心。到 2020 年，在该园区里智慧海洋、高端船舶制造和配套、军民两用海洋新材料、计量检测等重点产业初具规模，军民融合海洋产业产值超过 100 亿元。在未来，哈尔滨工程大学青岛船舶产业园将被打造千亿级军民融合发展的现代海洋产业集聚区。

（三）碧海产业园

船舶碧海产业园区将打造成对哈市经济发展起到有效支撑作用的规模化新兴产业基地，该园区按照“产业园区 + 生活社区”的新型城市发展模式来进行建设。利用哈船品牌、科技企业（项目）资源，通过孵化社区及周边特定区域开发建设，有效结合地方资源，为入孵科技企业配套建设必要的酒店、公寓、专家住宅、商业等设施，并对孵化社区的物业采取出售使用权、产权作价入股、租金作价入股、出租等方式进行综合经营。在满足入驻科技企业对法人地址固化、购买房产做实资产账户、解决骨干员工住房难题的同时，将孵化社区打造成一个完整的创业生活综合体，共享高水准的生活品质。

（四）筹建推进过程中的外设基地

哈尔滨工程大学电子政务国家工程实验室、哈尔滨工程大学烟台研究院（船舶与海工）、哈尔滨工程大学招远研究院（环保与新材料）、哈尔滨工程大学深圳研究院（海工及海洋信息）。

三、园区特色

哈尔滨工程大学国家大学科技园区以信息化、机电一体化、计算机软件及控制技术、工业自动化控制、系统集成，海洋科技设备、流体机械、能源设备等技术研发为主要发展方向。当前成果得到转化的集中在新能源、信息传输及“互联网 +”、节能环保技术、智能装备、先进材料、深海工程装备、船舶配套设备等领域。

哈尔滨船舶电子大世界——哈尔滨工程大学科技园发展有限公司下属的智能化专业 IT 卖场是园区信息产业的重要部分，在信息产业链中发挥着重要的作用。

博士后科研工作站——这是全国唯一一个设在哈尔滨工程大学科技园区的博士后科研工作站，为园区高端人才培养提供保障。同时园区将其技术资源优势与博士后人才优势相结合，以创业环境为保障，为园区的科研创新和技术创新提供全方位服务。

四、入园条件及流程

企业从事的技术领域主要限定在国家重点支持的八大高新技术领域：电子信息技术、生物与新医药技术、航空航天技术、新材料技术、高技术服务业、新能源及节能技术、资源与环境技术、高新技术改造传统产业；入驻企业具有独立企业法人资格；需享受孵化器优惠政策支持的企业，成立时间不超过 2 年，注册资本原则上不超过人民币 300 万元；企业负责人有较强的技术开发、生产经营、市场开拓和管理能力；企业具有可行的经营计划和完整的管理规章（图 1）。

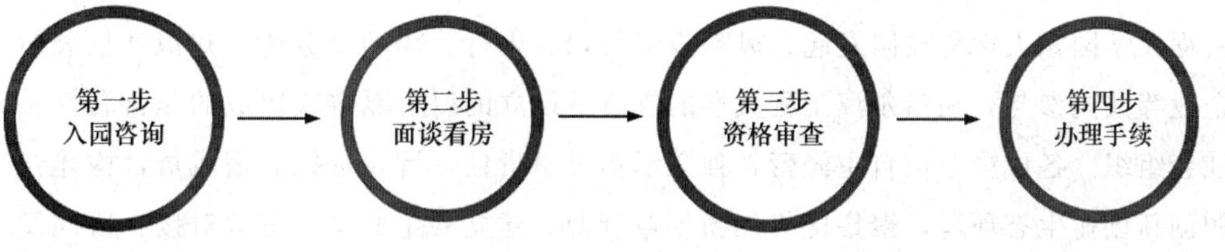

图 1　入园流程

五、运营与服务

（一）物业服务

为入孵企业提供房租资费、房源查询以及 24 小时保安服务，提供方便快捷的保洁、维修等服务

（二）为孵化企业提供会计、法律、资产评估、风险投资等一条龙服务

哈尔滨工程大学国家大学科技园与黑龙江晨旭会计师事务所、哈尔滨永成会计师事务所、哈尔滨阳光惠远知识产权代理有限公司、黑龙江大地律师事务所、黑龙江省大正投资集团有限责任公司、黑龙江恒达资产评估有限公司等开展校企合作，协助孵化企业审查报表、办理企业合并、分立、清算事宜中的审计业务以及与财务有关的咨询，企业登记代理、公司法业务、劳动业务、企业并购重组及劳动争议，银行资金管理、财务公司投资以及资本运营和咨询服务、知识产权保护服务等。

六、经验总结

①哈尔滨工程大学国家大学科技园依托学校“三海一核”领域学科特色及科研实力，将学校教育及科技资源优势与社会资源优势紧密结合，在推动学校师生创新创业和科技成果产业化方面逐步扫除障碍，紧密依托学校船海领域雄厚的科研实力和技术资源，发挥自

身优势，将园区主要发展方向定位在海洋科技设备、能源设备等船海技术研发领域，孵化具有特色、产业化前景可观的项目，探索出了一条体现哈工程特色的双创发展之路。

②以市场运行机制为导向。哈尔滨工程大学国家大学科技园按照现代企业制度运营，致力于发展多种经营业务。园区在多个省市建立了产业分园和科研机构，产业规模不断扩大。科技园区为社会创造了近万个就业机会，为地区经济的发展做出了贡献。哈尔滨工程大学国家大学科技园充分凝聚优秀的科技资源和人才资源，加速实现科教资源向现实生产力的转化，提高区域创新能力，力图建成国际化、开放式、具有持续的创新能力的国家级大学科技园。

③发挥哈尔滨工程大学国家大学科技园区科技资源的聚集效应，打造地区信息产品研发区和信息产业聚集区，建成了船舶与海洋工程产业技术创新战略联盟。该联盟是由哈尔滨工程大学国家大学科技园发起、风险投资公司、银行、律师事务所、知识产权公司、科技企业等共同参与，在哈尔滨工程大学的支持下设立的以自愿方式组成的非营利性质的专业社会组织。各成员单位自主经营，独立承担民事责任，旨在依托联盟成员，构建营造和谐的创新创业生态环境，聚集优势创新创业资源，建立共生共享、有效对接、协同发展机制和软硬件孵化支撑体系，打造具有创新模式和升级功能的哈船众创生态园创新创业品牌。助力科技企业快速发展，推动区域科技创新和产业升级。

④完整的创业孵化体系。哈尔滨工程大小写国家大学科技园搭建创业服务中心、教育培训中心、网络中心、科技产品交易中心、投融资中心、商务服务中心和一个博士后科研工作站的较完善的创业孵化体系。哈尔滨工程大学国家大学科技园区 2002 年 10 月被人事部批准设立博士后科研工作站，当时这是唯一设在大学科技园中的博士后科研工作站。园内现代化的办公区基础设施完善、配套设施齐全、信息网络发达，工商、税务、法律、融资、专利代理等中介机构一应俱全。完善的硬件设施条件、浓郁的科技文化氛围以及优质周到的物业管理与服务为科技园区的企业带来了无限的机遇和广阔的发展空间。

参考文献

[1] 哈尔滨工程大学国家大学生科技园园区概况[EB/OL]. http:// heusp. hrbeu. edu. cn/7156/list. htm.

[2] 哈尔滨工程大学国家大学生科技园园区规划[EB/OL]. http:// heusp. hrbeu. edu. cn/7163/list. htm.

哈尔滨工业大学大学生创新创业园

一、概况

哈尔滨工业大学大学生创新创业园坚持“高起点谋划、高技术导向、开放式办园、市场化运行”的建设思路，始终围绕学校培养拔尖创新人才的育人使命，注重技术、资本、市场对接，注重创意、创新、创业联动，组建了专业服务管理团队，注册了哈尔滨工业大学大学生创新创业园发展有限公司，构建了总计 6 000 余米^2 创客空间和创业孵化器两大功能区（创客空间、创业企业孵化器、创业咖啡和创业导师办公室、风投基金办公室、服务管理办公室、电子机械加工平台、会议室、休闲区等公共服务空间），搭建了汇集五项服务和五项对接的“双五”服务体系，为创业团队提供全过程、全要素、全方位的创业服务。

哈尔滨工业大学大学生创新创业园区的定位是为大学生打造创业孵化平台，并致力于校内学生创新创业意识培育、实践锻炼和能力培养。园区吸引在校生及毕业生在园区创业，公司针对园区内在孵大学生创业企业开展投融资服务并履行持股功能。

截至 2018 年 1 月，哈尔滨工业大学大学生创新创业园共孵化企业 67 家，营业总额累计超过 1 亿元，共获得风险投资 1.28 亿元。在孵企业中，6 家企业资本市场估值过亿元，总估值超过 10 亿元，有效地带动了龙江区域经济发展，形成高端人才和高新技术的聚集效应，引领示范效果显著，带动了更多大学生投身创新创业。哈尔滨工业大学获评教育部在创新创业工作方面的全部 3 个奖项：首批“全国创新创业工作典型经验高校”、首批“全国深化创新创业教育改革示范高校”、第二批“全国高校实践育人创新创业基地”。

二、园区管理

哈尔滨工业大学大学生创新创业园与哈尔滨工业大学大学生创新创业园发展有限公司实行“一套人马两块牌子”管理（时任哈尔滨工业大学团委副书记兼任大学生创新创业园发展有限公司总经理）。

该园区协调省市政府相关部门对创业企业提供工商注册、财务记账报税等一站式服务，通过“请进来”和“走出去”积极协助创业企业对接投资机构，聘请创业导师对创业企业实行一对一创业辅导，同时协调校内各部门为创业人员办理食堂用餐、图书借阅、游泳健身等便利生活保障。

该公司采用基金参股和跟进投资的方式吸引社会资本，同时通过省政府、学校资金等维持日常管理。该公司的经营范围包括企业孵化服务、房屋租赁、物业管理；接受委托管理股权投资项目（图 1）。

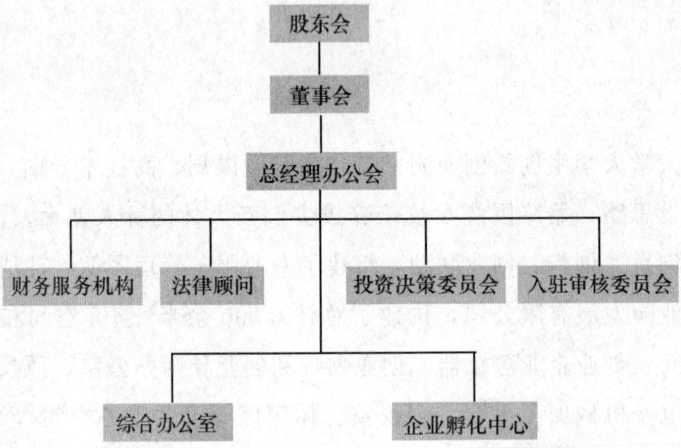

图 1　哈尔滨工业大学大学生创新创业园管理架构

三、园区特色

哈尔滨工业大学紧跟国家“大众创业、万众创新”发展战略，围绕培养拔尖创新人才的育人使命，成立专门工作组和专业服务管理团队，依托黑龙江省政府、学校、社会企业等，充分挖掘资源，多方协力推动，注重技术、资本、市场对接，注重创意、创新、创业联动，培育大学生创新创业能力，打造高新技术产业。

（一）“五项服务” + “五项对接”的“双五”服务体系，提供全过程、全要素、全方位的创业服务

1．五项服务

五项服务包括按需提供 2～3 年的免费创业空间；提供免费的财会记账服务和合同审核、劳务纠纷等方面的法务咨询服务；邀请国内成功的企业家、投资人和创业者通过公开讲座指导等形式提高创业者的创业能力和运营水平；依托哈尔滨工业大学的优质资源，为创业企业提供强有力的生活保障；选送优秀项目参加北上广深等创业活跃、资本发达地区

的重大赛事活动，使创业企业获得良好提升。

2. 五项对接

五项对接包括对接社会资本，邀请辰能投资、哈创投、丁香汇等10多支基金来到园区参加投融资路演；对接不同加工单位，为不同阶段的创业企业的生产提供加工配套支持；对接政府和行业，在企业资金补贴和行业发展方向等方面为企业提供支持；对接不同阶段孵化器，为学生创业企业的未来发展铺就道路；对接人才资源，为企业选聘英才。“双五”服务体系的建成，为创业企业快速成长提供了良性的生态系统。

（二）优质导师＋优质创业群体，形成创业良性互动

导师会聚，充分发挥校友会作用，积极对接社会企业。如与哈尔滨工业大学北京校友会共同开办的天壹训练营。邀请到国富资本董事长熊焰、黑龙江省风险投资协作机构主席刘国超、中节能六合天融公司总经理朱彤、北京光宇博毅能源技术有限公司总经理潘武、北京国富众乐投资有限公司董事长文波等一批成功校友做客训练营。创业企业、高端人才聚集，通过大一年度创新项目、全校大学生创业大赛、大学生创新创业训练计划、“祖光杯”创意创新创业大赛、创新广场以及各学科创新创业俱乐部、学术竞赛等项目平台选拔大学生创业者，大力吸纳国外名校和国内外名企返哈创业的高层次人才驻园创业，创业人群中在校生和毕业生各占1/2，严格遴选一批高技术企业集聚园区。

（三）坚持市场化运行，积极争取社会资本汇注

哈尔滨工业大学采用基金参股和跟进投资的方式吸引中科招商、北京恒牛创投、北京丁香汇创投基金、南京存士资本等一批社会资本，形成了1.6亿元的创投基金合作意向。

四、经验总结

（一）落实龙江经济发展战略，挖掘哈工大学科优势，高起点高平台

哈尔滨工业大学大学生创新创业园致力于推进“一带一圈”创新创业园区规划建设，打造东北亚高科技创业和投资的热土，形成具有国际影响力的创新资源密集区、国内高技术产业发展的引领区、东三省最具活力的创新创业中心。该园区深入挖掘哈尔滨工业大学科优势、科研优势和人才优势，不断聚集资本、市场、服务要素，逐步形成高科技成果转化和高端人才投身创业的集群效应。

（二）两块牌子、一套人马，竭力打造全方位、全过程孵化平台

哈尔滨工业大学大学生创新创业园成立了哈尔滨工业大学大学生创新创业园发展有限公司。该公司通过培训指导、投资孵化、产业合作等形式，开展学生创新创业意识培育、实践锻炼、能力培养，对创业企业提供工商注册、财务记账报税等一站式服务，协助创业

企业对接投资机构并针对园区内在孵大学生创业企业开展投融资服务，并为创业人员办理食堂用餐、图书借阅、游泳健身等便利生活保障。同时该公司履行持股功能，无缝对接社会企业及融资资本，促进园区可持续发展。

（三）请进来、走出去，打造示范性创业园区

哈尔滨工业大学大学生创新创业园区先后 3 次带领 11 家创业企业前往深圳、北京参加创业能力培训和资本对接路演，实地调研深圳、北京多所成熟孵化器功能布局和管理模式，向发达地区创业孵化器“取经”。为营造示范性创业氛围，吸引更多优秀大学生创业项目入园孵化，大学生创新创业园举行媒体开放日，吸引国家和省市媒体的记者前来观摩报道；牵头承办第十五届全国机器人大赛机器人创业赛，吸引来自清华大学等国内高校的多支创业团队前来参赛。选派典型代表参与全国大众创业万众创新活动。清华大学、北京航空航天大学等 20 余所兄弟院校，上海团市委、重庆团市委等相关单位负责人，加拿大、法国、俄罗斯等国家的创新创业研究人员等相继来园区调研参观，园区示范性广受关注。

（四）注重技术、资本、市场对接，注重创意、创新、创业联动

哈尔滨工业大学大学生创新创业园区组建了由创业导师、技术导师、投资经理和管理人员组成的专业服务管理团队，搭建了汇集“五项服务”和“五项对接”的“双五”工作体系。同时，该创业园为近 20 家在孵大学生企业争取到了哈尔滨市科协、哈尔滨市科技局、哈尔滨市南岗区科技局逾百万元的资金补贴。

哈尔滨工业大学大学生创新创业园区后期将对大学生创新创业园硬件建设和软性服务提档升级，打造全过程、全要素、全方位的“4.0”孵化平台，提供市场逻辑、资本逻辑和技术逻辑结合更加紧密的孵化服务，构建以育人为中心、具有哈工大特色、紧密结合市场规律和资本力量的创新创业教育实践孵化生态圈，为黑龙江经济转型、走出东北振兴新路子贡献力量。

参考文献

[1] 哈尔滨工业大学教学研究与质量管理处.哈尔滨工业大学创新创业教育实施方案[EB/OL].[2018-07-12]. http://jyc.hit.edu.cn/2018/0712/c10975a211460/page.htm.

[2] 第十届中国深圳创新创业大赛哈工大专场赛成功举行[EB/OL]. [2018-08-01]. http://ibic.hit.edu.cn/index.php? p=news_show&id=206&c_id=2&lanmu=11.

[3] 2018 年创新创业最新政策解读培训会在园区召开[EB/OL].[2018-07-07]. http://ibic.hit.edu.cn/index.php? p=news_show&id=200&c_id=3&lanmu=3.

[4] 哈工大大学生创新创业园园区获“2017 年度科技企业孵化器工作先进单位”称号[EB/

OL].[2018-01-02]. http://ibic.hit.edu.cn/index.php? p=news_show&id=164&c_id=2&lanmu=11.

[5] 首届大学创客设计大赛初赛在哈尔滨工业大学举办[EB/OL].[2017-06-05]. https://www.sohu.com/a/146130103_401200.

[6] 园区介绍[EB/OL]. http://ibic.hit.edu.cn/index.php? p=about&id=3&lanmu=2.

[7] 创业要闻[EB/OL]. [2018-01-02]. http://ibic.hit.edu.cn/index.php? p=news_show&id=164&c_id=2&lanmu=11.

吉林省

吉林大学国家大学科技园

一、概况

吉林大学国家大学科技园是经科技部、教育部联合批准的国家大学科技园。吉林大学始建于1946年，于2000年由原吉林大学、吉林工业大学、白求恩医科大学、长春科技大学和长春邮电学院合并组成。新吉林大学组建后，学科门类更加齐全，科研实力更加雄厚，在客观上为科技园的技术创新和企业孵化活动提供了坚实基础、广阔资源。为深入实施党的十五大确立的科教兴国战略，贯彻落实中共中央、国务院关于加强技术创新，发展高科技，实现产业化的决定，根据自身发展的需要和实际，吉林大学于2000年10月组建吉林大学科技园。2003年10月，吉林大学科技园获国家大学科技园称号。

二、主园区空间功能分区

吉林大学国家大学科技园的功能定位根据学科专业和科技工作实际，可概括为4个基地。

（一）技术创新基地

吉林大学国家大学科技园充分发挥科技园依托吉林大学的学科优势，自主开发为主，技术引进为辅，加大开发力度，提高创新能力，形成拥有自主知识产权的技术和产品。

（二）高新技术企业孵化基地

吉林大学国家大学科技园创造有利条件，不断培育孵化新的高新技术企业，这些企业是科技园中最有生机、最富活力、最有前途的企业。该科技园内优惠的政策、优良的服务和优美的环境必然是高新技术产业发展的有力保证，学校规模化高新企业必定在这里诞生。

（三）创新创业人才聚集培育基地

吉林大学国家大学科技园利用吉林大学教育、管理、法律、金融等专业人才优势和其他有利条件培训、培养、培育优秀的企业家，成功的发明家和各种现代化管理人才。另外，通过科技园这一窗口，还可以吸纳聚集其他各类高层次人才。教学和科研的结合、科技与经济的结合为高层次的人才成长提供了广阔的空间，也为创新创业人才提供了大显身手的舞台。

(四) 产、学、研结合示范基地

通过吉林大学国家大学科技园的建设，教学、科研和科技产业结合得更加紧密，该科技园既是高新技术企业的孵化基地，又是学生教学实习的第二课堂。吉林大学国家大学科技园不仅出成果、出效益，也出人才，从而达到了教学、科研、科技产业的互相促进、共同发展。

三、运营与服务

(一) 公司运营模式

吉林大学国家大学科技园以市场为导向，以企业化形式进行运作，根据自身的具体情况，建立了如下的管理机构和运行机制。

1. 管理机构

管理机构为吉林大学科技园工作指导委员会，由吉林省、长春市、长春高新技术产业开发区和吉林大学有关领导组成。它的职能是宏观指导大学科技园的建设，制定大学科技园发展战略，协调有关单位给予支持，营造大学科技园发展的良好环境，推进科技园建设与地方经济的结合。

2. 共建领导小组

吉林大学国家大学科技园共建领导小组由吉林大学与长春高新技术产业开发区有关领导组成，旨在协调吉大科技园与高新区各职能部门间的工作，吉林大学科技园建设管理办公室是其执行机构。

3. 领导小组

吉林大学国家大学科技园领导小组由学校有关领导及相关职能部门负责人组成。它是吉林大学科技园的决策机构，定期召开专门会议研究科技园建设发展的重大事宜，协调科技园与校内各部门间的关系。

4. 办公室

吉林大学国家大学科技园办公室是吉林大学科技园领导小组的日常工作机构，负责制定大学科技园的发展规划，实施园区的建设和发展，落实政府与学校给予园区的各项优惠政策，协调有关职能部门与园区企业的横向关系。

5. 发展中心

吉林大学国家大学科技园发展中心是吉林大学独资的法人企业，注册资金为1 000万元，由吉林大学主管副校长任总经理。吉林大学科技园发展中心实施企业化运作，并与北京金正联合投资管理公司共同发起设立长春吉大科技园建设发展有限公司。

（二）服务体系

1. 人才支撑体系

吉林大学师资力量雄厚，荟萃了一批学识渊博、治学严谨的国内外知名学者。吉林大学有教师人数为6 585位，其中教授2 391位、博士生导师833位、有中国科学院和中国工程院院士18位（双聘7位）、国务院学位委员会委员2位、国务院学位委员会学科评议组成员17位、国家有突出贡献的中青年专家14位、教育部跨世纪优秀人才31位、国家杰出青年基金获得者15位、国家"973"项目首席科学家2位、长江学者14位。

2. 科技支撑体系

吉林大学学科门类齐全，涵盖哲学、经济学、法学、教育学、文学、历史学、理学、工学、农学、医学、管理学、军事学等12大学科门类；本科专业129个、一级学科学位授权点18个、硕士学位授权点245个、博士学位授权点143个、博士后科研流动站27个、国家重点学科17个。在一些学科和研究领域内具有明显的优势和特色，如化学学科、地学学科等学科领域在国际上有重要影响并在国内处于领先地位。吉林大学拥有几百个具有现代化研究手段的实验室，其中教育部人文社会科学重点研究基地6个、国家重点实验室5个、教育部重点实验室8个、行业部委开放/重点实验室15个。

3. 实验设备及图书资料支撑体系

吉林大学校园占地面积达721万多米^2，校舍建筑面积近311万米^2，现有6个校区9个校园，分布在长春市的不同方位。新铺设的光缆和计算机网络把所有校区连为一体，使网上办公、远程教育等更加便捷。吉林大学另在珠海市新建珠海校区，占地面积达330多万米^2，一期建筑面积为12.5万米^2。吉林大学图书馆各类藏书554万册，已被确定为联合国教科文组织、联合国工业发展组织和世界银行的藏书馆。经教育部批准建设在吉林大学的CALIS东北地区中心为全国七大中心之一。

4. 政策支撑体系

为了激励更多的教师、科技人员出国留学人员、大学生及国内外优秀企业家到科技园进行创新、创业活动，吉林省、市政府和吉林大学先后出台了多项优惠政策和管理办法。

（三）发展情况

吉林大学国家大学科技园区内孵化项目达300项、入园内高新技术企业为100家，其中在重点技术领域培育出20个有学校自主知识产权的高新技术企业和企业集团；产值10亿元以上，利税达1亿元以上；10家以上企业或企业集团的产品进入国际市场，并实现跨国生产经营和销售。

四、经验总结

①优化环境，拓展孵化空间，大力推动硬件环境建设。积极组织实施吉林省创业孵化基地专项资金申报工作，并成功获得吉林省工业和信息化厅吉林省创业孵化基地专项资金100万元，从资金上进一步保证了园区创业孵化基地建设的顺利进行。积极拓展孵化空间，按照科技园大厦运作的成功模式，与长春吉大科技园建设有限公司共同拓展新的孵化空间——吉林大学科技园高科技孵化大厦，大厦建筑面积为5.6万米^2，投资金额达1.2亿元。

②努力提高孵化服务水平，提高服务意识，不断加强软件环境建设，积极做好各类项目申报辅导服务，让学校师生和入园企业更详细、全面了解国家和地方给予的支持，并协助符合条件师生和企业申报相关的项目计划。充分发挥平台优势，从实际出发，在项目、场地、资金、导师、培训等方面积极支持和服务大学生创业，扶持大学生创业者。

③加强制度建设，建立长效机制，切实转变作风为了全面贯彻依法治校的精神，结合科技园的工作实际，先后制定了《吉林大学科技园办公室厉行节约实施办法》《科技园服务师生便民措施》《科技园办公室（科技园发展中心）"三重一大"制度实施办法》《吉林大学科技园发展中心出资企业报送年度报告管理办法》和《吉林大学科技园发展中心出资企业国有资产评估管理办法》，用制度管人、用制度管事。以制度建设为基础推进科技园学习型、服务型、节约型的机关建设，推进科技园和谐环境和团队文化的建设。

参考文献

[1] 园区简介[EB/OL]. https://www.jlu.edu.cn/xxgk/jdjj.htm.

[2] 桑大朋. 国家大学科技园支持大学生创新创业制度体系优化研究：以吉林大学为例[D]. 吉林：吉林大学，2016.

东北电力大学科技园

一、概况

东北电力大学科技园依托东北电力大学建立。东北电力大学是吉林省重点大学，始建于 1949 年，从 2000 年起实行“中央与地方共建，以地方管理为主”的管理模式，2005 年学校更名为东北电力大学。2012 年学校入选为国家“中西部高校基础能力建设工程”重点建设高校。东北电力大学于 1993 年创建了东北电力大学科技园，并成立了东北电力大学科技园发展公司。

二、发展历程

（一）创建

东北电力大学科技园采用股份制企业运作模式，借助于产学研优势，现已成为从事电力行业监控系统和应用软件产品开发与生产、年产值达 4 800 余万元、形成固定资产达 1 600 余万元、具有“国家进出口企业资格”的高新技术企业。

（二）管理

东北电力大学科技园的管理体制分三级对科技园进行管理：政府引导、学校决策和园区运作。由东北电力大学国家级大学科技园建设指导委员会、领导委员会、领导小组组成，东北电力大学科技园发展公司具体运营管理（图 1）。

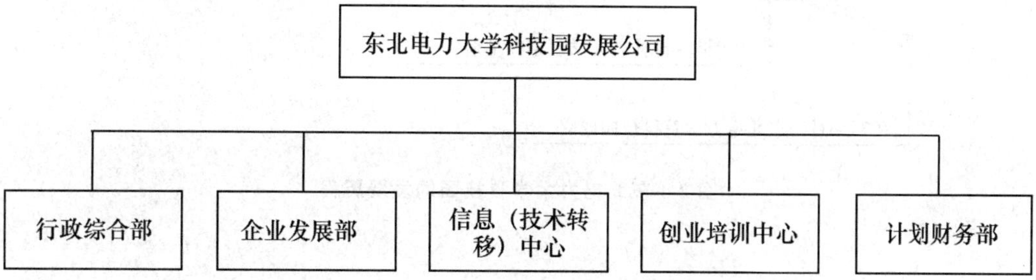

图 1　东北电力大学科技园的平台管理体制

建设管委会下设行政综合部、企业发展部、信息（技术转移）中心、创业培训中心、计划财务部5个部门，各部门的职责如下。

1. 行政综合部

行政综合部承担科技园的综合服务职能，包括接待、宣传、文秘、档案及科技园房屋租赁、水、电、设备、卫生等物业配套服务。

2. 企业发展部

企业发展部负责科技园企业的日常管理和有关项目工作。

3. 信息（技术转移）中心

信息（技术转移）中心从事科技园的信息化建设，承担信息技术应用和信息系统开发、维护、管理及信息资源开发利用工作以及协助技术对接、成果转移等相关工作。

4. 创业培训中心

创业培训中心负责科技园企业培训及大学生的创业、就业培训工作。

5. 计划财务部

计划财务部负责科技园公司的财务管理、投融资，并协助企业完成区、市等相关部门的要求的月报、年报以及年检等工作。

（三）发展

具体如图2所示。

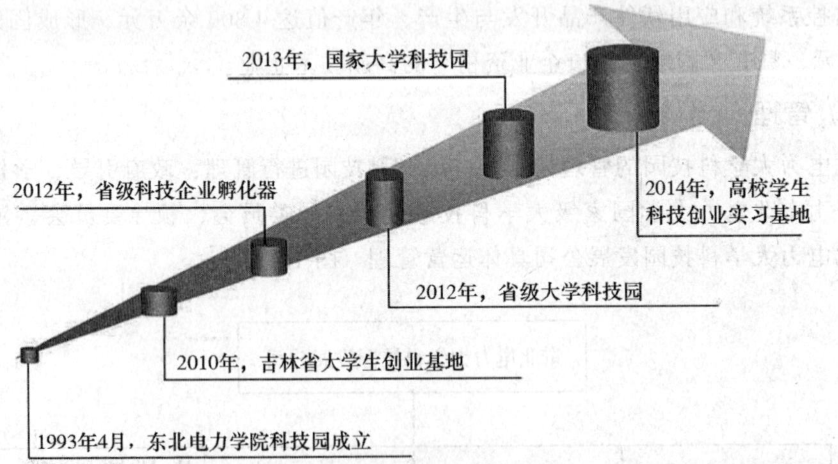

图2 东北电力大学科技园的发展历程

三、发展成就

（一）资源聚集

东北电力大学科技园累计引进企业 88 家，其中已孵化企业 26 家，在孵企业 56 家，非在孵企业 6 家。东北电力大学科技园经过十几年的建设，取得长足进展。现已成为东北电力大学自主创新、科技成果转化和产业化、创新创业人才培养、高新技术产品开发和高新技术企业孵化的重要基地。

（二）平台发展

东北电力大学科技园以“电力科技”主线，为了满足市场需求、建设行业特色鲜明和产学研紧密结合的高科技园区，建设产业化支撑服务平台，主要包含六个子平台，即产品孵化平台、投融资平台、信息服务平台、培训服务平台、资源共享平台和技术转移平台。近 5 年来，东北电力大学科技园通过中介帮助企业投融资 5 000 余万元。目前，东北电力大学科技园正在与吉林高新技术产业开发区科技投资担保有限公司、吉林银行等开展进一步合作，整合多方面资源，建立了培训师资队伍和创业导师团、“电气工程及自动化”“能源与动力工程”等 18 个培训机构，为企业提供培训和咨询服务。

四、运营与服务

在为创业企业提供公共服务方面，东北电力大学科技园为科技项目、初创科技型中小企业和其他创业者提供全方位的服务支持，形成了系统的创业公共服务体系。

（一）入门服务

代办工商注册前置审批，协助入孵企业办理工商注册登记；协助入孵企业办理组织机构代码证登记和税务登记；提供验资、年检咨询、变更咨询和代办服务；协助入孵企业联系开户银行和投资合作方。

（二）中介服务

通过自建中介机构和联合中介机构等多种方式，为入园企业、入孵企业和项目孵化提供不同的服务支持。

（三）科技服务

组织入园企业进行企业认定；组织并协助入园企业申报科技项目以及促成产、学、研合作项目；促进专利的申请、保护、应用和推广；促进学校教师和入园企业的产学研科技合作，推动科技成果转化。

（四）培训和咨询服务

为入园企业提供各类培训与咨询服务，包括管理培训与咨询、技术培训与支持、科技政策培训与咨询。

（五）创业培训与辅导

为教师、大学生和创业者提供创业知识和就业技能培训，并为创业企业提供全过程辅导和跟踪服务。

（六）创业服务公共信息网络服务

通过多种渠道为创业者提供公共信息和平台。

（七）投融资服务

东北电力大学科技园根据企业需要和实际发展情况，提供投融资咨询服务；组织并协助申报各类项目获取资金扶持；并设立扶持企业担保资金。

（八）国际合作服务

为企业提供国际项目对接、交流洽谈和国际合作服务。

（九）物业和商务服务

委托东北电力大学后勤集团和引入物业公司，确保入园机构的财产安全与环境清洁，保证园区安全正常运转；提供会议和培训室、餐厅和娱乐场、打印所等全面服务。

五、主园区空间功能分区

（一）创业者之家

创业者之家主要面向在校大学生及近 3 年内毕业的大学生开放，为其提供免费的创业空间，并且有 29 位专家组成的创业辅导团队，指导学生开展各项创新创业活动，为大学生讲解扶持政策、成功经验和典型案例、创新方法和企业管理等课程，并组织学生到企业参观学习。

（二）创业苗圃

创业初期团队入驻进行创业见习实习，安排免租金工位，邀请知名企业家、行业专家和政府工作人员为创业团队创业进行相关的培训讲座，提供全方位指导。运作较为成熟的项目将注册公司，进入孵化器孵化，寻求融资。

（三）孵化器

企业孵化器是一种为培育新生企业而设计的受控制的工作环境。在这个环境中，科技园创造条件来训练、支持和发展一些成功的小企业家与盈利的企业。企业进驻孵化器三四年后毕业，运行良好的企业将进入加速器。

（四）加速器

加速器以快速成长企业为主要服务对象，通过服务模式创新充分满足企业对空间、管理、服务、合作等方面个性化需求的新型空间载体和服务网络。

六、经验总结

①东北电力大学科技园以“低碳能源与智能电网”为特色，根据科技部、教育部对国家大学科技园的功能定位，通过准确把握电力行业、能源领域高新技术需求，推动大学学科和科研发展；通过创新创业人才培养，培育孵化高新技术企业；通过科技成果转化，汇聚创新型企业。实现聚集现代电力服务业支持电力市场化改革，聚集新能源企业支持构筑电力能源新格局，推进电力不断向低碳和智能方向发展。

②坚持以科学发展观为指导，按照“政府支持、业主开发、整体规划、分步实施”的原则，坚持以市场为导向，以提高创新能力为核心，以营造创新创业环境为重点，以孵化项目为突破口，把科技园建成自主创新和持续创新的重要基地和源泉。

③充分利用东北电力大学的人才、学科和技术优势，突出“低碳能源与智能电网”特色，孵化科技型中小企业，加速高校成果的转化与产业化，开展创业实践活动，培育高层次的技术、经营和管理人才。建成产学研结合及社会服务功能的创新平台，推动吉林经济发展、支撑电力行业技术进步。建立适应社会主义市场经济的管理体制和运行机制，通过多种途径完善园区基础设施建设、服务支撑体系建设、产业化技术支撑平台建设、高校学生实习和实践基地建设，为入园企业者提供全方位、高质量的服务。

参考文献

[1] 东北电力大学国家科技园[DB/OL]. http://scp.neepu.edu.cn/index.htm.

长春理工大学科技园

一、概况

长春理工大学科技园由长春理工大学和长春高新技术产业开发区共建，以长春理工大学为依托，充分利用学校的人才、技术、实验设备和高技术产区开发区的优惠政策和创业环境的，从事技术创新、企业孵化和人才培养的国家大学科技园。

长春理工大学科技园占地面积为 1.65 万米^2，其中在孵企业面积为 1.20 万米^2，大学生创业基地面积为 0.03 万米^2，研发基地、公共技术服务平台面积为 0.33 万米^2。

二、发展历程

（一）创建背景

长春理工大学国家大学科技园成立于 1994 年，为长春理工大学光电医学工程中心前身，2011 年被科技部、教育部认定为国家大学科技园。长春理工大学国家大学科技园由长春理工大学和长春高新技术产业开发区共建，现建有卫星路园区、锦湖大路园区和广东省肇庆市高新区肇庆分园。

（二）发展阶段

为全面落实党的十八大精神，按照党中央、国务院决策部署，以营造良好创新创业生态环境为目标，加快形成大众创业、万众创新的生动局面。长春理工大学科技园将坚持“有园无界、开放办园”的思想，以更加广阔的视野，更加开放的姿态，更加执着的努力，把长春理工大学科技园创办成国内一流的国家大学科技园。

三、发展成就

（一）资源聚集

长春理工大学科技园是以国家政策为支撑，以学校为依托，充分利用学校的人才、技术、设备、文化氛围等综合资源优势以及高技术产区开发区的优惠政策和创业环境，从事技术创新、企业孵化和人才培养的国家大学科技园。到目前为止，长春理工大学科技园入园企业累计达到70家，2013年12月，为了提高科技成果转化速度和促进了大学生就业，长春理工大学国家大学科技园肇庆分园落户高新区。这意味着长春理工大学科技园的逐渐成长壮大，逐步成为科技创业和学生实践的摇篮。

（二）企业发展

长春理工大学科技园入园企业累计达到70家，在孵企业61家，非在孵企业9家。全部为科技型中小企业。在孵企业中18家为学校教师领办、创办，18家为在校大学生创办。与学校有实质性关联的企业36家，占企业总数的59%。20家为计算机软件开发行业，19家为光电子产品研发行业，3家为新材料、新能源行业，8家为机械电子行业，11家为其他行业。

四、运营与服务

（一）公司运营模式

长春理工大学国家大学科技园肇庆分园由肇庆高新区管委会、长春理工大学、肇庆工商学院三方在肇庆高新区共同建设。它包括成立的国家大学科技园肇庆分园有限公司，同时组建华南光电技术公共实验室，主要业务体现在提供公共技术支持、引进孵育科技企业、开展科技咨询服务、推进人才培养集聚。三方合作在于充分发挥肇庆高新区的产业、政策优势，长春理工大学的科研、人才优势，肇庆工商职业技术学院的平台、职业技能培训优势，三方建立产学研长期合作关系。

（二）创新服务体系

1．创业公共服务

在园区创业公共服务体系建设上，充分利用学校及高新技术产业开发区现有资源，结合周边环境，重点建设园区公共服务平台和园区创业环境，形成了系统的创业公共服务体系。

2．中介服务

长春理工大学科技园区内引进了吉林省创新企业投资有限公司、吉林宏远会计师事务有限公司、吉林鸿铭会计师事务所有限公司、吉林圣沅资产评估有限公司、吉林省保林森林资源资产评估有限责任公司、吉林衡丰律师事务所、长春菁华专利商标代理事务所等多家服务机构，并可为企业提供以下服务：①为企业提供工商注册验资、工商注册登记；②为科技园入孵企业提供经营策划、市场营销咨询、会计审计咨询、财务金融评估、知识产权及法律咨询等服务；③为入园企业项目论证、技术开发和可行性分析等提供必要的服务支持；④为入园企业联系风投机构，引进风险投资资金，提供融资服务。

3. 科技服务

为入园企业提供高新技术企业、高新技术产品、民营科技企业和软件企业认定服务指导，组织并协助入园企业申报国家、省、市各级各类科技项目，争取政府各类建设基金的支持。组织入园企业间技术交流与合作，推动产学研合作，促进科技成果转化。

4. 培训服务

（1）管理培训　根据企业需求，由科技园聘请的专家定期为企业提供企业管理、财务管理、市场开发等方面的知识培训。

（2）政策培训　开展企业认定、项目申报等方面的培训，让企业了解国家的科技动态，随时接受企业的咨询。

5. 信息服务

为企业提供校园网络资源、图书馆图书资源，为创业者和全社会提供资源共享服务和信息服务支持。利用科技园网站、学术会议以及媒体等渠道，定期设置展厅展示企业科技成果和产品，同时组织企业参加各级洽谈会和展销会。

五、经验总结与挑战

（一）经验总结

长春理工大学科技园区与其他创业服务机构展开全面合作，引进了吉林省创新企业投资有限公司、吉林宏远会计师事务有限公司、吉林鸿铭会计师事务所有限公司、吉林泰德房地产评估有限公司、吉林省泰德房地产土地评估咨询有限责任公司、吉林衡丰律师事务所、长春菁华专利商标代理事务所等多家服务机构加速支持园区孵化项目。

（二）未来发展

①进一步拓宽科技园功能，形成集聚创新资源、辐射技术与人才的合力。建设以光电子、汽车电子、电子信息、软件开发为特色的科技产业园区。将长春理工大学科技园建设成具有鲜明特色的自主创新基地、高新技术企业孵化基地、创新创业人才聚集和培育基地。

②扩建科技园规模，建筑面积达到 8 万米^2，孵化项目达 700 项，孵化企业达 300 家，科技园企业总产值超过 10 亿元，利税超过 2 亿元。

③进一步完善管理体制、运行机制和绩效评价指标体系。以评价指标体系为导向，加强管理，通过政策引导、创新驱动和引入风险投资等多种方式，引导创新资源和要素向科

技园汇聚，促进科技园优质高效发展。

④建设 1 个国家科技企业孵化器，1 个国家级大学生科技创业实习基地，1 个国家工程技术研究中心，1 个国家技术创新中心；力争聚集并转化科研成果 200 项；培育和孵化具有引领和示范作用的科技型企业 100 家；创造 3 000 个以上就业岗位；扶持 100 个以上大学生创业项目。在卫星路园区拟建设总面积为 1 万$米^2$ 的科技一条街，凸显理工特色，构建良好的创新创业环境。广泛吸纳创新人才到科技园创业，孵化培育出更多的企业进入高新区进行产业化，为地方经济建设增添新的活力。

参考文献

[1] 杨羽．大学生创新创业教育实践平台建设研究：基于大学科技园[J]．吉林工商学院学报，2016(6).

辽宁省

大连海洋大学大学生“蔚蓝”科技创新创业基地

一、概况

大连海洋大学大学生“蔚蓝”科技创新创业基地是经辽宁省教育厅批准成立的辽宁省大学生实践教育基地（建设单位），也是大连海洋大学开展大学生科技创新、创业实践和创业成果孵化的主要场所。大连海洋大学大学生“蔚蓝”科技创新创业基地坚持“资源整合、实践导向、项目牵动、多维保障的原则”，以创新创业教育基地为平台，通过模式改革、实践提升、成果驱动、校企共建等方式，为不同专业、不同年级学生有组织、有计划、分阶段对学生进行创新思维训练、团队创新训练、知识整合项目训练、科研成果转化训练等科研培训构，构建一个学科交叉的教育、训练、孵化平台。

二、发展历程

大连海洋大学大学生“蔚蓝”科技创新创业基地的前身是成立于2004年6月的大连海洋大学机械工程学院大学生科技活动中心，也是大连海洋大学最早成立的大学生科技创新创业教育基地。2011年9月，大连海洋大学协调将机械与动力工程学院、航海与船舶工程学院、信息工程学院的大学生科技活动中心合并到基地中。经过10年的建设与发展，大连海洋大学大学生“蔚蓝”科技创新创业基地已成为初具规模、有一定经济效益和社会影响的学生创新创业教育平台。

大连海洋大学大学生“蔚蓝”科技创新创业基地的大学生“蔚蓝”科技创新创业之家团队获评团中央2014年全国大学生“小平科技创新团队”，全国共有100个学生创新团队获此殊荣，是辽宁省仅有的3个团队之一。它为大连海洋大学进一步培育大学生创新创业意识、锻炼创新创业能力、探索就业新途径、深入推进大学生创新创业工作搭建了良好的平台。

大连海洋大学大学生“蔚蓝”科技创新创业基地每年组织大学生参加全国普通高等学校大学生机械设计竞赛、全国大学生节能减排社会实践与科技竞赛、“挑战杯”全国大学生课外学术科技作品竞赛、“挑战杯”全国大学生创业计划竞赛、全国三维数字建模大赛UGS Solid Edge杯技能大赛、全国大学生机械产品数字化设计竞赛、Honda中国节能竞技大赛、全国大学生船舶与海洋工程设计大赛等10余项大学生科技创新竞赛。其中150余项作品获奖，获奖学生达936人次，获奖教师达270人次。大连海洋大学大学生“蔚蓝”科技创新创业基地多次获得“组织工作先进单位”，该创新创业基地中为多名指导教师多次获得辽宁省普通高等学校大学生机械设计竞赛优秀指导教师奖、组织工作先进个人，多次获得全国大学生节能减排社会实践与科技竞赛优秀指导教师奖、“挑战杯”辽宁大学生课外学术科技作品竞赛优秀指导教师奖。该基地的创新创业团队在参加各级各类大学生科技竞赛过程中多次接受中央广播电视总台、辽宁电视台、大连电视台、网络媒体的采访，产生良好的社会影响。

三、运营与服务

（一）管理与师资

以现有的骨干指导教师为基础，聘请科研能力强的教授及长期从事实践教学的骨干教师，形成指导教师团队，同时成立专家委员会，负责评审、验收基地创新。大连海洋大学将指导教师获奖纳入职务晋级与岗位评聘考核中。派遣青年教师到企业进修、实习。聘请企业导师指导学生开展创业训练项目和创业实践项目，创业实践项目的指导教师实行校内和校外“双导师”制。

（二）空间与硬件设备

空间与硬件设备依托相关实验室。

（三）其他平台依托

搭建校外产学研合作教育平台，开展以渔业装备与节能减排技术为主要内容的研究实践活动。通过“大连海洋大学獐子岛实践教育基地（学校国家级农科教合作人才培养基地）”、大连海洋大学工程实践教育基地（大连松辽船厂）等现有校外产、学、研合作教育平台建设，依托辽宁省渔业装备工程技术研究中心、渔业工程技术研究所等进行大学生科技创新成果转化。

（四）项目培育

建立具有模块化、系统化、规模化、工程化特色的大学生创新创业人才培养模式，开设若干系统化的创新创业教育和创新实践类课程，促进和支持学生的课外学术、科学研究、发明创造及创业实践活动。开展从项目立项、运行（中期检查）、结题进行阶段性管理创新训练和创业训练，并指导参加各类赛事。通过基地网站，开展项目申请、成果展示、学术交流等工作，为企业、学校、学生提供一个创新创业的信息交流平台。项目主要来源于学生参与老师的科研课题和学生的兴趣爱好，开展自选或教师帮助选择，学生自拟课题，采用团队项目、个人项目相结合的方式，围绕可行性、创新性等方面立项，加强项目运行过程的质量管理，并严格按立题任务书内容结题。基地组织学生参加创新创业竞赛，配备指导教师、提供赛前培训，为大学生的创新创业项目提供孵化功能，实现创新创业成果转化和项目孵化提供服务。

四、经验总结

（一）培育项目课程体系

基地采取定期考核及面试等方式以会员制的模式吸收优秀本科生加入。实行导师指导、高年级带低年级，多学科专业融合的开放式运行管理模式。以教师提出的科研项目为引导，由1～2名教师和5～10名学生组成科研团队，或者几个项目，多个团队同时进行。学生在指导教师的指导下参加项目，通过项目方案设计、样机制作、论文写作、专利申请、参加各类竞赛等结构设计思维训练以及团队协作、公文写作、计算机应用、组织沟通协调等多方面科技创新创业能力训练。

（二）以赛事促创新创业

在参加各项竞赛的过程中，从项目的立项、作品制作、参赛准备、现场竞赛等各个环节，指导教师一直向学生强调注重“过程”，而非注重成绩或奖项的高低，大学生在过程中要以“丰富知识、锻炼能力、提高素质”为最终目的。通过比赛过程的学习和磨炼，可以拓展和丰富大学生专业知识，具备初步的科技创新创业能力，进而提高学生的组织能力、团队协作能力、沟通和表达能力。

（三）多部门联合，校内外共同营造创新创业氛围

各级主管部门如教务处、学生工作处、校团委高度重视大学生科技创新活动，通过多种方式组织发起各级各类学生科技竞赛活动，如“挑战杯”课外科技作品与创业计划大赛、机械设计竞赛、电子设计大赛、节能减排大赛等丰富了学生科技活动的形式与内容。通过创新创业基地加强组织，搭建平台，骨干教师参与指导，投入必要的人力、物力与财力，广泛宣传、发动和指导学生参加各类大学生科技竞赛，从中培养和发现一大批创新型人才。

参考文献

[1] 大连海洋大学成功举办课堂教学中创新创业能力培养专题讲座[EB/OL].[2018-07-

06]. http://www.gx211.com/news/20180706/n15308389152257.htm.
[2] 关于“大连海洋大学科技创新成果展”的通知[EB/OL].[2018-09-11]. http://cxcy.dlou.edu.cn/2018/0911/c5769a85107/page.htm.
[3] 大连海洋大学师生在 2018 年“创青春”辽宁省大学生创业大赛中喜获佳绩[EB/OL].[2018-09-10]. http://www.gx211.com/news/20180910/n15365409564365.html.
[4] 辽宁省教育厅专家组莅临大连海洋大学调研督查大学生创新创业孵化基地[EB/OL].[2017-07-11]. http://www.gx211.com/news/20170711/n14997450639578.htm.
[5] 关于开展大连海洋大学 2018 年“挑战杯.创青春”全国大学生创业计划大赛的通知[EB/OL].[2018-03-06]. http://www.dlou.edu.cn/2018/0323/c5823a74172/page.htm.

大连交通大学科技园

一、概况

大连交通大学科技园依托学校的学科、人才优势，通过人才机制创新，资源整合机制创新，跨地域、跨行业合作机制创新，大大提升了科技创新能力，也为轨道交通装备制造企业的技术创新提供了强有力的智力支持。连续挤压和连续包覆技术填补了国内空白，成为除英国之外唯一掌握此领域关键技术的单位，成为世界顶级的连续挤压技术和设备供应商，产生直接经济效益 10 多亿元；300 千米高速列车制动闸片制造技术达到或接近国际先进水平，可满足我国时速 300 千米高速列车的运行需要；双金属复合管材制造技术已申请了国家发明专利，并研制出 4 种新产品，填补我国在双金属复合管材领域的空白，现已装车试用，每年将节约上亿元的资金；7 200 千瓦大功率机车牵引齿轮的设计已成功地应用于株洲电力机车厂、大同机车厂、大连机车厂等生产的十几种机型的电力与内燃机车牵引齿轮的设计中，每年能产生上亿元的经济效益。

大连交通大学科技园有限公司作为大连交通大学科技园经营管理的主体，主要业务涵盖项目开发、科技成果转化服务、孵化投资、园区建设管理等多个领域，注册资本为 300 万元人民币，目前已形成大连交大连续挤压技术有限公司、大连玉柴涡轮增压技术研发中心有限公司、大连交大安太安全技术有限公司、大连志洁环境工程有限公司、大连交大环保科技有限公司、大连嘉畅交通科技有限公司、大连交大易中科技有限公司、大连校联科技有限公司等多家实体公司。

2008 年初，大连交通大学开始筹备建设大学科技园，并于当年获批建设省级大学科技园，2010 年，成立大连交通大学科技园有限公司。2013 年 1 月，经由科技部、教育部批准，大连交通大学科技园获批国家大学科技园。2016 年 2 月 15 日，科技部认定大连交通大学科技园“上游汇”众创空间为第二批众创空间，并纳入国家级科技企业孵化器的管理服务体系。

二、运营与服务

大连交通大学科技园上游汇”众创空间作为大连交通大学针对早期创业的重要服务载体，与国家大学科技园共同组成创业孵化产业链条，通过市场化机制、专业化服务和资本化途径，创新服务模式，拓展服务功能，提升服务能力，发挥引领示范作用，构建多功能、全方位的创新创业服务体系。

(一) 层级衔接的创业载体和平台

大连交通大学科技园成立“上游汇”众创空间，汇集“上游咖啡”“上游讲堂”“上游蚁创”等多功能全方位的创业载体和平台，聘请创业导师举办上游讲堂、创业沙龙、创业实训等活动，为创业者提供从进驻到孵化的一站式创业服务。“上游咖啡”以大学生创业项目——创业咖啡为载体，打造创业技能分享平台，是创客们交流沟通创新灵感、路演项目以及投融资洽谈的好地方。“上游讲堂”结合“上游咖啡”，开设专题讲座、创业讲坛、创业者沙龙等活动，推出为创业者及部分大学生单独定制的“青创班”，邀请省市内重磅级创业导师带来深层次、系统化的创业教育体验，为创业者在社会经验、市场意识、商业管理、创业技能、社会资源、政策导向等方面提供专业化服务，为创业者和企业提供良好的交流平台。

(二) 功能齐全的服务体系

1. 人才服务

大连交通大学科技园为了解决园区内企业的人才资源需求，设立人事服务窗口。利用经验丰富的专业服务队伍为在原企业提供人事服务的相关政策咨询、人才入户、毕业生落户、文凭验证、档案保管等综合配套的人事人才服务。

2. 入驻服务

大连交通大学科技园公司协助入孵企业办理工商注册；协助入孵企业办理组织机构代码证登记和税务登记；提供验资、年检咨询、变更咨询和代办服务；协助入孵企业联系开户银行和投资合作等事。

3. 其他服务

大连交通大学科技园网站向企业提供科技项目信息；新技术、新产品、新工艺展示交流信息、需求信息；相关政策信息、科技人才信息、科技设备设施信息、科技成果信息、网络科技文献资源等，为企业提供校园网、宽带和电信通信业务，并提供专业维护。

三、主园区空间功能分区

众创空间共有 3 100 米^2，设有多功能会议室、洽谈室、视频设施网络通信以及消防设施等，同时为企业提供入驻服务、物业服务、信息服务、咨询服务等一系列完善的综合公共服务。

四、经验总结

众创空间降低了创业者创业的风险和门槛，不仅提供场地，还提供公司注册、财务管理、创业培训、导师指导等服务，解决创业者在创新创业领域里遇到的问题，提高创业者创业的成功率，培育创新创业的新生力量。众创空间定期举办创业沙龙、创业大赛、讲堂培训等活动，让创业者充分享受良好的工作空间、网络空间、社交文化空间和资源共享空间。

参考文献

[1] 谢小芳. 大连交通大学"上游汇"打造创客的"梦工厂"[EB/OL]. [2015-11-25]. http://edu.nen.com.cn/system/2015/11/25/018655931.shtml.

[2] 大学科技园众创空间"上游汇"正式入围国家队[EB/OL]. [2019-03-09]. http://nusp.djtu.edu.cn/_infolist/info_1.asp? f_id=107&f_menu_id=8&f_type_id=3.

[3] 众创互联. 上游汇简介[EB/OL]. http://zchly.cn/space/zhuanqu_show/id/189.html.

大连理工大学π空间

一、概况

2016年，大连理工大学发挥学科优势、创新资源，整合政企资源和校友力量，依托二级学院创新创业学院，成立了服务全校师生的创意、创新、创业基地——大连理工大学π空间，该创新创业平台占地7 300米^2，是东北最大的融创新创业教育与成果转化为一体的创新创业教育基地。

空间取名"π"，象征着创意的无限不循环和空间里的无穷可能。空间优选培育以技术创新、管理创新、模式创新为主要特征的创业项目，为入驻的创新创业项目提供种子期到成熟期的全流程软硬件支持，在办公场地、工商财税、产品开发、运营管理、投融资对接等方面助力大学生创新创业及教师研究成果转化，帮助创新创业团队完善"从创意、到创新、到创业"的成长路径。大连理工大学π空间为大连市级众创空间，并通过国家级备案众创空间，获得辽宁省大学生创新创业教育基地、辽宁省创新项目选育基地、辽宁省创新孵化示范基地、辽宁省大学生创业园区、省级实验教学示范中心、省级创新创业教育基地等荣誉。

二、发展历程

大连理工大学创客基地——大连理工大学π空间主要依托学校创新创业学院。该学院最初可追溯到1984年，当时部分教师自发组织学生成立创造性研究小组。1985年，成立大学生创造发明协会（协会后更名为大学生科技协会）。大连理工大学先后成立大连理工大学创新教育实践中心及大连理工大学希望新产品开发研究所、大连理工大学大学生创新院、大连理工大学创新实验学院。2015年，大连理工大学创新实验学院更名为大连理工大学创新创业学院。大连理工大学创新创业学院设立了专门的院长、党委书记、副院长等为主的领导班子，专门管理π空间项目征集、项目指导、项目孵化以及开展创业工坊等创新创业活动。2016年，大连理工大学π空间全新场地正式启用，这标志着大连理工大学创意、创新、创业生态体系的进一步完善，完成了创新人才培养基地建设的重要环节。

三、运营与服务

（一）吸纳创新和创业团队，提供创新创业支持

1. 定期招募大学生的创新和创业团队

创业团队需要符合以下条件：大学生（含本科生、全日制硕士和博士研究生）组建的创业团队或创业企业；大学生或者创业团队拟在3个月完成工商注册；创业团队应有较为成型的产品原型、商业模式，或者与高水平教师、科研团队合作进行成果转化，创业团队负责人或法人代表应是全日制在校学生。

创新团队需要符合以下条件：本科生组成的创新研究和创业训练团队；有以市场需求为导向的具体项目或研究方向；在指导教师的指导下开展创新研究和创业训练；本科生在创新创业团队中担当负责人，并已取得相关成果。

2. 团队通过资质审核、考核等后，进入π空间孵化

入驻团队和企业须遵守大连理工大学π空间相关管理制度，参加创新创业学院组织的创新创业活动。大连理工大学π空间通过校团委联系资源，开展创业工坊，开展“互联网+”、3D打印、智能硬件、新媒体等多个方向的技术培训，同学们加入创业团队，开展了素质拓展、创客沙龙等活动加强创客凝聚力，每周末亲临大连理工大学π空间传授“创业兵法”，并定期开设技术公开课，创客们分享创业经验，在交流中激发创新灵感，提升创业技能，在创业导师的指导下逐步实现自己的创业梦想。

3. 入驻团队和企业实行动态调整和退出机制

入驻团队和企业每三个月接受一次考核，考核不通过将取消入驻资格。当学生创业团队准备进入市场时，大连理工大学π空间将与其签订免租协议，协助项目孵化落地。每年都有800多名学生经过选拔，加入创客基地，他们利用学校提供的工作室、仪器设备和最高十万元的研发资金，把各种奇思妙想变成看得见、摸得着的新发明。

（二）创新服务体系

大连理工大学π空间为同学们提供为入驻的创新创业项目提供种子期到成熟期的全流程软硬件支持，帮助创新创业团队完善“从创意、到创新、到创业”的成长路径。平台为创业团队提供免费活动场地及办公场地支持。入驻大连理工大学π空间的团队获得免费的活动场地及办公场地。办公场地配备免费网络、免费电力、讨论室等设施。创新创业学院成立了创客基地服务组，设置课程安排，并形成了《大连理工大学π空间管理办法》。

大连理工大学π空间吸纳接受校级预算、大连市政府资金，整合政企资源和校友资

源，为同学们提供办公场地、工商财税、产品开发、运营管理、投融资对接等方面的支持。长期举办大型创新创业活动，邀请企业、风投公司等担任指导，参与项目对接，并定期邀请天使投资人等对接校内项目。所有入驻团队均可获得项目启动基金。优秀项目还将被推荐到大连理工大学创新创业基金、创业工坊、有成基金、深创投等投资机构获得进一步的融资支持。

四、主园区空间功能分区

大连理工大学π空间面积共计7 000余米^2，按照“创意激发—创新创业训练—创新创业实践—创业孵化”全链条创新创业教育新模式进行了场地规划，共计6层。每一层楼都有特色鲜明的功能区分，按照项目进展度，区分为孕育灵感的“兴趣+”创意激发平台、构建作品雏形的“项目+”创客教育平台、促进成果转化的“产品+”创业孵化平台、提升双创本领的“课程+”能力训练平台。大连理工大学π空间包括42个固定工位，3个可自由组合的洽谈空间，设立行政前台、咖啡角、储物柜等多功能辅助区域，全部采用大敞开式的布局，为空间内的自由讨论和学术交流提供了最大化的便利。平台为项目提供课程教育、市场资讯，团队组建、与企业交流等，帮助同学们实现从作品到产品的转化。

五、经验总结

大连理工大学π空间定位于创新创业种子选育基地、创业孵化器，基于“创意、创新、创业”融合的教育理念，建设“兴趣+”“课程+”“项目+”“产品+”四个平台，探索“创意激发、创新创业训练、创新创业实践、创业孵化”全链条创新创业教育新模式。倡导学科融合、团队协作、互动式学习和体验式实践，旨在围绕创意、创新、创业的“三创”理念，帮助学生培养创新思维，提升创业能力，探索创新人才培养模式，服务社会创新需求。

（一）“兴趣+”

创意激发平台旨在激发学生创新创业兴趣，以工社活动为载体，每年定期开展创新创业主题沙龙等活动，吸引交叉学科学生开展头脑风暴，激发学生创新思维碰撞，唤醒好奇心，形成全校创新创业良好氛围，促进创新人才成长。

（二）“课程+”

能力训练平台已逐步形成了全面完整的创新创业教育课程体系，其中包括5门面向全体本科生的创新创业通识基础必修课程，30门面向有创新创业兴趣学生的个性化选修课程，100门创新创业实践课程，100门创新创业与专业融合的专业示范课程。

（三）“项目＋”

创客教育平台指设立工作坊，以项目为导向，倡导“做中学、学中思、思中创”，鼓励学生将奇思妙想转化为现实作品。

（四）“产品＋”

创业孵化平台以大连理工大学 π 空间为载体，以产品为导向，设立产品孵化基地，邀请校外导师、企业家提供可行性意见和建议，帮助学生把作品变成产品。

四大平台衔接有序、相辅相成，形成了完整的生态系统。通过四大平台，学生从创意基础开始学习，逐步在不同的研究领域参与思想碰撞、创造实践，成长为能够参与创业项目的大学生创客；通过四大平台逐级过渡和完整的培训支撑，学生逐步完成由入门新手到双创精英的成长与蜕变。

参考文献

[1] 大工学子在第四届 CCPC 中国大学生程序设计竞赛吉林站获得佳绩[EB/OL].[2018-09-26]. http://chuangxin.dlut.edu.cn/info/1021/6475.htm.

[2] 大连理工大学 π 空间创客基地招募创业团队的通知[EB/OL].[2017-11-03]. http://chuangxin.dlut.edu.cn/info/1192/5302.htm.

[3] 大连理工大学盘锦校区 2018 年 F05 大学生创客空间 &B20 大学生创业服务基地项目签约仪式成功举办[EB/OL].[2017-11-03]. http://pjxqtw.dlut.edu.cn/info/1007/5200.htm.

[4] 关于印发《大连高新区众创空间认定管理 办法(试行)》的通知[EB/OL].[2016-03-09]. http://chuangxin.dlut.edu.cn/info/1043/3786.htm.

[5] MBA 更需要众创众筹精神：大工 MBA 创客沙龙(第七期)精彩采撷[EB/OL].[2016-03-29]. http://mba.dlut.edu.cn/info/1179/2649.htm.

[6] 大连理工大学成立创客基地 138 名学生入驻接受创新创业教育.[2016-04-22]. http://ln.people.com.cn/n2/2016/0422/c347984-28202469.htm.

东北大学创新创业基地

一、概况

东北大学创新创业基地（又名东北大学东创空间）成立于2014年，前身是东大V沃众创空间，是依托东北大学创新创业学院建立的线上线下一体化服务孵化平台，入选国家级众创空间。基地旨在发挥东北大学教育优质资源、科研优质资源和校友资源的优势，搭建创新创业人才培养、项目孵化和服务地方的综合平台，构建辐射大东北地区的人才高地和资源洼地，从创新创业教育、导师服务、政策对接、产业服务、初级孵化到天使投资，建立创业扶持综合配套链条，促进东北地区的振兴发展。

二、发展成就

（一）组织机构完善

在项目实施过程中，东北大学创新创业基地构建和完善了“四级体系”和“五个服务平台”，即国家级、省级、校级、院级四级体系和一体化指导团队平台、信息化管理平台、专业化评审平台、立体化交流平台、多元化展示平台，促进人才培养模式改革，进一步提高科研训练的质量和成效，着力培养学生的创新创业能力，满足不同层次学生的成长需求。

（二）充分激活校内外资源

东北大学创新创业基地营造创新创业氛围，激活学校校内师资、科研资源以及校友资源，实现了东创空间内天天有路演，周周有沙龙，月月有论坛，年年有峰会。实现专项经费支撑，除教育部划拨专项经费外，东北大学每年按比例配套经费，确保计划正常运转，聘请责任心强、学术水平高、学风正派、治学严谨且具有高级职称或博士学位的教师担任指导教师。依托大学生创新基地大力建设学生创新团队，使之成为东北大学乃至东北地区旗帜性人才高地和具有磁石效应的资源洼地。

多家公司企业合作建立实习实训和创新创业实践基地，促进创新创业人才培养与经济社会发展、创业就业需求紧密对接。

（四）优化创新创业教育环境

加大投入力度，多渠道争取资金支持，确保年均投入创新创业教育资金超过 1 000 万元；打造专属化实践空间，建设 6 300 米^2 的学生创新创业基地；实施创新学分，探索创新创业学分积累与转换制度；设立学生创新创业“校长奖章”“学生科学奖”“创业年度人物”等专项奖励，推行保研、创新奖金等政策，实现“政策、人员、场地、经费”四到位。在学校云计算产业园内建立“创业梦工厂”，作为大学生创业孵化基地，打造具有东大特色的“前孵化器-后加速器-梦工厂苗圃”的学生创业链条。

参考文献

［1］创新创业训练营第一期“新媒体运营”结课［EB/OL］.［2015-12-19］. http://cxcyzx.neuq.edu.cn/info/1054/2254.htm.

［2］我校学生在第十一届全国三维数字化创新设计大赛年度总决赛中再创佳绩［EB/OL］.［2015-12-14］. http://cxcyzx.neuq.edu.cn/info/1054/2247.htm.

［3］东北大学荣获 2018 中国高校创新创业教育联盟年会论文优秀组织奖［EB/OL］.［2015-12-24］. http://news.sina.com.cn/o/2018-12-24/doc-ihqhqcir9780886.shtml.

［4］东北大学打造众创空间 施展创新创业“熏功夫”［EB/OL］.［2017-5-15］. http://www.dzwww.com/xinwen/shehuixinwen/201705/t20170515_15917039.htm.

［5］东北大学打造众创高地，培育创新创业生力军［EB/OL］.［2015-12-22］. http://www.moe.gov.cn/jyb_xwfb/s6192/s133/s159/201512/t20151222_225677.html

［6］东创空间项目［EB/OL］. http://www.neu1923.com/index.php/Project.

［7］东北大学东创空间基地［EB/OL］.［2019-01-05］. http://edu.china.com.cn/2019-01/05/content_74343594.htm.

内蒙古自治区

内蒙古自治区国家大学科技园

一、概况

内蒙古自治区国家大学科技园于 2014 年 9 月被科技部、教育部认定为国家级大学科技园，大学科技园将重点建设内蒙古自治区科技创新中心，进一步推动科技成果转化，培养创新型企业人才，服务地方经济发展和区域发展方式转变。

内蒙古自治区国家大学科技园主要着力于孵化平台建设，进行科技企业孵化，成果的转化与管理以及运营，通过分布计划打造内蒙古自治区大学科技园孵化器区、企业加速器区、科技研发区、产业化区、大学研究院聚集区、蒙元文化创意产业区、国际交流中心公共服务配套区等七大功能区，同时搭配建设综合公共服务平台、智慧园区等综合服务类项目。以“服务、整合、创新、发展”为科技园区的经营理念，致力于为孵化企业创造便利、全面、专业、优质、务实的发展环境，并通过园区自身的优势吸引更多的高科技企业入园孵化，加速内蒙古自治区的科技进步与发展，为内蒙古自治区的行业发展和经济建设做出贡献。

二、孵化园区

（一）园区主体

内蒙古自治区国家大学科技园区建设思路为“一园多区，多区联动，集聚资源，逐步推进”。一期是科技产品展示区，同时兼备交易功能，并配备建设有大学生创新创业专用基地；二期重点是科技商务城的建设，通过和自治区内、外高校、可转化技术成果和市场的高效联合，将科技商务城建设成为孵化器区、企业加速器区、科技研发区、产业化区、大学研究院聚集区、蒙元文化创意产业区、国际交流中心公共服务配套区等七大功能区，全面推进自治区大学科技园建设发展。三期进行特色产业的发展，完善现有产业布局与分类，丰富园区内产业类别，形成电子信息、蒙元文化创意、生物科技、新材料为基础，集聚煤炭化工、电力研究等多种特色学科复合体。

（二）一期孵化园

一期孵化园区定位于综合孵化器，着力于建设环保科技园、大学生创业园、电子商务园、科技孵化园和广告创意园5个园区。孵化园建设符合内蒙古自治区大学科技园的发展定位，在充分利用现有资源的基础上，更进一步对服务功能进行了完善和优化，打造了完整、优质的科技服务体系。

（三）二期科技商务城

二期科技商务城的分为孵化器区、企业加速器区、科技研发区、产业化区、大学研究院聚集区、蒙元文化创意产业区、国际交流中心公共服务配套区等七大功能布局。

（四）科技研发区

科技研发区包括科技研发用房和管理办公用房。其中科技研发用房主要是提供给处于不同发展阶段的科技企业入驻，通过园区自身的条件与优势，吸引各高校以及海内外研发中心和相关科研机构进入，以科技园平台为基础，建立以市场为导向的研发体系，促进科研、企业、市场、资金的良好合作与融合，以提高科研成果转化率和企业推广的目的。

管理办公用房是科技园提供的基础设施配套硬件，逐步完善园区“一站式服务”的模式，为园区内的人才和工作人员提供舒适的生活环境与工作环境，为人才的入驻和稳定提供基础的保障。

（五）企业加速器区

企业加速器区的作用是进一步完善生产环境，提供针对性的服务和设施，对接成功孵化的企业和发展中的成长型企业，并为引进入园区的外地行业龙头企业的分支提供支持，形成发展中坚力量企业的聚集地，为内蒙古自治区国家大学科技园区发展提供强大动力。

企业加速器区建设的目的是为处于成长过程中的中小型企业提供空间，缓解园区内土地资源的矛盾与短缺问题，满足企业扩张发展阶段所需要的空间和用地需求，同时提高科技园区内的土地利用率。该区总用地面积达47 682 米^2，总建筑面积达81 044 米^2

（六）产业化区

产业化区总用地面积为78 684 米^2，总建筑面积为116 818 米^2。进行高科技产品的生产和大规模量产过程的生产。

产业化区建筑具有适应性强，功能性强的特点，能满足类厂商生产所需的条件，并且提前设计有工艺分割区域，可以根据不同工艺类型的企业，进行灵活的区域分割与再规划。该地区适用于电子信息类、新材料、新能源的生产与开发以及生物工程类企业。

（七）大学研究院聚集区

大学研究院聚集区汇集了内蒙古大学、内蒙古工业大学、内蒙古医学院等一批科研实力雄厚的高等院校以及相关研究院所，并拥有外地知名院校及研究院所的技术支持，科技园努力促进各方的技术交流，提供技术发展的场地与支持，融合多方资源，促进园区发展。同时，大学研究院聚集区是高校科研成果转化试验的窗口，也是高校与企业的产学研合作的优势平台，通过吸引高校的技术入院，促进企业与高校的校企合作模式，共同发挥多方的优势，促进科技成果的转化发展与人才的培养。大学研究院聚集区总用地面积 38 808 $米^2$，总建筑面积 71 499 $米^2$。

三、园区特色

（一）“多校一园、共同发展”模式

内蒙古自治区国家大学科技园由内蒙古大学、内蒙古农业大学、内蒙古工业大学等大学共同合作成立，其目标是成为打造内蒙古自治区的科技创新中心和科技发展中坚力量。为内蒙古自治区的科技发展、科技成果转化、潜在创新创业人群的培养和地方经济服务与建设提供原动力。

（二）“政府主导、统一规划、企业参与、市场运作”原则

内蒙古自治区国家大学科技园区按照“政府主导、统一规划、企业参与、市场运作”的原则，采用“建”“管”分离的模式，通过内蒙古自治区内的高等院校以及科研院所优势、科技人才以及呼和浩特新城区的政策优势、政府提供的环境优势和资金保障，成为承接校企、科研院所的科研合作、科技成果转化的优势平台和内蒙古自治区高新技术企业的孵化基地与创新创业人才输送基地、高新技术产业辐射与创新基地。

参考文献

[1] 内蒙古自治区大学科技园被认定为第十批国家大学科技园.[J] 呼和浩特科技，2014(4)，3.

河北省

河北大学科技园

一、概况

2012年，河北大学成立大学科技园，吸引企业入驻，初步形成以科技创新、文化创意、工业设计、新兴产业、大学生创业就业为特色的综合性科技孵化产业平台。河北大学加强与地方政府合作，围绕新能源、节能环保等朝阳产业与驻地企业共建实验室，与保定市高新区合作共建“大学生创业示范基地”，为学生提供科研能力培养平台。与企业合作开发“第二校园”，先后与天津港保税区、空港经济区等签订合作协议，建设实习就业创业一体化基地。实施“名企进河大”专题活动，邀请交通银行、中国人寿、长城汽车等企业来校参加“就业创业与人才培养校企合作论坛”“就业创业大讲堂”等专题活动。

二、发展历程

（一）探索阶段：2012—2015年

从2012年成立河北大学科技园到成立河北大学创业园，河北大学积极搭建国际化科技与创新领域交流平台，开展创业导师与大学生创新创业的交流，促进双方项目与企业对接；创建投融资平台建设等活动。这些积极措施促使河北大学科技园被认定为省级国际联合孵化器。

（二）扩大发展阶段：2015年至今

河北大学高度重视学生创新创业工作，以综合改革为契机，以提高创新型人才培养质量为核心，秉承“实事求是，笃学诚行”的大学精神，充分发挥综合性大学的学科专业优势，形成“一体统筹、两核协同、多维辐射”的创新创业工作体系基本思路，以建设创新创业教育体系、就业服务体系、创新项目培育体系、创业孵化服务体系为核心，统筹联动、分步实施。建立“校政企三位一体、同频共振；产学研层级递进、深度融合”的协同育人机制，着力提升学生的创新意识、创新精神和创业能力。

河北大学强化顶层设计，积极搭建平台，优化指导服务，浓郁创业文化氛围，不断激发学生创新创业潜能。学校成立创新创业工作领导小组，深入推进创新创业教育课程体系建设，建立健全创新创业教育实践实训体系，构建了以自主创新训练——项目培育——实体孵化为结构的培养模式；深入推进政校企合作，建立健全创新创业保障体系；鼓励教师以项目合作，建立产学研基地等形式对接企业需求，开展创新创业活动。

三、发展成就

（一）推动创新创业教育和专业教育融合

河北大学先后与中国科学院、中国认证认可协会、中国英利集团、河北建设集团等合作，创建“生命科学星辰班”“生命科学菁英班”“英利班”，依托“卓越法律人才教育培养基地”建设和“卓越工程师教育培养计划”，结合专业特点，开展创新创业教育。与风帆、乐凯、天威等企业开展战略合作，共建功能性薄膜材料研究院、薄膜光伏技术研究院，在食品检测、污水生物治理、大气污染防治等领域开展协同攻关，教师和企业技术人员共同指导学生开展专业训练。建设“白洋淀流域生态修复与绿色产业协同创新中心”“首都经济圈与河北发展协同创新中心”等校级协同创新培育中心，通过举办京津冀工商管理创新发展暨MBA津冀联盟论坛、京津冀信息资源管理创新论坛等，立足区域经济社会发展需求，发挥学科交叉融合优势，以学科建设带动创新创业教育。

（二）推动第一课堂和第二课堂互动互融

河北大学成立创业教育指导委员会，创建创业学院，河北大学二级学院成立创业教育领导小组。创业学院设创业园和创业实训基地，向学生初创企业提供政策咨询、项目对接、法律援助、企业融资等服务。从2010年起实施三学期制改革，短学期集中安排学术前沿讲座、第二课堂的素质拓展与创新创业等实践活动，为学生参与社会实践、参与教师的科研项目、从事创新性实验和学术研究提供必要的空间和时间保障。开设8门创新创业通识课，构建以“创业管理学”和“沙盘创业”为特色的理论与实践课程体系。培养KAB、SYB创业培训师，聘请校内外近100名创业指导教师对学生创新创业活动进行专业指导。每年组织创业实践大赛、市场营销大赛等，开办“创业精英培训班”，实施大学生创新创业训练计划项目，KAB创业俱乐部等200余支学生创业团队活跃在校园及周边。建立创业实践基地41家，建设面积为1 200 米^2 的就业与创业展厅、动漫基地、ERP实验室等创业实训基地，帮助学生规划创业项目，营造“在创业中成长，在成长中创业”的校园创新创业文化氛围。

作为高校学生创新创业的重要载体，众创空间（创业孵化园）成为培养创新创业型人才、向社会输送创业项目的重要平台。河北大学建设了创业孵化基地（禾苗创客空间）、昊科·河北大学创业空间站、新校区北斗创客空间、厚德创客空间等。其中，禾苗创客空间采用动态化一站式的管理模式，每年进行 2 次入驻团队的遴选工作，同时对已入驻项目进行动态跟踪，实时调整入驻情况。同时，禾苗创客空间为创业学生提供一站式服务，“硬件”上除独立办公区域之外，还共享项目路演厅、综合会议室、实训厅等；“软件”上则是汇集财务管理、法律咨询、工商登记、创业培训等多个功能为一体，创业大讲堂、投融资培训等创业活动也是定期投放，为创业学生提供动态、个性化的创业指导与服务（图 1）。

图 1　河北大学禾苗创客空间内众多创业者正在工作

（三）推动政校企协同合作

2012 年，河北大学成立大学科技园，吸引企业入驻，初步形成以科技创新、文化创意、工业设计、新兴产业、大学生创业就业为特色的综合性科技孵化产业平台。加强与地方政府合作，围绕新能源、节能环保等朝阳产业与驻地企业共建实验室，与保定市高新区合作共建“大学生创业示范基地”，为学生提供科研能力培养平台。与企业合作开发“第二校园”，河北大学科技园先后与天津港保税区、空港经济区等签订合作协议，建设实习就业创业一体化基地。实施“名企进河大”专题活动，邀请交通银行、中国人寿、长城汽车等企业来校参加“就业创业与人才培养校企合作论坛”“就业创业大讲堂”等专题活动。

（四）所获荣誉

2015 年，河北大学科技园被遴选为“河北省大学生创业孵化示范园”。2016 年，河北大学入选全国首批深化创新创业教育改革示范高校。在教育部办公厅公布的 2017 年度全国创新创业典型经验高校名单中，河北大学作为河北省唯一一所上榜高校，获评全国高校创新创业 50 强。

参考文献

[1] 河北大学推进创新创业教育改革[EB/OL]. [2015-07-02]. http://www.moe.gov.cn/jyb_xwfb/s6192/s222/moe_1734/201507/t20150703_192399.html.

[2] 河北大学智慧就业创业管理服务平台[EB/OL]. http://job.hbu.cn/hdzhjycy/xwgg/xwdt/.

[3] 我校创业园被评为"河北省大学生创业孵化示范园"[EB/OL]. [2015-01-09]. http://hbu.cn/hdyw/3236.jhtml.

[4] 河北大学推进创新创业教育改革[EB/OL]. [2015-07-03]. http://www.moe.gov.cn/jyb_xwfb/s6192/s222/moe_1734/201507/t20150703_192399.html.

河北师范大学大学生创业孵化园

一、概况

河北师范大学大学生创业孵化园创建于2011年，现有面积为2 188米²，创业项目覆盖教育培训、科技创新、文化创意、软件开发、商贸服务等多个领域，先后有90个创业项目先后入园孵化，截至2017年1月，在园项目为30个（项目成员共计171人），其中安硕心理、橘子传媒、九九美术网、微媒科技等19个项目已经完成了工商注册；学艺乐器、洛神传媒、校园速递服务中心、大军科技、和月体育等多个项目成功孵化走向社会；曙光教育、萌果科技、韶言服饰、华亚健身、艺友联盟、江博数据等多个项目获得省级、国家级各类创业大赛奖项。

近年来，河北师范大学按照“面向全体、分层施教，培训引领、制度保障，竞赛播种、园区孵化，典型示范、考核激励，导师诊断、基金风投”的思路，不断探索构建促进学生自主创业的长效机制，以创新引领创业，创业带动就业，让大学生群体成为大众创业、万众创新的重要力量。

二、发展历程

河北师范大学大学生创业孵化园是面向河北师范大学大学生开展创业实训与创业孵化的基地，也是开展创业教育，促进大学生自主创业的重要实践平台。2011年8月，为培养大学生创新创业精神，提升创新创业能力，促进大学生创业教育和自主创业，河北师范大学开始创立大学生创业实践孵化园，现有大学生创业孵化园一期（学生公寓启智园1～2号楼连廊）、大学生创业孵化园二期（理科群连廊四层）、校园汽车维护项目（艺术中心东侧），面积共计约为2 188米²。

三、发展举措

河北师范大学把深入推进创新创业教育改革作为教育教学改革的突破口，把创新精神、创业意识和创新创业能力作为评价人才培养质量的重要指标，通过优化生态、涵养环境、厚植沃土、集聚人才，激励大学生在创新创业中增长智慧才干，在艰苦奋斗中锤炼意志品质，以生动实践书写创新创业生机勃发的华彩篇章。

（一）搭建平台，对接资源

河北师范大学学生创业孵化园为创新创业活动提供软硬件场地，与河北科投集团、国际庄创业广场、河北创客乐园、鹿岛 V 谷、市劳动就业服务局等单位达成全面合作协议，构建“创业苗圃 + 孵化器 + 加速器 + 产业园”的梯次孵化体系，形成优势互补、资源共享、互惠互助、合作多赢的创业成长联盟。

（二）面向全体，分层施教

与子谦国际创业教育学院等创新创业培训机构合作，着力建设基于“设计思维、精益实践，换位共情、创意发想，用户测试、快速迭代，控制风险、直面困难，商业画布、价值创造”理念的创新创业教育课程群，包括面向全体学生 32 课时的“普及教育”、面向有创业意向学生的“系统教育”、面向有创业目标学生的“使能教育”以及面向创业实践学生的“实践教育”，打造赢在行动的创业指导课程。河北师范大学还梳理了 34 位校友创业典型人物，将其创业故事生动呈现，使创业者学有方向、做有楷模、赶有目标。

（三）培训引领、制度保障

依托专业实验室、仿真实验室、实训中心，举办“创客训练营”、创业大讲堂、项目诊断等实训活动，给有创业意愿或已经创业的在校生提供系统、专业的指导和培训。其内容包含 SYB 创业培训、创业大讲堂、拓展实训、创业体验、营销实训、创业沙拉、团队破冰等 7 大平台 33 场活动，引领学生面对不确定环境和未知领域，从自己拥有的资源开始行动，从自己能做的事做起，做自己可担负的事情，变认知为行动，变规划为演化，把有价值的想法付诸实践，从 0 到 1。出台《本科生创新、创业教育与实践学分认定管理办法》《大学生创业园管理办法》等，建立创新创业学分积累与转换制度，探索将学生开展创新研究、市场调研、用户体验、创业实践等情况折算为学分，将学生参加实验开发、产品测试、迭代升级、论文发表、专利申报等活动认定为课堂学习。

（四）以赛促创，园区孵化

举办“互联时空”杯创新创意创业大赛决赛，每年都有上百个创业项目提交初审，近 1 000 人参与，摘取 6 万元的现金大奖。近年来，河北师范大学在“互联网 +”大学生创新创业大赛等赛事中荣获国家级奖项 10 余项，省市级奖项 150 余项，涌现出韶言服饰、橘子传媒、知了广告、行者孙动漫、水思源、瓷语轩、舒客公寓、素米科技等一批有市场竞争力的优秀项目。2017 年，在第三届中国“互联网 +”大学生创新创业大赛校园选拔赛中，河北师范大学共有 598 项有效作品参加比赛，参赛学生人数达 2 526 名。5 年来，河北师范大学学生创业孵化园共组织 11 期项目征集评审，先后有 80 个创业项目入园孵化，现有 28 个项目在园孵化，覆盖教育培训、文化创意、科技创新、软件开发、电商服务等 5 个领域。

（五）导师把脉，基金风投

选聘专业背景广泛的跨界导师包含企业董事长、执行总裁、财务主管、法律顾问等 82 位，为创业项目提供团队、产品、市场、渠道、资源、资金、运营等全方位、多形式的指导。与河北科技投资集团有限公司共同出资 500 万元设立创业种子基金，阳光教育投资集团出资 200 万元设立创业阳光基金，为创业大学生提供股权投资、融资担保和激励资助等服务。对创业项目实行动态管理，以业绩论英雄，运营良好的企业给予资金资助，有市场前景的准许入园，经营不佳的退园出局，激励创业项目提升内涵、活力和绩效。

（六）五位一体教育工作体系，发挥学生创业力量

河北师范大学坚持统筹推进创新创业教育工作，努力开展大学生创客训练营、就业创业服务月等特色活动，以大学生创业孵化园为实践平台，努力打造“面向全体、分类施教，制度保障、典型示范，培训引领、竞赛体验，项目孵化、考核激励，导师帮扶、基金支持”五位一体的创新创业教育工作体系，着力构建促进学生自主创业的长效机制，以创新引领创业，以创业带动就业，使大学生群体成为大众创业、万众创新的重要力量。

（七）免费办公场所，激发学生创业积极性

河北师范大学的创业孵化园为大学生创业者提供了 10～30 个办公室，供其免费使用，并在每个办公室内都配齐了将桌椅、电脑、空调、饮水机等设备。当然，“拎包入住”也有条件，即学生须提交入园申请，再由河北师范大学组织专家组进行评审，通过评审的方能入园。河北师范大学还会对项目进行持续监督和定期考核，不合格者将被清退。河北师范大学的孵化园让学生省去了办公场地的租金，老师们的辅导为创业者把控了正确的方向，使得创业风险降低了很多，也使创业成功的概率大大提高。

（八）打造创客训练营，提升学生创新创业能力

1. 学习创业知识，激发创业意识

以“创赢未来”为主题，以全面提升学生的创新创业能力为目的，精心打造了包括 SYB 创业培训、创业团队组建、设计型创客课程、创业大讲堂、创客营销实战、项目路演实战 6 个模块的活动。

2. 素质拓展破冰，培育团队精神

训练营采用“组长演说，组员选队”的新颖方式。体验设计型创客，实现创业从 0 到 1。围绕创业思维、创客方法论去设计思维框架、共情与用户体验、问题探索与用户需要

挖掘、创意方案、原型制作、用户测试、产品迭代、路演、团队及个人反思十个模块展开活动，以产品解决方案原型（视频、软件和硬件）和个人反思日志为成果物，最终让学生不仅能像设计师一样去思考（设计思维），更能像“创客”一样去行动，迅速实现从想法到现实的改变。创业讲堂分享，开拓创业思维。训练营邀请优秀企业家、政府工作人员、创业者等走进创业大讲堂，全方位拓展同学们的创业思维。

3. 比拼营销大赛，体验创业实践

从产品发布会、营销专题讲座、营销方案策划、实际推广销售、营销 ending 分享等方面进行系统设计，让知识供养和营销实践有机结合。通过营销大赛，“创客”们将产品设计、渠道建设、宣传推广的要点铭记于心，在不断反思总结中大幅提升自己的营销能力。同时，“创客”们也将千余元营销利润慷慨捐赠，真正做到了“奉献社会，服务于人”。

4. 实战项目路演，检验商业模式

创客训练营采用小组互评的方式进行“预路演”，大家各抒己见，互帮互助，共同进步，创业导师们从创业项目来源、市场前景、渠道通路、核心优势等方面进行了深入点评和优化指导，使“创客”们受益匪浅。

自 2015 年以来，创客训练营开始举办，在内容设计、组织形式上不断迭代更新，帮助同学们用设计思维和创客思维去设计并规划自己的大学生活和人生目标。政府和企业等第三方力量的加入进一步给同学们搭建了高效、完善的创业实践平台，使同学们的创新创业能力得到全面提升。同时，创客训练营也是对创业基础课程的有效补充。

四、发展成就

河北师范大学积极推进教育教学改革，加强创新创业教育的师资队伍建设、课程体系建设、职称平台建设，努力将创新创业教育融入育人全过程，在学校范围内营造了良好的创新创业氛围。

2015—2016 年，河北师范大学大学生创业团队在全球、全国各类创新创业比赛中获奖 20 余项，省市校级奖项 200 余项，学生参与创新创业类大赛达 4 000 余人次。其中，在 2015 巴塞罗那智慧城市博览会暨全球峰会上，河北师范大学推送的“河北省智慧城市·教育公平”项目获全球智慧城市项目大奖。这是自该会 2011 年创建以来中国第一次获得的大奖。

2017 年，第三届“互联网+”大学生创新创业大赛，河北师范大学 1 个项目获得国赛铜奖、2 个项目获得省赛银奖、28 个项目获得省赛铜奖，并获得优秀组织奖。同时，由河北省科技厅主办的河北省第五届创新创业大赛中，河北师范大学 6 个项目获得团队组二等奖，并获得优秀组织奖。

2017 年 11 月，石家庄市科技局公布了《石家庄市大学生科技创新创业专项资金拟资助项目》，河北师范大学大学生创业孵化园项目累计获得 58 万元资金资助，乐美科技获得资助金额 10 万元，渡口文传、嘉茜文传各获得 9 万元，珍 Eye、校园优惠、至凡 3D、橘子传媒、互联网 + 宠物管家、互联网 + 鱼塘自动喂食系统 6 个创业团队各获得 5 万元。扎实的创新创业教育，取得了可喜成绩。2014 届毕业生自主创业比例为 0.16%，2015 届毕业生达到 0.43%，2016 届毕业生为 0.72%，呈逐年递增态势，2016 年，河北师范大学在校生创业人数达 270 多人，创业项目孵化成功率达 30%。

五、发展方向

河北师范大学继续统筹推进创新创业教育工作，努力开展大学生创客训练营、就业创业服务月等特色活动，以大学生创业孵化园为实践平台，努力打造“面向全体、分类施教，制度保障、典型示范，培训引领、竞赛体验，项目孵化、考核激励，导师帮扶、基金支持”五位一体的创新创业教育工作体系，着力构建促进学生自主创业的长效机制，以创新引领创业，以创业带动就业，使大学生群体成为大众创业、万众创新的重要力量。

参考文献

[1] 我校大学生创新创业项目在多项比赛和资助中取得佳绩 [EB/OL]. [2017-11-10]. http://www.hebtu.edu.cn/a/2017/11/10/20171110075554.html.

[2] 我校在第四届河北省“互联网 +”大学生创新创业大赛中取得优异成绩 [EB/OL]. [2018-08-04]. http://www.hebtu.edu.cn/a/2018/08/04/20180804082219.html.

[3] 河北师范大学创业孵化园 [EB/OL]. http://hebtu.jiuyeb.cn/index.php/Schoolh/Geren/chuangke/cktype/0/catid/33.

燕山大学国家大学科技园

一、概况

燕山大学国家大学科技园（以下称“燕大科技园”）是依托燕山大学的人才、科技成果等综合智力资源优势兴办并发展起来的。经过10余年的建设发展，燕大科技园已经成为燕山大学实现产学研结合及社会服务功能的重要通道。

截至2016年年底，燕大科技园总占地面积达1 000亩，已建成总建筑面积为100 448米^2，提供给孵化企业使用的面积达67 563米^2。在燕大科技园下设成果转化中心和创新创业管理中心，建设的众创空间“燕山大学创客学院”获得科技部火炬中心备案，被纳入国家级科技企业孵化器的管理服务体系。燕大科技园现有在孵企业68个、在园企业35个。

燕大科技园已经形成了以汽车零部件及先进制造、电子信息和新材料为主要方向的产业集群，名副其实地成为具有地方经济和燕大传统特色学科结合的自主创新基地、产学研合作的示范基地、师生创业的实践基地、战略性新兴产业培育基地。它是燕山大学技术转移和科技成果转化、创业企业孵化、创新创业人才培养的综合性科技创新平台。

燕大科技园坚持科学发展和履行使命作为重要任务，较出色地履行了国家大学科技园的使命，在推动区域创新和经济社会发展的同时实现了自身的可持续发展，创造了显著的发展绩效。燕大科技园已经成为国家创新体系的重要组成部分和支撑战略性新兴产业发展的重要平台。

二、发展历程

1999年3月，燕大科技园奠基。2001年7月，燕大科技园被认定为河北省省级大学科技园。2002年5月，燕大科技园被科技部、教育部确定为国家大学科技园启动建设单位。2003年9月，燕大科技园被科技部和教育部正式认定为国家大学科技园，成为全国第二批被批准的国家大学科技园之一。2008年12月，在科技部纪念国家火炬计划实施20周年大会上被授予先进服务机构奖，此次全国共有10个国家大学科技园获此殊荣。2009年

8月，科技部和教育部联合授予包括燕山大学国家大学科技园在内的11家国家大学科技园为全国首批大学生科技创业实习基地。2010年3月，科技部确定燕山大学科技园孵化器公司为全国首批大学生科技创业见习基地试点单位之一。2010年11月，燕大科技园被中华全国妇女联合会确定为女大学生创业实践基地。2012年1月，燕大科技园被省就业服务局认定为省级高校毕业生就业（创业）服务基地。2014年12月，燕大科技园建设的大学生创业孵化园被省教育厅认定为省级大学生创业孵化示范园。2015年6月，大学生创业孵化园被团省委认定为省级青年创业孵化基地。2015年10月，燕大科技园建设的燕山大学创客学院被省科技厅认定为省级众创空间。2016年2月，燕山大学创客学院被科技部火炬中心认定为第二批国家级众创空间。

三、发展举措

近年来，燕山大学紧紧围绕创新创业教育人才培养这一核心工作，强化学生的全方位、立体式、全覆盖的创新创业教育人才培养工作，并主动探索以高质量的一类创新创业竞赛为龙头、以OBE教育教学改革为驱动、以强化创新创业教育实践环节为抓手、以大学生创新创业训练计划为支撑的创新创业人才培养模式。

为了倡导学生个性发展，鼓励学生发挥特长，积极参与科学研究、学科竞赛、文学艺术创作、技能拓展及素质修养等各类创新创业教育活动，培养大学生综合素质，燕山大学搭建了创新创业教育体系，使创新创业教育与专业教育相互促进、深度融合，形成有机的整体。经燕山大学研究，从2016级学生开始，将“创新创业教育学分”增加至6学分，并在2018年9月再次修订了《燕山大学创新创业教育学分认定办法》。

（一）燕山大学创新创业教育探索与成绩

1. 健全创新创业教育，将其融入培养计划教学体系

①基于OBE人才培养理念，构建一体化的创新创业教育培养方案。

②搭建“项目式”教学培养体系。

③设置创新创业类课程。

④创新创业教育学分。

2. 强化创新创业实践教育，完善创新创业服务平台

①构建创新创业教育实践教学平台。

②校内创新创业教育实践平台和众创空间。

③打造理念先进内用丰富育人为主的科普教育阵地。

④校企合作创新创业教育实践平台。

⑤全面开展创新创业竞赛和社会实践项目。

⑥企业家进校园创业指导。

⑦加强双创导师队伍建设和激励机制。

⑧学校创新创业教育工作进入全国先进行列。

3. 完善制度保障措施，稳步推进创新创业教育改革

燕山大学高度重视创新创业教育工作，每年创新创业教育专项经费约500万元，并成立了由校长任组长的燕山大学创新创业教育工作领导小组。具体工作由教务处牵头，研究生院、校团委、学生工作处、招生就业处和国家大学科技园等部门协同配合，统筹实施。

（二）燕山大学创新创业教育的激励政策

①创新创业教育激励政策。

②职称评聘与教学优先。

③学院考核。

④教师激励与学生奖励。

⑤创新创业竞赛学分认定体系。

四、发展成就

（一）平台孵化企业情况

1. 在孵企业（12家）

迁安市衡益新能源有限公司、河北君联商贸有限公司、迁安市快达电梯安装有限公司、河北迁之味农产品开发有限公司、迁安市青科创高新技术服务有限公司、迁安市瑞格特机械设备制造有限公司、迁安市世恒建筑劳务分包有限公司、迁安市唯科传感器有限公司、迁安市燕齐采暖工程有限公司、迁安市壹碳新能源科技有限公司、迁安市怡诚电子科技有限公司、唐山市意昌达科技发展有限公司

2. 园外企业（8家）

唐山恒则成自动化设备有限公司、唐山市慧庭家居用品有限公司、唐山市金沙水处理有限公司、唐山市康健生物科技有限公司、唐山市力极科技有限公司、唐山市立德照明设备制造有限公司、迁安市生产力促进中心、迁安市万阳科技有限公司

3. 毕业企业（4家）

迁安市奥昌日用品公司、迁安市江海云霄投资咨询有限公司、迁安市乐达特种陶瓷制品有限公司、河北派格玻璃有限公司

（二）所获荣誉

2018年10月12—16日，由教育部等13个部委和福建省人民政府主办、厦门大学承

办的第四届中国“互联网+”大学生创新创业大赛在厦门大学举行。该校的“基于虚拟场景的可穿戴康复训练系统”和“心血管机器人医生”项目在国赛决赛中获得银奖。该校在本届大赛中获得银奖 2 项、铜奖 2 项，获奖数量和质量均位居河北省第一。

“互联网+”大学生创新创业大赛是面向高校全体学生、影响最大的赛事活动之一。本届大赛主题为“勇立时代潮头敢闯会创，扎根中国大地书写人生华章”，旨在培养“大众创业、万众创新”的生力军。大赛共有来自 47 个国家和地区的 64 万个团队，2 278 所高校的 265 万名学生参赛，1 000 多家企业和投资机构支持和参与大赛。本次大赛共产生主赛道金奖 50 个、银奖 100 个。目前，该项大赛已经成为覆盖全国所有高校、面向全体高校学生、影响最大的赛事活动之一。

参考文献

[1] 燕山大学科技园[EB/OL]. https://sp.ysu.edu.cn/index.htm.

[2] 园区介绍[EB/OL]. https://sp.ysu.edu.cn/yqgk/yqjs.htm.

[3] 燕大科技园发展历程[EB/OL]. https://sp.ysu.edu.cn/yqgk/fzlc.htm.

[4] 燕山大学召开 2017 年创新创业教育工作会议[EB/OL].[2017-05-23]. https://www.ysu.edu.cn/info/2178/2610.htm.

[5] 燕山大学本科生创新创业竞赛组织与管理办法[EB/OL].[2017-09-14]. https://jwc.ysu.edu.cn/info/1046/1142.htm.

山东省

凤岐茶社——山东大学国家大众创业万众创新示范基地创新创业协同育人实践平台

一、概况

山东大学历来重视创新创业教育工作，其大学生创新创业教育众创平台、学研产科技成果转化服务平台、校政企创新创业教育共享平台、国际化创新创业教育合作平台四大创新创业重点工程建设平台收效显著，为大学生提供全方位、立体化的创新创业教育、创新创业实训、创新创业服务、创新创业孵化、创新创业投资、创新创业先锋人才培养等创新创业服务。其中，山东大学创客空间、山东大学就业创业体验中心——凤岐茶社、山东大学就业创业体验中心——盈创空间和“山大 e 禾”众创空间被评为国家级众创空间。山东大学于 2016 年、2017 年先后获评“全国首批实践育人创新创业基地”，首批“深化创新创业教育改革示范高校”“全国创新创业典型经验高校”及“国家第二批大众创业万众创新示范基地”等。

凤岐茶社——山东大学国家大众创业万众创新示范基地创新创业协同育人实践平台成立于 2014 年 6 月。该基地占地面积约为 230 米^2，面向全校师生免费开放。在基地的区域设置上划分为讨论区、公共工位区、茶水服务区、五屏在线互动路演区、公共技术支撑平台等多个功能区，满足创业服务的实际需要。

凤岐茶社——山东大学国家大众创业万众创新示范基地创新创业协同育人实践平台在常年维持 9～13 支创业团队的常规配置的基础上，实行创业团队准入管理、动态调整的管理方式。目前，凤岐茶社——山东大学国家大众创业万众创新示范基地创新创业协同育人实践平台入驻团队包括超软、Beyond、Coka、Chinese Club、GE、核桃小舟、可行可信，凤岐缘、星火直播等 9 支，同时也在不断吸收新的创业团队加入。凤岐茶社——山东大学国家大众创业万众创新示范基地创新创业协同育人实践平台通过凤岐职场精英荟、凤岐大学生创业沙龙、凤岐创业嘉年华、凤岐私董会、凤岐创业下午茶等众多品牌创服活动，为山东大学创业者提供专业化、多样化的创业指导和服务。

二、发展历程

山东大学高度重视大学生创新创业指导工作，以“培育创新意识、培养创造能力、推进创业实践”为着力点，遵循“完善机制，重在普及，搭建平台，典型示范”的工作思路，坚持问题导向，加强分类指导，扎实推进我校的学生创业指导工作。山东大学成立了挂靠学生就业中心的创业研究与指导中心，负责全校创业课程、比赛、研究等的指导工作。学院和创新创业类学生社团根据学生特点，指导不同年级、不同类别的有创业意愿的学生进课堂、入平台。三级四环联动，全员参与，分类指导，力求将创业指导意识渗透到学生培养的各个环节，形成交叉融合、互为补充的工作体系。坚持分类指导，加强创业指导体系建设；坚持需求导向，加强创业指导模式建设。坚持政策落地，加强创业指导保障建设。在“大众创业、万众创新”的国家发展战略下，山东大学创业研究与指导中心与山东凤岐创业服务有限公司旗下凤岐茶社合作，在山东大学中心校区18＃楼创办了山东大学学生创新创业俱乐部暨凤岐茶社山东大学创新创业基地。

凤岐茶社——山东大学国家大众创业万众创新示范基地创新创业协同育人实践平台采用“互联网＋众创空间”模式构建的创业服务机构，它是科技部认定的国家级众创空间，目前在全国三省一市布局了13家线下茶社，凤岐茶社山东大学创新创业基地也是山东省第一家全省性的创服平台。它的出现意味着山东的创业主体首次迎来大学生群体。在山东大学，200多$米^2$的凤岐茶社可以喝茶看书上网，但茶社并不卖茶，而是一个为大学生创客提供创业创新的交流平台。

三、运营与服务

凤岐茶社——山东大学国家大众创业万众创新示范基地创新创业协同育人实践平台采用高校与企业合作、共同运营的模式，由山东大学学生就业创业指导中心与山东凤岐创业服务有限公司（凤岐茶社）共同合作成立。在该基地的运营过程中，山东大学学生就业创业指导中心与凤岐茶社根据自身情况分别承担不同职能。

山东大学学生就业创业指导中心作为学生就业创业主管部门，着重制定政策、营造氛围、组织教，依托自身在校园宣传和组织推广方面的优势，配置专门的岗位帮助学生对接凤岐茶社创业资源，烘托本地创业气氛，培养高素质创业人才。

凤岐茶社——山东大学国家大众创业万众创新示范基地创新创业协同育人实践平台配备专职工作团队进行常驻办公，通过创业直播、商业路演、创业大赛、峰会等多种形式为山大学生提供包括创投基金、创业教育、产业对接、创业孵化在内的一系列创业服务，帮助山大创业者创新创业。截至目前，山东大学学生就业创业指导中心与凤岐茶社共同组织了第一届中华创客大赛、山东省首届 O2O 产业创新创业峰会、创业沙龙等多项创服活动。该平台的导师团队采用校内导师与校外导师相结合的方式。校内导师由以具有硕士以上学位的中青年高校教师为主，他们具有系统专业的创业理论知识，能很好地与学生进行交流，可为学生创业者及时提供专业的指导。校外导师主要与凤岐茶社山东大学创新创业基地、山东电子学会、中科招商集团等机构合作，由知名投资人、企业家以及有创业经历的专家学者组成。不断加强创业指导队伍建设。一是积极从社会各界聘请企业家、创业成功人士、专家学者等作为兼职导师，承担教学任务和开设讲座；二是鼓励我校各专业教师、就业创业指导教师积极开展创新创业指导方面的理论和案例研究，不断提高在创新创业指导能力；三是选拔优秀就业创业指导教师到合作企业挂职锻炼。

四、发展规划

①设立专门的岗位对创新创业工作进行统筹安排，不断完善大学生创新创业所需的基础建设和制度建设。

②对学生的创业需求进行调研，了解学生创业的需求点，不断扩大创业导师队伍，为创业项目进行一对一的指导和分析，解决学生的创业难题，营造创新创业氛围，激发大学生创新创业的热情。

③进一步整合校友、企业、创服机构、创投机构等社会资源，推动产业、人才、资本等外部创业资源与高校内部资源的协同创新。

④积极对接凤岐茶社山东大学创新创业基地线上资源，举办峰会、路演、大赛等各种创业活动，实现优质创业资源的本地落地，为山东大学学生的创新创业提供全链条服务和系统支撑。

五、发展举措

山东大学注重加强顶层设计，推动“大众创业，万众创新”良好氛围的形成，探索协同育人的创新创业人才培养模式，培育一批优秀创新创业引领型人才，推动部门协同，坚持学生中心，突出学院主体，树立精品意识，深化开放协同，增强广大学生的参与度、获得感和满意感。组建创新创业学院，统筹推进创新创业教育。创新人才培养机制，健全创新创业教育课程体系。改革教育教学方法，创新教育教学管理。营造创新创业环境，搭建“一街、一园、一平台”。加强师资队伍建设，提升创新创业教育能力。加大创新创业教育投入，建立健全政策保障机制。

(一) 开放共享 深化协同育人

山东大学承继“引进海外名师、坚持开放共享、紧追学术前沿、强化实践环节、培养创新能力、提高专项技能”的办学理念，紧紧围绕“精品化、国际化、创新型、开放式”的工作目标，遵循“理论与实践并重，创新与传承齐举”的原则，坚持发挥山东大学综合性大学的优势，科学设计，认真部署，努力将暑期学校打造成深化教育教学改革、改进教学方式方法、探索创新人才培养模式的试验区。开展创新创业暑期学校，项目通过组织学员深入苏州、北京、深圳等国内创新创业活跃的地区，走访优秀创业企业，同杰出企业家和校友进行交流，参加课程学习、考察走访、项目实践、路演展示等活动，使学员夯实基础、开阔视野、丰富体验、提升能力。

2018 年暑期，山东大学所有项目首次面向济南、威海、青岛三地全体本科生开放，设置跨校区文化体验项目，构建威海校区蓝色项目（海洋学、空间科学）、青岛校区前沿项目（国际组织与国际政治、信息技术、可视计算）、济南校区特色项目（中华传统文化体验、创新创业、医学与生命科学）为亮点的项目体系，通过跨校区学习、视频直播等方式，促进优质教育资源共建共享。山东大学苏州研究院、深圳研究院、北京研究院继续举办“山东大学创新创业夏令营”，搭建校地、校企协同育人平台，引导学生深入苏州、深圳、北京等国内创新创业最为活跃的地区，走访考察创新创业园区和企业，同优秀企业家和校友访谈交流，通过课程学习、考察走访、项目实践、路演展示等方式，促进高校教育与企业生产实际紧密结合，引导学生关注产业需求，学以致用。

山东大学首次开设校际合作暑期项目，山东大学与上海交通大学发挥各自学科优势，合作举办“山大有约—最好的精品人文课”“人工智能芯动力暑期创新班”，双方互派学生跨地域跨学校学习，学生深入对方校园，在知识海洋畅游的同时，感悟不同的学术氛围和校园文化，还结合山东省乡村振兴战略、精准扶贫脱贫需求，开展“青年红色筑梦之旅”活动，组织大学生创新创业团队、马克思主义理论宣讲团、红色实践调研集体等采用社会实践、基层锻炼、宣讲交流等形式，察民情、体民意、济民生，将山大的智力、技术和项目资源辐射到广大农村地区。

(二) 崇实求新 强化实践育人

开展创新创业教育和实践是实施创新驱动发展战略的内在要求，山东大学以工程训练中心为依托，以校级创新创业教育平台为载体，构建了“数学建模系列培训”“人工智能与机器人基础训练”“智能车嵌入式控制”“国际焊接工程师系列培训”“单片机设计与创新入门实战”“三维设计、三维打印和数控加工”“公共管理大数据与定量研究方法”“电子设计竞赛培训”等众多融合校内校外、课内课外、理论实践于一体的创新创业实践实训课程。得益于暑期学校的实践训练，山东大学学生连获全国数据挖掘挑战赛特等奖两项、国际水中机器人大赛冠军两项、全国大学生节能减排社会实践与科技创新竞赛特等奖、全国大学生电子设计竞赛模拟电子系统设计专题邀请赛特等奖等。

（三）选育并举 探索合作育人

高中和高校是人才培养中相互衔接的两个重要阶段，山东大学根植齐鲁，服务教育山东，探索将高校人才培养环节前移，转变为高中教育的“参与者”“合作者”“服务者”，推进中学教育与高等教育一体化。山东大学举办“智能技术未来科学营”“ICAN 北斗星光未来科学营”“机械臂开发设计夏令营”等活动，以促进山东省优秀高中生间的交流合作，提升其对相关学科研究的兴趣，培养具有学科特长和创新潜质的优秀学生，引导高中生认识山大、了解山大、向往山大。同时，针对目前高中人工智能相关师资匮乏的现状，山东大学发挥相关学科的优势和特色，联合深圳越疆、深圳点猫等校友企业，开设了首个“人工智能基础高中师资专项培训班”，来自山东省高中的 35 位教师参与了人工智能概述、语音识别、视频识别、文本识别、基于神经网络的 GameAI、人工智能应用等为期 5 天的培训。山东大学还将在生涯规划等方面继续同高中开展合作。

六、发展成就

①山东省人力资源和社会保障厅下发了《关于公布 2018 年度省级创业示范平台名单的通知》，山东大学获评 2018 年山东省省级大学生创业孵化示范基地。

②2018 年 11 月 28 日，山东大学与迪尚集团创新创业基地揭牌仪式举行，建立校企合作。迪尚集团捐赠迪尚双创成果奖学金，用于大学生创新创业项目，重点奖励科技含量高，且有希望申请专利的创新创业个人和团队，鼓励大学生勇于开拓，创新实践。山东大学·迪尚集团创新创业基地成立后，山东大学（威海）和迪尚集团两个国家级双创基地将进行强强联合，打造校企“联姻”新高地，逐步建立“全方位、深层次、多形式”产学研相结合的校企合作模式，打造创新发展新引擎。合作双方按照面向未来、培养人才、创新实践、服务社会的目标，在打造国内一流校企合作双创示范基地；积极开展师生与企业的交流活动，促进大学生创业就业；开展产学研合作，联合创办时尚创意与企业发展研究院；开展人才合作培养和“双向”培训再教育；携手打造海洋文化产业等方面不断探索校企合作新途径。

③山东大学在 2018 国际海洋创新创业大赛中取得佳绩，共有 3 支队伍进入总决赛，其中“巨浪海洋能源科技”项目获一等奖，“Hip 高精度智动工业机器人”项目获三等奖。

④2018 年在第四届中国“互联网 +”大学生创新创业大赛全国总决赛中，山东大学共获得一金一银四铜并凭借总成绩获评先进集体奖。

⑤山东大学与山东中美科技创新国际产业园平台相结合，一方面有助于产、学、研的

提升，加强优质科研成果转化推向市场，另一方面可以输送国际领先的创新成熟技术成果以及相关专业人才，产、学、研协同发展，共同谱写校企共赢新章。

参考文献

[1] 创新创业系列报道之一：让创意发生[EB/OL]. [2015-12-15]. http://www.view.sdu.edu.cn/__local/A/C8/56/855893672F9A5B388CC46486D41_7F67725D_859A.html?e=.html.

[2] 创新创业那些事儿系列报道[EB/OL]. [2018-04-25]. http://www.view.sdu.edu.cn/info/1287/103521.htm.

[3] 山东省创客之家风采展示：凤岐茶社山东大学创新创业基地[EB/OL]. [2017-07-07]. https://mp.weixin.qq.com/s?__biz=MzIyNjI3Nzg1NQ%3D%3D&idx=4&mid=2247484044&sn=b97ca698bb22110fe0859afc4356615a.

[4] 山大团队在2018国际海洋创新创业大赛获佳绩[EB/OL]. [2018-09-21]. http://www.view.sdu.edu.cn/info/1003/109047.htm.

[5] 山东大学大众创业万众创新示范基地建设工作方案[EB/OL]. [2017-09-08]. http://www.bkjx.sdu.edu.cn/info/1012/25264.htm.

青岛大学

一、概况

青岛大学大学生创业孵化基地成立于2009年7月，先后获批青岛市优秀高校毕业生创业孵化基地、山东省大学生创业教育示范院校、全国深化创新创业教育改革示范高校等，并和青岛市崂山区政府、清青创科技服务公司合作建立青岛创客大街。同时积极参加“互联网+”大学生创新创业大赛，“创青春”大学生创业大赛等创新创业重要赛事，2016年5月，还承办了“创青春”山东省大学生创业大赛决赛，在全校营造了浓厚的创新创业氛围。2017年6月，全国大学生创新创业联盟山东青岛站落户青岛大学。2017年7月，青岛大学入选教育部第二批深化创新创业教育改革示范高校。

截至2017年7月，青岛大学共获批国家级大学生创新创业训练计划项目299项，参与各类创新创业培养的学生达5 000余人次，培养出100余位毕业生创业典型。组建大学生创新创业协会等社团组织52个，组织学生参加创新创业竞赛、学科竞赛等科技文化活动，覆盖面达70%以上。青岛大学创新创业文化节活动被选为“2016年山东省大众创新万众创业活动周”十大专题活动之一。青岛大学先后荣获全国和山东省普通高等学校毕业生就业工作先进集体、山东省大学生创业教育示范院校、青岛市优秀高校毕业生创业孵化基地、全国就业工作50强、全国“挑战杯”竞赛优秀组织单位、全国“创青春”竞赛优秀组织单位等荣誉。

二、发展历程

（一）创建背景

青岛大学依靠良好的办学声誉，毕业生就业率多年来保持在90%以上。在一系列就业政策和保证措施实施的同时，青岛大学加强建立与健全大学生创新创业服务体系，加强专职队伍建设，不断提高职业生涯规划教育质量和就业指导水平，充分发挥50余位已获得国家职业指导师资格的辅导员专家化、专业化、职业化的作用，以促进和提高大学生创业意识和创业能力，全方位做好毕业生就业指导服务。通过积极争取，青岛大学成为青岛市高校大学生创业孵化基地重点建设单位，争取到30万元的大学生创业孵化基地建设资金，并与其联合开展了"'绝对菁英'进校园"活动。通过以上举措，为实现以创业带动就业提供了条件，为保持青岛大学毕业生今后就业的可持续性打下了基础。

（二）管理主体

2009年3月，青岛大学被列为青岛市高校毕业生创业孵化基地重点建设单位，学校高度重视，经研究决定，在工程训练中心二层由学生处与机电工程学院联合建设大学生创业孵化基地；创业孵化基地的场地、设备维护与管理、创业团队考核与管理由机电工程学院负责，大学生创业项目评审、项目入驻、项目指导由学生处负责。

（三）发展阶段

1. 探索阶段：2009—2014年

青岛大学通过考察和学习青岛市大学生创业孵化基地建立了青岛大学大学生创业孵化基地，进一步提高大学生创业指导能力和创业服务水平积累经验；积极探索在专业课教学中融入创业教育，把创业教育作为就业指导课程的重要内容；举办"大学生创业成功之路系列讲座"，开设创业沙龙，组织创业计划大赛等，提高学生创业素质。

2011年，青岛市评选和表彰了2010年度青岛市促进高校毕业生就业工作先进单位和先进个人，青岛大学大学生创业孵化基地入选10佳基地。

青岛大学大学生创业孵化基地成立于2009年。截至2012年5月，它已成功孵化迁出企业9家，扶持企业创业成功率超过90%，培训大学生创业者540人，现有入驻企业共8家。

2. 扩大发展阶段：2014年至今

2014年，青岛大学科技园孵化器成为首批被青岛市科学技术管理局认定的青岛市2014年第一批市级科技企业孵化器中7家单位之一。

2017年，山东省共有26个单位入选省级双创示范基地，其中高校示范基地4个，青岛大学荣列其中。2017年，全国共有101所高校入选第二批深化创新创业教育改革示范高校，山东省有5所高校入选，青岛大学也名列其中。

三、发展举措

青岛大学出台了《青岛大学关于加强大学生创新创业教育的实施意见》《青岛大学深

化创新创业教育改革实施方案》，成立了以校长任组长的大学生创新创业领导小组，在新一轮的教育教学改革中，确立了“通识教育 + 专业教育 + 多元”“通识教育 + 专业教育 + 实践”的人才培养模式，成立了正奇学院、创新创业学院，在教育教学中突出创新精神和创业意识的培养，努力激发学生成人成才的内生动力。青岛大学一系列的创新创业政策与措施培养了学生的创新创业意识，提升了学生的实践能力，取得了良好的成效。

（一）资源整合，举办多种创业类型比赛

青岛大学积极整合各种资源，充分利用学校的技术、人才以及大学生创业孵化基地的设施和场地，与多方合作举办了多种类型的创业比赛，为学生提供许多创业项目展示平台。

自 2015 年起，国务院确定每年 10 月的一周为“全国大众创业万众创新活动周”，以促进各类创业创新要素集聚交流对接，在全社会营造良好的创业创新氛围。为贯彻落实国务院精神，积极响应山东省发展改革委号召，青岛大学的“‘idea创’创新创业文化节”成功入围。同时，青岛大学和青岛市崂山区政府、清青创科技服务公司合作建立青岛创客大街，积极参加“互联网 + ”大学生创新创业大赛，“创青春”大学生创业大赛等创新创业重要赛事，2016 年 5 月，青岛大学还承办了“创青春”山东省大学生创业大赛决赛，在全校营造了浓厚的创新创业氛围。

（二）加强教育，为学生创业提供了多方面支持

青岛大学提出了课程建设、实践指导、孵化服务、队伍建设、赛事引领“五位一体”的发展思路。“五位一体”的教育思路是先用优质课程，向学生传授创新创业的基本知识，然后打造以竞赛项目、创业工作坊、模拟企业等为体系的实践平台。

青岛大学配备了“校内 + 校外”“全职 + 兼职”的专业指导老师，并筹划举办青岛大学“校长杯”创新创业大赛等一系列高水平创新创业比赛等，以提升全体学生的创新素养、能力和水平，帮助他们实现创意创新创业的意愿，打造具有青大特色的创新创业人才培养模式。学校将修订人才培养方案，把创新创业课程纳入通识教育课程范围，引导教师开设跨学科专业的交叉课程，探索建立跨学院、跨学科、跨专业交叉培养创新创业人才的新机制。鼓励支持大学生参与导师科研项目，建立导师带学生、研究生带本科生、高年级学生带低年级学生的良性机制，促进大学生依托导师的科研成果进行创新创业。

青岛大学还专门设立大学生创业专项经费，通过学校划拨经费以及吸引社会公益组织、企事业单位和个人募捐等多渠道筹措资金，用于支持学生参加创新创业训练计划项目、学科竞赛，奖励学生优秀创新创业成果，发放创新创业实践奖学金等。青岛大学一系列的创新创业政策与措施培养了学生的创新创业意识，提升了学生的实践能力，取得了良

好的成效。

（三）科学规划，多举措促进学校学生创业

2015 年 7 月，青岛大学出台了《关于加强大学生创新创业教育工作的实施意见》，从指导思想、总体要求、主要任务和措施、加强组织领导 4 个方面，阐述了到 2020 年学校校逐步建立健全课堂教学、自主学习、结合实践、指导帮扶、文化引领融为一体的创新创业教育体系，实现更强的创新创业精神、更多的自主知识产权、更快的科技成果转化、更大的社会贡献的大学生创新创业教育预期目标。

2015 年，青岛大学校级大学生创新创业训练计划项目达到 643 项，国家级大学生创新创业训练计划项目 98 项。2016 年，国家级大学生创新创业训练计划项目已立项 93 项，校级大学生创新创业训练计划项目达到 689 项。学校学子在“创青春”等创业大赛中也取得了优异的成绩，其中 2015 年山东省“挑战杯”创业大赛学校获奖 10 项，特等奖 3 项；2016 年，“创青春”创业大赛学校获奖 18 项，有 5 个项目进入全国决赛；2016 年，山东省“互联网 +”大学生创新创业大赛学校获得 1 金 3 银 3 铜的好成绩，并获评“最佳组织奖”。目前，占地 200 多米^2 的集培训、实践、服务、交流和成果展示为一体的大学生创业孵化基地第一批大学生创业团队（项目）已经入驻。

（四）创新培养，获得了多项荣誉称号

青岛大学不断创新人才培养方式，将创新精神、创业意识和创新创业能力作为评价人才培养质量的重要指标，将对学生创新创业知识、能力、素质要求纳入专业教学质量标准，把创新创业教育融入人才培养全过程。通过建立学科专业动态调整、协同育人、交叉培养新机制加强大学生创新创业教育工作。

通过青岛大学的不断努力，学校的创新创业文化节活动被选为“2016 年山东省大众创新万众创业活动周”十大专题活动之一。青岛大学先后荣获全国和山东省普通高等学校毕业生就业工作先进集体、山东省大学生创业教育示范院校、青岛市优秀高校毕业生创业孵化基地、全国就业工作 50 强、全国“挑战杯”竞赛优秀组织单位、全国“创青春”竞赛优秀组织单位等荣誉。

参考文献

[1] 我校入选山东省大众创业万众创新示范基地[EB/OL].[2017-12-15]. https://news.qdu.edu.cn/info/1021/17156.htm.

[2] 我校入选教育部第二批深化创新创业教育改革示范高校[EB/OL].[2017-07-27]. ht-

tps：//news.qdu.edu.cn/info/1021/16404.htm.

［3］青岛大学成立创新创业学院 让每个学生都敢创［EB/OL］.［2019-06-02］. http：//qingdao.dzwww.com/xinwen/qingdaonews/201609/t20160902_14862744.htm.

［4］青岛大学打造创新创业基地 入驻"创业苗圃"接受预孵化［EB/OL］.［2015-11-24］. http：//qingdao. dzwww. com/2014zt/chuangsiyou/fuhuaqi/201511/t20151124 _ 13383125. htm，2015-11-24

山东农业大学

一、概况

山东农业大学大学生创新创业孵化基地成立于 2014 年 3 月，山东农业大学大学生创新创业孵化基地的建立是山东农业大学贯彻落实山东省委、省政府关于做好大学生创业就业工作的重要举措，也是学校为广大青年学生成长成才谋划并实施的一件实事、好事。孵化基地既是大学生创新创业教育的实践载体，也是大学生学习创业知识、体验创业历程、孵化创业梦想的平台。

目前，山东农业大学大学生创新创业孵化基地总建筑面积达到 5 000 米^2，建有标准的大学生创新创业服务大厅和功能完善的创业培训室、实训室，设置有创业服务区、创业能力培训区、模拟实训区、创业孵化区、企业运营区等五大功能运行区域，可容纳 200 个创业实体入驻。实施项目化运作的 76 个创业实体已全部入驻孵化基地，每年安排实习就业学生 800 余人。山东农业大学大学生创新创业孵化基地重点培植的 36 个创业团队已成功孵化，近百名创业实体负责人或成员在校期间或毕业离校时注册成立了公司。2013 年，山东农业大学大学生创新创业孵化基地共提供各类创业产品 120 余种，销售营业总额近 200 万元，其中“茗风茶叶”创业团队年营业额达到 40 余万元。

二、发展历程

（一）创建背景

近年来，为进一步发挥大学生创业孵化基地在创业人才培养、创业带动就业等的重要作用，山东农业大学作为国家级大学生创新创业训练计划实施高校和山东省首批创业教育示范院校，深入贯彻党中央、国务院“促进创业带动就业”战略部署，全面落实上级有关创业精神，整合资源、统筹规划、加大投入、高效推进，建设了具有山东农业大学特色的大学生创新创业孵化基地。

山东农业大学大学生创新创业孵化基地的建立得到了上级政府部门和学校的高度关注和

大力支持，山东农业大学先后出台了《关于全面加强大学生创新创业工作的意见》和《关于进一步推进大学生创新创业工作的意见》，对大学生创新创业孵化基地建设，从工作目标、体制机制、创业资金、创业场所、队伍建设、指导服务等方面提出了明确要求，做出了整体安排，确保了有序推进。

（二）发展阶段

山东农业大学大学生创新创业孵化基地自 2014 年 3 月成立以来，着力于发展学校创新创业平台，提升学生创业意愿，通过表彰优秀创业学生及团队、定期检查创新创业实践项目等，学校先后成立了大学生创业联盟、建设了“圆梦驿站—大学生创业营销与咨询中心”，健全了基地产品设计、研发、孵化、生产、营销的创业链，进一步凸显了基地的创业特色，提升了基地的整体功能。

三、运营与服务

山东农业大学大学生创新创业孵化基地在运行过程中，始终坚持以培养“双创”人才为工作目标，以“科技引领、高效协作、锐意进取、创新服务”为核心理念，以学科专业发展为根本动力，以“学校培育孵化、政府扶持、社会参与和市场化运作”为基本原则，注重加强孵化基地的组织领导和体制机制建设，突出抓好大学生入驻创业的优惠政策落实，不断健全规章制度，完善场所设施，配套服务措施，丰富创业内容，务求创业实效。

（一）强化指导服务

山东农业大学大学生创新创业基地充分发挥山东农业大学专业学科优势，组建了一支由法律、会计、审计、评估、专利、金融、管理教师和校外成功创业校友组成的创业指导教师队伍，能够为大学生创业提供项目立项、产品研发、工商注册、税务登记、风险评估、市场营销、规划设计等一站式服务和一揽子服务。

（二）提升运行效能

山东农业大学大学生创新创业基地构筑了以“创业实训培训平台、创业服务平台、创业孵化平台、科技成果转化平台、理论实践研究交流平台”为主要内容的五大平台，建立了以“专业驱动、项目驱动、平台驱动、机制驱动”为核心的工作模式，形成了以“专业培育、基地孵化、市场创业”为特征的孵化模式。

（三）拓展基地功能

山东农业大学先后成立了大学生创业联盟、建设了“圆梦驿站——大学生创业营销与咨询中心”，健全了基地产品设计、研发、孵化、生产、营销的创业链，进一步凸显了山东农业大学大学生创新创业基地的创业特色，提升了基地的整体功能。

四、发展成就

（一）营造创业氛围，培养学生创业能力

山东农业大学大学生创新创业孵化基地的建立营造了浓厚创业氛围，激发了学生创业热情，培养了学生的创新精神和创业能力。由创业意愿的学生比例从 2009 年的不足 3%增至 2013 年的 10%。近年来，山东农业大学先后涌现出了谢思惠、丛芙蓉、戚哲凯、张晓军、吕平、崔刚、王风刚、张守权等一大批新时期创业典型代表。张守权被评为“2013 年度山东大学生十大创业之星。“中国青年五四奖章”获得者谢思惠荣获 2012 年“全国就业创业优秀个人”，受到国务院表彰。

（二）完善人才培养模式，促进学生就业

山东农业大学大学生创新创业孵化基地的建立完善了学校人才培养模式，提高了人才培养质量，促进了大学生更加充分和更高质量就业。2009 年，山东农业大学被评为山东省首批创业教育示范院校和全国普通高校毕业生就业工作先进集体。2013 年获批国家级创新创业训练计划实施学校。2013 年，被评为“全国毕业生就业典型经验高校 50 强”。2013 年 8 月，山东省省长郭树清对学校就业创业工作专门做出重要批示，给予了充分肯定。2013 年 11 月，山东农业大学作为唯一普通高校代表参加山东省创业创新工作会议并作典型发言。中国教育报、大众日报、齐鲁晚报、山东卫视等多次对山东农业大学大学生创业工作进行了宣传报道。

（三）获奖情况

2015 年，山东农业大学创业孵化基地被认定为山东省大学生创业孵化示范基地。2015 年，山东农业大学位居“中国大学创业竞争力排行榜 500 强 · 2015”第 64 位，“中国大学创业竞争力排行榜 500 强 · 2015”从创业教育、创业活动、创业潜力和创业人才四个维度来考察一所高校的创业竞争力，选择创业课程开设数量、申请专利数量、专利奖获奖数量、挑战杯创业大赛获奖数量、国家级创新创业训练项目数量、国家大学生创新创业训练计划联合基金项目数量、创业毕业生数量、大陆上市公司董事长数量、海外上市民营企业创始人数量、富豪企业家数量等 10 个指标对中国高校的创业竞争力进行排名。

2017 年，教育部公布 2017 年度全国创新创业典型经验高校评选结果，山东农业大学从全国众多候选高校中脱颖而出，获评全国创新创业典型经验高校 50 强。

参考文献

[1] 山东农业大学大学生创新创业在线[EB/OL]. http://xuegongchu.sdau.edu.cn/cyzx/

[2] 创新创业展身手[EB/OL]. [2016-10-16]. http://xuegongchu.sdau.edu.cn/cyzx/2016/1016/c6124a65510/page.htm.

[3] 山东农业大学大学生创新创业孵化基地简介[EB/OL]. [2015-04-15]. http://xuegongchu.sdau.edu.cn/cyzx/2014/1013/c6127a65344/page.htm.

[4] 学校推进大学生创新创业工作[EB/OL]. [2008-06-30]. http://www.sdau.edu.cn/2018/0630/c49a132790/page.htm.

青岛理工大学创业孵化基地

一、概况

青岛理工大学创业孵化基地成立于2007年。截至2014年7月，青岛理工大学基本建设形成了以嘉陵江校区创业孵化基地为核心区，延伸覆盖市北校区、长江路校区，总面积为5 237.5米^2 的创业孵化空间格局。入驻在孵创业团队82个，注册企业27个。学校不断优化体制机制，努力提高管理服务水平，实现优质高效运行，2016年，青岛理工大学成功入选，荣膺首批“全国创新创业50强高校”，也是山东省唯一入选的省属公办普通本科高校。青岛理工大学创业孵化基地形成的基地特色为：以学科专业为引领，培植科技创业团队；以能力培养为核心，孕育成功创业人才；以市场机制为保障，孵化规范创业企业；以服务社会为目标，铸就理工创业品牌；以创业企业为载体，实现创业带动就业。

二、发展历程

（一）管理主体

青岛理工大学创业孵化基地管理委员会（以下简称管委会）负责创业基金的年度计划安排、立项审批、监督管理等。管委会办公室负责创业基金的日常管理，接受创业基金扶持申请，组织创业项目评审，监督资金的使用，定期向管委会做工作报告。

青岛理工大学财务处设立创业基金专门账户，对创业基金实行专款专用，统一管理。

（二）发展阶段

1．建设阶段：2004—2009年

在多年积累之后，2004年，青岛理工大学面向全体大学生开设了“就业指导与创业教育”课程，迈出勇于探索的第一步。2006年，青岛理工大学制定了《青岛理工大学创业教育实施纲要》《青岛理工大学阶段性创业教育计划》，在实践中不断寻找创业人才培养和实施的有效途径。2007年，青岛理工大学成功获批山东省第一家大学生创业教育研究基地。同时

《关于大学生创业教育研究基地的建设意见》等文件相继出台，《大学生创业教育》等一系列创业教材也相继出版，“一轴双基、五项推动”的全方位、多途径综合创业教育教学研究体系初步形成，奠定了学校创新创业教育之基。在这一时期，青岛理工大学获多项优秀教学成果奖，获评全国青年创业教育先进集体，并获批团中央大学生 KAB 创业教育基地。

2. 发展阶段：2009—2013 年

2009 年，青岛理工大学获批教育部“六纵十横”体验式创业教育人才培养实验区，标志着学校创新创业教育进入蓬勃发展的发展期。依托创新创业教学和实践，青岛理工大学实施了“创业版”培养计划，开设创业实验班，将创业理念全面融入学校整体教育教学和人才培养体系，分层次开展创业教育专项培训，提升师资水平及培养学生的创业能力。2009 年，青岛理工大学开始设立的大学生科技创新基金，从立项评审到项目鉴定都向科技型、创新型适度倾斜引导，极大鼓励了学生创新创业激情，在国际大学生建筑设计大赛、“挑战杯”创业计划大赛等比赛中屡获佳绩。2009 年，设立的创业专项基金，出台优惠政策，扶植创业项目，扶植培养的首批大学生创新创业典型脱颖而出，高玉龙、韩赟、聂名勇等创新创业人才都备受社会关注。其中，由机械学院学生聂名勇创建的青岛新领域信息服务有限公司获首届“中国大学生自强之星”奖和“中国大学生新东方自强奖学金”。经过 3 年的精心打造，2012 年，青岛理工大学获评青岛市优秀高校毕业生创业孵化基地。

3. 成熟阶段：2013 年至今

以 2013 年省级创业孵化示范基地建设全面启动为标志，青岛理工大学创新创业教育步入成熟期。青岛理工大学在市北校区、长江路校区原有基础上，选定嘉陵江路校区大学生活动中心三层和四层近 4 000 米^2 扩建创业孵化基地，并按照省级创业孵化示范基地建设标准要求进行装修改造。自此，青岛理工大学不仅实现了三校区全面覆盖，也将青岛理工大学创新创业教育推上新的台阶。目前青岛理工大学嘉陵江路校区新增企业或创业团队 61 家，其中，注册公司 19 家，导师团队 27 个，已有青岛理工大学 20 余支创业团队完成了公司注册的前期准备工作。

三、基地特色

（一）管理学院：构建“六位一体”的工作机制，推进创新创业教育

①搭建平台，整合资源，加强创新创业教育课程体系建设。

②发挥优势，加强合作，提升创新创业师资队伍水平。

③健全机制，强化激励，构建创新创业政策体系。

④社团引领，广泛参与，突出科技类社团在创新创业中的引领作用。

⑤丰富载体，加强宣传，积极营造创新创业氛围。

⑥树立典型，弘扬先进，充分发挥榜样示范带动作用。

（二）机械学院创新创业的特色路：赛场市场融一体 五维驱动聚合力

①驱动一：建立完善的保障体系，形成完善的指导教师体系，搭建起创新创业人才培养政策制度平台。

②驱动二：建立健全各种机制，形成了大学生科技项目驱动、学科竞赛检验、师生广泛参与的局面，搭建起了创新人才培养的参赛平台。

③驱动三：依托学院现有机械加工中心、实训中心、实验室等现有实验加工设备，搭建起创新人才培养的校内加工中心实验室平台。

④驱动四：学院积极拓宽大学生创新创业渠道，搭建创新创业人才培养的校外企业实习平台。

⑤驱动五：学院坚持走赛场市场一体化道路，以服务创新构建科技项目转化平台，为大学生提供创业机会。

四、发展成就

（一）创新创业教育：为学生建立人生精神账户

创新创业教育是高校“培养什么人、如何培养人”这一核心问题的升华。青岛理工大学副校长李东认为，“通过创新创业教育，为在校大学生建立人生精神账户，使他们拥有一种内在的资源应付各种环境和挑战，这是高校的责任和义务”。

基于这一认识，青岛理工大学始终把学生的创新精神和实践能力作为培养应用型高级专门人才的关键环节来抓，把创新创业教育与人文教育相结合，通过修订人才培养方案，面向全体学生开设创业课程，探索创新创业教育之路。山东高校唯一的大学生创业教育研究基地落户该校；获批教育部质量工程项目“地方院校‘六纵十横’体验式创业教育人才培养模式实验区”，制定实施创业版教学计划单行本，开设创业实验班。

青岛理工大学以促进创新创业教育与专业教育、卓越教育有机融合为切入点，开设《创业管理实战》等 40 余门必修与选修相结合的创新创业课程群，形成了由通识课、基础课、专业课以及实践教育等组成的课程体系。

（二）双驱联动：激发学生创新意识，培养学生创新能力

为让创新创业教育落地生根，围绕学生创新能力培养这一轴线，青岛理工大学充分发挥课内课外教学的双驱联动效应，构建起了“一轴双驱”的富有地方理工科高校特色的创新创业人才培养体系。

在青岛理工大学，科研骨干也是教学骨干。这些“双料骨干”不仅将科研成果融入课堂教学，还引导优秀学生直接参与自己的科研项目。郭峰教授主持国家自然科学基金等课题研究，把学科发展的前沿知识引入本科生毕业设计，培养学生研究性学习能力和解决问题的

能力。

以“挑战杯”课外学术科技作品竞赛和“创青春”创业大赛为龙头，以数学建模大赛、电子设计竞赛等专业赛事为依托，他们建立了“创新竞赛”“科普活动”“学术论文”“发明专利”四位一体的创新能力培养体系。学校每年投入200万元创新创业与学科竞赛和50万元科技创新立项专项资金，3年来，累计有40 000余人次参与到四大体系活动中。

（三）两翼齐飞：培育科技创业团队孵化规范企业

以孵化基地为载体，青岛理工大学充分发挥学科优势培育科技创新团队，遵循市场规律孵化规范创业企业，逐步探索形成了“一体两翼”创业实践孵化模式。

近3年来，青岛理工大学投入创新创业经费958.2万元，先后获批山东省大学生创业孵化示范基地、山东省大学生创业实训示范中心建设立项，获得上级创新创业奖补资金720万元。

以学科专业发展、科技成果转化、服务社会为导向，他们发挥学校传统特色学科的资源优势，构建起土木工程、机械制造、环境能源、电子商务等10个特色孵化区，挖潜“导师+团队”模式创业，组建了由包括国家“千人计划”、国家职业指导师等在内的100余人组成的创业指导师资队伍，为创业者提供技术、心理、管理等方面的持续性指导服务。

（四）“双创”带动就业：全面促进人才培养质量提升

近3年来，青岛理工大学毕业生自主创业法人代表143人，自主创业学生超过毕业生总数4%，创业实体成活率88.5%，成功孵化出青岛海奇信息技术有限公司、青岛木马工业设计有限公司等30余个专业特色品牌企业。创业带动就业，近5年来，他们孵化的企业已吸纳700余名毕业生就业。

创新创业教育给他们带来的甜头远不止这些，更为重要的是，它全面促进了学校人才培养质量的提升，这是青岛理工大学“一体两翼”高校创业孵化基地新模式带来的创新引领创业、创业带动就业等方面的成效。青岛理工大学毕业生初次就业率均超90%，位居山东省高校前列。

（五）积极进取，获得多项省级国家级荣誉

①2011年，获得全国青年就业创业教育2011年度先进集体，本次获奖是该校继2008年度获得全国青年创业教育先进集体、2009年被全国青联、全国学联和国际劳工组织授予“大学生KAB创业教育基地”之后，再一次被全国青联授予荣誉称号。

②2014年，经过组织申报、初审、专家组会审、现场评估认定等程序，共评估认定2014年省级大学生创业孵化示范基地11家和大学生创业示范园5家。其中，高校创业孵化示范基地5家，青岛理工大学名列第一。

③2016年，青岛理工大学大学生创业孵化基地在2015年度山东高校创新创业示范基地

中名列首位。

④2016 年，青岛理工大学大学生创业孵化基地荣获“十佳创业孵化器”称号，是驻青高校中唯一获此殊荣的高校。

⑤2016 年，青岛理工大学成功入选，荣膺首批“全国创新创业 50 强高校”，也是山东省唯一入选的省属公办普通本科高校。

⑥2016 年，科技部下发了“关于公布国家级众创空间的通知”（国科发火〔2016〕292 号），对国家级众创空间名单进行公布，青岛理工大学意联创客空间成功入选。

⑦2017 年，教育部办公厅下发《关于公布首批深化创新创业教育改革示范高校名单的通知》（教高厅函〔2017〕3 号），认定北京大学等 99 所高校为“全国首批深化创新创业教育改革示范高校”，青岛理工大学榜上有名。这也是青岛理工大学继获批全国首批 50 所创新创业典型经验高校、国家级众创空间之后，在创新创业工作取得的又一重要成绩。

参考文献

[1] 青岛理工大学创业孵化机的建设历程[EB/OL]. [2017-10-15]. http://chuangye. qut. edu. cn/info/1007/1021. htm.

[2] 我校获评全国首批深化创新创业教育改革示范高校[EB/OL]. [2017-02-22]. http://chuangye. qut. edu. cn/info/1003/1091. htm.

[3] 青岛市唯一入选！青理工成全国“双创”示范高校[EB/OL]. 青岛日报,[2017-02-23]. http://chuangye. qut. edu. cn/info/1003/1093. htm.

[4] 构建“六位一体”的工作机制，推进创新创业教育[EB/OL]. [2017-01-06]. http://chuangye. qut. edu. cn/info/1003/1087. htm.

[5] 机械学院创新创业的特色路：赛场市场融一体 五维驱动聚合力[EB/OL]. [2016-12-20]. http://chuangye. qut. edu. cn/info/1003/1283. htm.

[6] “双创”领航人才培养 促进教育质量提升[EB/OL]. 大众日报,[2016-12-09]. http://chuangye. qut. edu. cn/info/1003/1282. htm.

[7] 我校学子获中国“互联网 +”大学生创新创业大赛铜奖[EB/OL]. [2017-10-31]. http://chuangye. qut. edu. cn/info/1003/1269. htm.

安徽省

安徽大学科技园

一、概况

安徽大学科技园(以下简称“安大科技园”)是经安徽省教育厅批准立项,由安徽大学自筹资金建设的安徽省内唯一一家由大学独立投资建设的大学科技园。它是集研究开发、中试、小批量产品生产的综合性园区,合肥国家大学科技园的重要组成部分,也是全国首批国家大学科技园试点建设单位。

1999 年,安徽大学从校办企业筹资建设,2001 年,建成投入使用。2009 年 11 月,安大科技园被安徽省科技厅认定为安徽省科技企业孵化器,2014 年 11 月,被科技部认定为国家级科技企业孵化器,2015 年 6 月,被安徽省经信委认定为省级小微企业创业服务基地。通过资产经营有限公司在孵企业 82 家,曾获“安徽省优秀科技企业孵化器”“合肥市优秀科技企业孵化器”“高新区优秀科技企业孵化器”等称号。

安大科技园区企业和企业职工共获得 22 项荣誉。其中,获安徽省科技进步一、二、三等奖共 7 项,并获得国家、省、市项目、平台等建设配套奖励资金支持。这些成绩有力地推动了合肥市乃至安徽省的科技产业的发展,为安徽省工业经济的发展做出了积极的贡献。

二、运营与服务

安大科技园以“搭建先进创新平台,构筑特色服务体系”为办园宗旨和目标,依托安徽大学的科技、人才优势,实现产学研用相结合,致力于“科技成果转化、高新技术企业孵化和创新创业人才培养”三大中心任务,对依托学校科技力量创业的教师给予特别扶持,为入园企业提供融资、项目申报、企业宣传、人才培训、人才招聘、工商注册、税务登记、物业管理等方面的服务与咨询。

(一)服务项目

安大科技园提供物业服务、创业辅导、法律咨询、财务服务、投融资服务、申报服务、人才培养、招聘信息等。

安大科技园整体布局完善，停车场、配电房、地下管网、化工中心研发楼、仓储等基础设施。安大科技园区可以同时接纳100多家小微型企业办公。除了为新办科技企业服务的中介服务机构，还有为园区企业提供服务的商务中心、接待室、培训室、会议室、餐厅等。安大科技园区设有显示屏以及展示厅，为企业提供展示荣誉及科技成果的平台，免费为园区企业开放。

（二）机构设置

安徽大学校办产业党总支书记兼任安徽大学资产经营有限公司总经理、安徽大学资产经营有限公司副总经理兼任合肥安大科技园发展有限公司副总经理。安徽大学自筹自建，主要设立资产经营公司、科技园公司、国家级科技孵化器安徽大学（双凤）科技园。

1.资产经营公司

安徽大学资产经营有限公司是由安徽大学出资组建的国有独资性质的有限责任公司，依法获得企业法人地位，拥有企业法人权利。该公司经安徽大学授权经营管理学校所有经营性资产，并代表学校持有对企业投资所形成的股权以及接受委托管理学校其他具有经营性质的资产。其主要职能包括：经营管理学校投入资产经营公司的经营性资产和股权，确保国有资产保值增值；持有和管理资产经营公司投入参股企业的股权，承担对所投企业股权的监管，依法行使股东权利，履行相应义务；统筹管理，整合资源，推进学校产业资产的优化组合；实施科技成果转化和产业化，孵化科技企业；接受学校委托，管理其他具有经营性质的事业法人资产。

2.科技园公司

2014年5月，经安徽大学研究决定，由安徽大学资产经营有限公司投资，注册成立合肥安大科技园发展有限公司，将资产经营公司的股权资产经营管理职能与科技园公司的孵化服务职能分开，由合肥安大科技园发展有限公司独立负责安徽大学科技园孵化器的经营与管理。下设孵化器管理中心、综合办公室、企业发展部、财务部、物业管理部。

3.孵化器管理中心

孵化器管理中心受理企业入园申请，与入园企业签订房屋租赁合同，负责园内企业统计工作，协助办理工商注册、变更、年检及税务登记，帮助企业申请房租补贴等。

4.综合办公室

（1）商务服务　打字、复印、传真、报刊信件收发。

（2）会务服务　提供会议、学术交流场所及会场布置、音响等。

（3）人事代理服务　协助企业申请人才发展资金、申报职称、提供人事政策、劳动法规咨询。

（4）网络及其他服务　网络开通、局域网组建、电话移机等。

5.企业发展部

企业发展部为企业宣传策划，组织园区企业开展各类学习交流活动，人才交流服务，建立并完善人才资源库，为企业推荐人才，开展人才培训。

6. 财务部

财务部提供会计、税务和其他财经法规等业务咨询，管理孵化资金，进行投资评估，协助企业融资贷款，帮助企业联系会计、审计等中介代理机构。

7. 物业管理部

物业管理部负责孵化中心安全及防火、防盗工作，提供水、电等维修；负责新入园企业装修方案审核；负责创业孵化中心周边绿化和孵化中心的保洁。

(三)入园条件及流程

根据高新技术产业发展趋势，结合科技产业特点以及科技发展方向，要求在孵企业从事新材料、电子信息、光机电一体化以及精密机械、新能源、高效节能以及装备开发、生物医药、创意设计以及数字传媒、其他先进适用技术、为创新创业服务中介机构等领域的一种或者多种高新技术以及产品的研究开发、生产和技术服务。必须在大学科技园园内注册并开展研发、经营活动。企业注册资金一般不超过 300 万元(人民币)，属于迁入企业的，在进入安大科技园前企业成立时间应不超过 2 年，主要负责人应是熟悉本企业产品研究、开发、生产和经营，并重视技术创新、诚信守法；企业租用面积一般不超过 1 000 米^2。入园流程如图 1 所示。

图 1　安大科技园入园流程

三、主园区空间功能分区

安大科技园由位于合肥国家级高新技术开发区核心区内的“安大科技园”和位于学校磬苑校区的“安徽大学学生创业与服务中心”、位于阜阳北路的安大科技园分园 3 部分组成，孵化场地总面积 3.9 万余米^2，其中安大科技园建筑面积为 1.2 万余米^2；大学生创业与服务中心建筑面积为 8 848 米^2；安大科技园分园建筑面积为 1.8 万米^2。

安大科技园园区设立电子、化工、综合创新 3 个功能区，总建筑面积为 3.2 万米^2。一、二期工程已建成电子楼、化工中心、创新中心。三期工程拟建设安徽大学校友创业大厦。

四、经验总结

安大科技园遵循“依托大学、校地合作、市场化运作、专业化管理”的办园理念，按照“统一规划、集中管理、分期实施、分园建设”的思路，走开放式办园之路，坚持以市场需求为导向，以产学研用相结合为途径，以科技创新为手段。安大科技园区在入驻企业筛选上规定孵化企业方向，更好地发挥安徽大学科研优势特色，同时，通过成立资产运营公司，将创新创业市场化运作，专业化管理，有效实现了对孵化企业的一条龙服务。

参考文献

[1] 安徽大学首届“万朗杯”青年新徽商创新创业大赛决赛路演结束[EB/OL].[2018-11-27]. http://www.ahu.edu.cn/ea/9b/c15528a191131/page.htm.

[2] 2018年安徽大学MBA创新创业大赛成功举办[EB/OL].[2018-09-15]. http://www.ahu.edu.cn/d2/de/c74a185054/page.htm

[3] 安徽大学青年新徽商众创空间倾力打造专家指导朋辈交流的校内创业工场[EB/OL].[2017-04-19]. http://www.ahedu.gov.cn/28/view/335268.shtml.

[4] 安徽大学.安徽大学青年创业基地和泛科达高新众创空间在合肥创新产业园正式启用[EB/OL].[2016-10-17]. http://www.ahu.edu.cn/b9/7f/c217a47487/page.htm.

[5] 热烈祝贺安徽大学创客论坛圆满成功[EB/OL].[2016-02-26]. http://www.cmjc.net/index.php? id=776&mod=info.

[6] 园区介绍[EB/OL].[2016-08-06]. http://zcgs.ahu.edu.cn/e7/64/c12275a124772/page.htm.

中国科学技术大学创客中心

一、概况

中国科学技术大学创客中心成立于2016年5月，它是依托于中国科学技术大学前沿科学和高新技术，服务于高校在校师生及社会科技创业团队、服务区域经济发展的众创空间。经过2年多的努力，中国科大创客中心先后通过高新区、合肥市众创空间认定，创客团队在国内外各类大赛中获得省部级以上奖项30余项。2018年，中国科学技术大学创客中心通过了省级众创空间备案，正式纳入省级众创空间管理服务体系。目前，中国科学技术大学创客中心已有66个团队入驻，其中包括55个学生团队，11个科大校友初创企业团队，项目涉及新能源、新材料、未来信息、生物医药等领域。中国科学技术大学创客中心累计已入驻学生和校友创客团队110家，聘任创客顾问专家25人，举办各类创新创业主题活动35场。

中国科学技术大学创客中心是学校响应国家双创号召，顺应创新创业改革时代春风而生的产物。该中心坚持以“培育创新人才，陪伴团队成长”为己任，积极探索创新创业人才培养模式，努力为中国科大培养更多具有创新意识和创新技能的创新创业人才贡献力量。

中国科学技术大学创客中心主要依托于中国科学技术大学先进技术研究院聚集资源，转化成果。中国科学技术大学先进技术研究院是由安徽省、中国科学院、合肥市和中国科学技术大学按照“省院合作、市校共建”的原则所建设的区域产业技术创新研究院。在安徽省、市、院校四方的共同努力下，建设国家量子保密通信“京沪干线”及“量子科学试验卫星”合肥总控中心，率先在世界领域开展量子远程大规模保密通信应用工程。涌现了农林废弃物生物转化、石墨烯复合材料等一批在国内外行业领先的应用技术。目前，中国科学技术大学创客中心已建设联合实验室47家，累计引进各类人才490人、孵化企业199家\培育国家级高新技术企业19家\已申请专利140项。2016年9月，中国科学技术大学创客中心被列为安徽省系统推进全面创新改革试验试点单位。

中国科学技术大学创客中心将进一步努力提升管理服务水平，搭建创新创业全链条服务体系，帮助学生及校友团队加速产业化进程。

二、组织结构

中国科学技术大学创客中心由中国科大先进技术研究院（以下简称“先研院”）的教育培训部主要负责管理（图 1）。

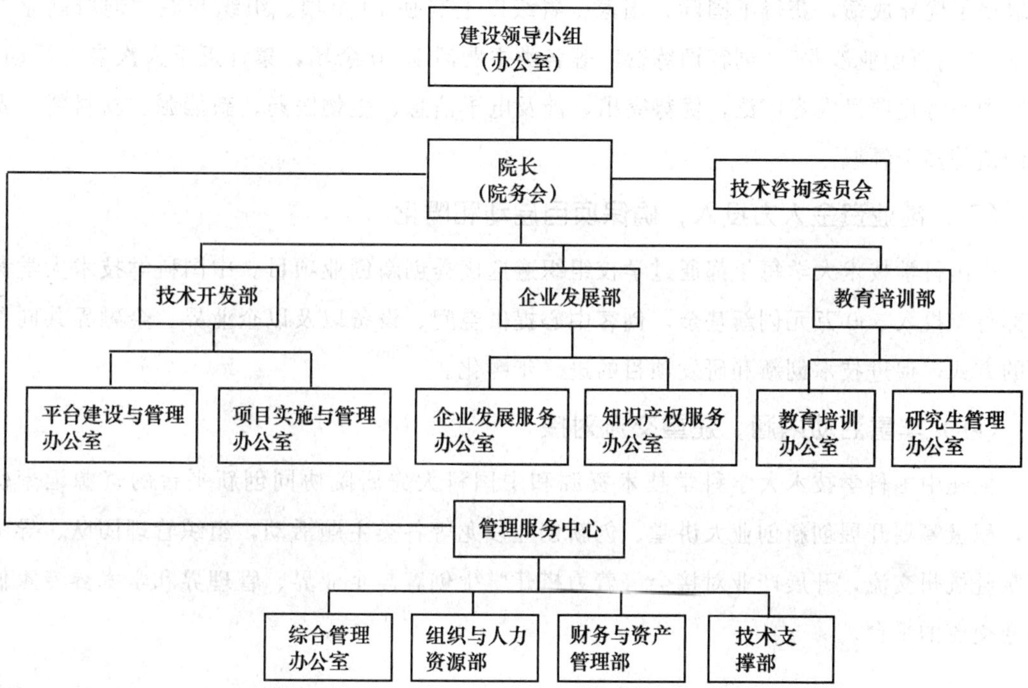

图 1　先研院组织架构

三、运营与服务

（一）远程与线下辅导结合，做强顾问团和导师团

中国科学技术大学创客中心启用顾问团远程指导中心，将远程指导和线下辅导相结合，立足本地双创顾问资源，同时辐射省内、国内乃至全球导师顾问资源。目前，中国科学技术大学创客中心共有 21 位专家顾问，其中包括中国科技大学管理学院专家、安徽省投资集团、高新投资公司、北京首商中心等企业顾问。其导师团主要来源于校内老师，针对项目开展具体指导。导师团、顾问团将在技术、企业管理、市场运营和资金等方面给予创客们最大程度的支持。

（二）依托先研院，着力培育优质项目

中国科学技术大学创客中心以“人才培养”和“项目培育”为抓手，以“培育创新人才，陪伴团队成长”为己任，着力搭建了“创客团”“顾问团”“导师团”等沟通交流平台，充分发挥顾问团、导师团的独特作用和中心资源汇聚优势，努力为中国科大在校师生和校友提供一个优质的创新创业服务平台，先后组织学生创业团队在日内瓦国际发明展、“创青春”创业计划大赛、“互联网＋”创新创业大赛、“中科创赛”等国内外创新创业大赛取得了优异成绩，获得了国际、国家、省级以上奖励10余项。组织开展“创新创业大讲堂”“创新创业沙龙”“创客训练营”等各类主题活动20余场，累计近千人次参加活动。创客中心孵化项目内容广泛，优势突出，涉及电子信息、生物医药、新能源、新材料、先进制造等多个领域。

（三）创业资金大力投入，确保项目启动和孵化

中国科学技术大学每年都通过学校组织遴选优秀创新创业项目。中国科学技术大学科研部每年投入500万元创新基金，创客中心提供空间、设备以及以企业界、金融界共同参与的方式，促进技术创新和研发项目的进一步孵化。

（四）丰富活动内涵，注重交流对接

依托中国科学技术大学科学技术资源和中国科大先研院协同创新平台的资源汇聚优势，积极筹划开展创新创业大讲堂、创新创业沙龙等各类主题活动，组织管理团队、导师团队赴杭州交流，开展产业对接会等着力搭建学生创客与企业界、管理界和学术界专家们沟通交流的平台。

四、主园区空间功能分区

中国科学技术大学创客中心位于中科大先进技术研究院未来中心大楼，建筑面积为570米^2，内设展示区、轻操区、重操区、休闲交流区四大功能区域，并配有光纤激光切割机、3D扫描仪、3D打印机等多种设备。

五、经验总结

①中国科学技术大学创客中心通过网络连接中科大先进技术研究院四大研发平台与评测中心以及校内各大试验中心，实现设备、人才等资源共享。该创客中心通过导师团、创客团、顾问团等开展项目指导，提供综合性服务和保障，引导项目推广和转化。

②紧追世界科技前沿技术发展步伐，大力推动科技成果转移转化和体制机制创新。在开展“创新创业大讲堂”“创新创业沙龙”等辅导活动的基础上，中国科学技术大学创客

中心先后组织团队在日内瓦国际发明展、“创青春”创业计划大赛、大学生创新创业大赛、“互联网+”创新创业大赛、“创客中国”安徽省创新创业大赛等国内外创新创业大赛中获得省级以上奖项近30项。

③中国科学技术大学创客中心主要依托于中国科学技术大学原创性科技成果，对于项目转化为市场所需的产品，项目运营等方面稍微欠缺。同时，中国科学技术大学创客中心不注重项目孵化成果以及项目孵化提供的支持性服务，因此，实际运营投产的项目不多。

参考文献

[1] 中国科学技术大学深化创新创业教育改革实施方案[EB/OL].[2017-02-08]. http://www.bfse.cas.cn/tzgg/201702/t20170208_4590084.html.

[2] 中国科学技术大学创客中心成立[EB/OL].[2016-05-06]. https://iat.ustc.edu.cn/new_expo/581.html.

[3] 中国科学技术大学创客中心[EB/OL].[2017-12-21]. https://mp.weixin.qq.com/s?__biz=MzUyNTAxMzA5OQ%3D%3D&idx=1&mid=2247483886&sn=fec5feefe604badb214dc48a736a13dc.

[4] 中国科学技术大学创新创业中心[EB/OL].[2018-10-22]. https://baike.baidu.com/item/.

[5] 梅晨斐.孵化未来.杭州:浙江大学出版社[M]. 2018.

江西省

江西师范大学国家大学科技园

一、概况

江西师范大学国家大学科技园位于江西省省会南昌中心城区，总建筑面积为 2.36 万米^2，区位优势突出、环境优美、交通便利。它创办于 2005 年，2013 年 1 月被科技部、教育部认定为国家大学科技园。江西师范大学国家大学科技园通过整合大学、政府、企业和社会资源实现了快速发展，先后被认定为“国家大学科技园”“高校学生科技创业实习基地”“国家技术转移示范机构”“国家级众创空间”以及获批“文化创意产业科技服务平台”“江西省中小企业公共服务示范平台”等国家和省级平台。

二、发展历程

（一）资源集聚

1. 师资队伍

江西师范大学师资实力雄厚，其中高层次人才有：双聘院士 3 人、长江学者 1 人、国务院学科评议组专家 2 人、双聘杰青 1 人、国家社科基金项目学科规划评审组专家 5 人、国家有突出贡献中青年专家 1 人、国家新世纪“百千万人才工程”人选 4 人、享受国务院政府特殊津贴专家 20 人、国家级教学名师 1 人、全国模范教师 2 人、全国杰出专业技术人才 1 人、教育部新世纪优秀人才支持计划 2 人、中国科学院百人计划人选 2 人、教育部高校教学指导委员会委员 13 人、省“赣鄱英才 555 人才工程”领军人才入选者 27 人、省“赣鄱英才 555 人才工程”高端柔性特聘计划入选者 10 人、省“新世纪百千万人才工程”人选 41 人、省政府特殊津贴专家 9 人、省跨世纪主要学科学术和技术带头人 9 人、江西省突出贡献人才 3 人、省“井冈学者”特聘教授 4 人、专业技术二级岗（二级教授）34 人、省级教学名师 13 人。

2. 科研机构

科研机构拥有处级科研机构 10 个，其分别为国家单糖化学合成工程技术研究中心、鄱阳湖湿地与流域研究教育部重点实验室、功能有机小分子教育部重点实验室、国家体育总局水上项目训练监控及干预重点实验室、网络化支撑软件国家国际科技合作基地、先进材料研究院、高等研究院、文化研究院、教育研究院以及江西经济发展研究院；省属科研机构江西省高校先进功能材料高水平实验室、物联网与智能计算高水平工程研究中心等 29 所；校设科研机构江西师范大学马克思主义研究院、江西师范大学教育科学研究所等 54 所。

3. 科研平台

2011 年，国家级科研平台国家单糖化学合成工程技术研究立项，省部级科研平台 23 项，如表 1 所列。

表 1　江西师范大学国家大学科技园科研平台

科研平台名称	成立时间/年
鄱阳湖湿地与流域研究教育部重点实验室	2003
功能有机小分子教育部重点实验室	2010
国家体育总局水上项目训练监控与干预重点实验室	2011
江西省精细化工重点实验室	2000
江西省光电子通信重点实验室	2002
江西省高性能计算技术重点实验室	2002
江西省亚热带植物资源保护与利用重点实验室	2003
江西省鄱阳湖综合治理与资源开发重点实验室	2003
江西省绿色化学重点实验室	2005
江西省心理与认知科学重点实验室	2011
江西省化学生物学重点实验室	2013
江西省动漫创意与数字娱乐重点实验室	2013
江西省分布计算工程技术研究中心	2004
江西省无机膜材料工程技术研究中心	2007
江西省纳米纤维工程技术研究中心	2012
功能材料与精细化学品协同创新中心	2012
江西省重大生态安全问题监控协同创新中心	2013
江西省高校先进功能材料高水平实验室	2012
江西省高校精细化学品制备高水平工程研究中心	2012
江西省高校物联网与智能计算高水平工程研究中心	2012
江西省计算机与信息技术产学研合作示范培育基地	2007
江西省化学工程与技术产学研合作示范培育基地	2007
江西省食品与生物技术产学研合作示范培育基地	2007

（二）发展情况

江西师范大学国家大学科技园组建了一支稳定的专业化管理团队，形成了一个集资源、信息、孵化、服务为一体的创业服务支撑体系，为入园企业提供研发、中试、经营场地和办公网络等方面的共享设施，为企业和创业者提供政策、管理、法律、财务、融资、市场推广和培训等方面的专业服务。江西师范大学国家大学科技园发展有限公司作为科技园的运行实体负责科技园的运行。

江西师范大学国家大学科技园充分依托江西师大智力、信息和科技资源的优势，在省、市政府的关心支持下，围绕科技成果转化、科技企业孵化、创新创业人才培养为核心功能，以“文化创意、信息技术、新能源新材料、化工”等为重点发展领域，涌现一批创业先锋企业，如年产值超 2 亿元的江西金太阳教育研究有限公司及高新技术企业江西学苑传媒有限公司等。江西师范大学国家大学科技园区现有企业 103 家，其中在孵企业 67 家，毕业企业 36 家，累计孵化企业 300 余家。

三、运营与服务

（一）公司运营模式

平台由江西师范大学国家大学科技园有限发展公司运营管理。该公司于 2011 年 05 月 04 日在南昌市市场和质量监督管理局注册成立，注册资本为 1 000 万元人民币，在公司发展壮大的 8 年里，为在孵企业提供好的产品和技术支持、健全的售后服务。该公司主要经营高新科技产品的技术开发、技术转让、技术咨询、技术服务；投资咨询（金融、证券、期货、保险除外）；会展服务、动漫设计、文化艺术交流；房地产开发、物业管理；房屋租赁；国内贸易。

（二）创新服务体系

1. 人才培训服务中心

江西师范大学国家大学科技园为了协助入园企业加快培养现代化、职业化的企业经营管理人员与相关职业经理人必须持证上岗的需要，依托学校专业学科优势、专业师资队伍和大学科技园优良环境，积极引进科技学院、软件学院、文化学院等权威培训机构为入园企业服务，帮助企业改善管理的绩效，提升企业竞争力，同时为入园企业以及综合素质优秀的职业经理人和追求卓越的人才提供了一个管理培训和信息交流的平台。

2. 法律服务中心

江西师范大学国家大学科技园为满足园区企业法律服务需求，便捷企业管理，降低运行成本，助力企业发展，特引进法律事务所服务平台，为入驻企业提供全面、深入、高效的法律事务顾问、咨询、代理服务，协助园区企业预防、应对各类法律问题。

3. 投融资服务中心

江西师范大学国家大学科技园为满足园区企业的多元化投融资需求，促进园区企业更好更快地发展，积极推进投资及相关机构与资金需求企业对接，实现多方共益。同时还积极整合各类投融资公司及相关服务机构，为入园企业提供全面、到位的投融资服务。

四、主园区空间功能分区

自江西师范大学国家大学科技园创办以来，在各级政府和江西师范大学的高度重视和大力支持下，江西师范大学国家大学科技园快速发展，已形成由主园区、研发区、培训区、产业区组成的“一园四区”的发展格局。江西师范大学国家大学科技园主园区建筑面积为1.7万米^2，现有入园企业、研发机构70余家，累计毕业企业30余家。该科技园以“孵化技术、孵化企业、孵化人才”为目标，结合江西师范大学的学科优势，重点在化学化工、新材料、生物技术、电子信息技术、计算机软件开发、文化创意等领域扶持成果转化，已经在新材料领域和文化创意产业领域初步形成了特色。

五、经验总结

（一）搭建信息交流平台，加快项目孵化

针对园区各类企业的需求，积极引进权威培训机构为入园企业服务，帮助企业改善管理的绩效，提升企业竞争力，同时为入园企业以及综合素质优秀的职业经理人和追求卓越的人才提供了一个管理培训和信息交流的平台。并针对不同企业不断创新服务。

（二）多元化投融资服务，促进企业发展

针对初创企业普遍资金匮乏并已阻碍企业创新发展的状况，江西师范大学国家大学科技园引入投融资服务中心，满足园区企业的多元化投融资需求。同时还积极整合各类投融资公司及相关服务机构，为入园企业提供全面、到位的投融资服务。

参考文献

[1] 园区概况[EB/OL]. http://jxnusp.jxnu.edu.cn/s/66/t/438/p/1/c/2396/list.htm.

[2] 江西师范大学 [EB/OL]. http://www.jxnu.edu.cn/

南昌大学国家大学科技园

一、概况

南昌大学国家大学科技园2001年经江西省科技厅、教育厅批准成立，2004年被国家科技部、教育部联合授予国家大学科技园称号，2012年4月被科技部、教育部联合评定为A类（优秀）国家级大学科技园。其建设的“星火众创空间”获国家科技部备案和“江西众创”“洪城众创”授牌。

二、发展历程

2004年，南昌大学国家大学科技园成为江西省唯一的一家国家级大学科技园。2005年5月，南昌大学国家大学科技园被科技部批准成为国家科技型中、小企业创新基金项目服务机构。2006年9月，南昌大学国家大学科技园被国家知识产权局批准确定为全国首批国家专利技术展示交易中心。2009年8月，南昌大学国家大学科技园被省、市二级政府确定为共建南昌国家级服务外包示范城市示范园区。2010年4月，南昌大学国家大学科技园牵头组建成立了“江西省生产力促进中心联盟”并落户园区。2010年4月，南昌大学国家大学科技园与南昌市人力资源和社会保障局合作在园区设立“南昌市大学生创业指导站”。

自南昌大学国家大学科技园建园以来，紧紧围绕“高新技术企业孵化，科技成果转化，创新创业人才培养”的功能任务，整合大学、政府和社会资源，构建了一园六区（主园区、研发区、产业区、培训区、虚拟园区和辐射区）发展格局，园区总面积为5 147亩。搭建了九大服务平台（投资融资、技术支撑、网络信息、中介服务、产权交易、人才培训、行政事务、商务、政策）。

三、发展成就

（一）资源聚集

1. 人才资源聚集

由南昌大学创业与就业培训学院、江西昌大高科职业培训学校、南昌大学科技园创业培训中心组成，形成了多形式、多层面的创新创业人才培训体系。南昌大学人才济济，师资力量雄厚。

2. 硬件资源

建立了星火汇吧、星火众台、星火工坊、大学生创业指导站，分别为创业者提供服务项目和场所、固化期的软性外延平台、创业空间、“一站式”创业服务。

3. 学科资源

南昌大学现有博士学位授权一级学科点 15 个、博士学位授权二级学科点 2 个、硕士学位授权一级学科点 46 个、硕士学位授权二级学科点 7 个；博士专业学位授权点 1 种、硕士专业学位授权点 23 种（其中工程硕士 20 个领域）；自主设置二级学科博士学位授权点 13 个、硕士学位授权点 8 个。

（二）企业发展

目前，南昌大学国家大学科技园内企业、研发和服务机构 220 多家，其中在孵企业 109 家，累计毕业企业 238 家。累计转化科技成果 1548 项，共获支持资金 1.52 亿元。帮助企业解决技术难题、进行技术改造和技术开发累计 288 项，累计产生经济效益超过 20 亿元。累计培训各类人才 6.2 万人，其中大学生 2.6 万人左右，服务大学生就业 8 000 多人，促成大学生自主创业 900 多人，提供就业岗位近 4.5 万多个。南昌大学国家大学科技园是江西省重要的高新技术企业孵化基地，科技成果转化基地，创新创业人才聚集和培养基地，产学研结合示范基地和高新技术发展的辐射基地。

四、运营与服务

南昌大学国家大学科技园是政府引导、学校决策，园区运作，内设科技园管理办公室，由南昌大学科技园发展有限公司运营管理（图 1）。

（一）政府引导层

江西省大学科技园工作指导委员会负责宏观指导和解决大学科技园建设和发展中有关体制与政策等方面工作和问题，决定其他有关重大事项。

（二）学校决策层

南昌大学科技园管理委员会负责对科技园建设和发展中的重大问题进行决策。

（三）运作层

运作层分为 2 部分：一部分为南昌大学科技园管理委员会下设的“南昌大学科技园管理办公室”；另一部分为园区法人“南昌大学科技园发展有限公司”，二者实行一套班子统一管理。

（四）科技园管理办公室

其主要职责是在校内行使科技成果转化的行政管理职能，协调校内各种资源为园区服务，保证科技园运行的顺利、畅通。

（五）南昌大学科技园发展有限公司

南昌大学科技园发展有限公司负责科技园的开发、经营和管理。

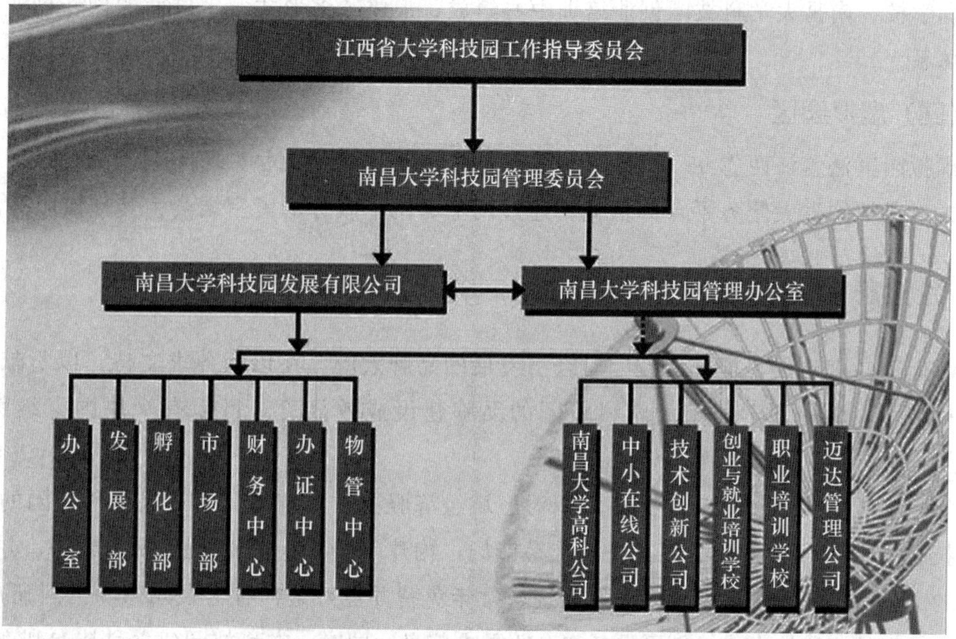

图 1　南昌大学国家大学科技园平台运营

五、主园区空间功能分区

南昌大学国家大学科技园主园区位于南昌国家高新技术产业开发区，占地面积为 52 亩，孵化面积为 3.8 万米^2，是科技园服务机构和在孵企业的办公区。孵化大楼与综合大楼在功能上互为补充，共同构成科技园配套完善的孵化功能区，为在孵企业和研发机构营造一个良好的创新创业环境。

南昌大学国家大学科技园主园区根据其功能又分为产业区、研发区、培训区、虚拟园区，为创业大学生提供项目查询评估、专家咨询指导、融资贷款支持、孵化见习扶持、开业代理办证等“一站式”创业服务。

（一）产业区

产业区由万年青、昌大瑞丰 2 个产业基地组成。其总占地面积为 680 亩，位于南昌国家高新技术产业开发区。它是南京大学国家大学科技园在孵企业的生产区和部分毕业企业、入园规模企业的二级孵化区。

（二）研发区

研发区位于南昌大学校区内。由科技园组建的7个专业技术孵化基地和南昌大学的工种中心、研究所、分析测试中心、省部级重点实验室等组成，为在孵企业提供技术支持。

（三）培训区

培训区位于南昌大学青山湖校区。由南昌大学创业与就业培训学院、江西昌大高科职业培训学校、南昌大学科技园创业培训中心组成，形成了多形式、多层面的创新创业人才培训体系。

（四）虚拟园区

虚拟园区涵盖江西省95个县级以上工业园。利用网络技术实现网上链接，以网络为载体、以科技园九大服务平台为依托，通过网上与网下服务的紧密结合为其提供服务。

六、经验总结

①促进品牌建设，提升科技园对经济发展的品牌效应。在以服务求支持、以贡献求发展的推动下，南昌大学国家大学科技园的品牌建设成效显著。目前有9块国家级牌子、5块省级牌子和3块市级牌子落户园区。

②创建技术交易窗口，扩大科技园对区域经济服务的影响力。通过成立科技园的国家专利技术展示交易中心和江西省技术交易市场，构建1 200多米^{2}的现代展示场馆，并配备先进的电子信息资源和电子触摸查询系统，常年免费并更好地向社会展示最新的科研成果、专利技术产品、科技人才、科研设备和企业需求信息。同时，在科技园建立科技专利产品超市，面向园区和社会推广和应用科技新成果。成为科技园又一展示窗口和服务形象亮点，在推进自主创新、实施产学研合作中为区域经济发展和行业技术进步发挥了重要作用。

③积极承办国家相关科技活动，提升科技园对区域经济服务的信息度。近年来，南昌大学国家大学科技园承办了“江西省科研成果与企业见面推介会”“江西省中小企业创新基金5周年及成果展示会”和“中国第二届专利技术展示宣传周”等十几项国家省市高新区重要活动，在江西省内外产生了广泛的影响。指导工作和开展互动交流活动，南昌大学国家大学科技园也得到了各级组织和相关领导的高度评价与充分肯定。

参考文献

[1] 南昌大学国家大学科技园[EB/OL]. http://www.ncdxkjy.com/Index.html.

[2] 陈薛孝，黄小勇，饶庆林. 大学科技园对区域经济发展的影响：以南昌大学国家大学科技园为例[J]. 企业经济，2012(5)：124-127.

[3] 戴勋. 国家大学科技园发展模式研究：以南昌大学为例[D]. 武汉：武汉理工大学，2013.

河南省

河南省国家大学科技园

一、概况

河南省国家大学科技园区位于郑州国家高新技术产业开发区，是由河南省人民政府设立的，是科学技术部和教育部评定的大学科技园。河南省国家大学科技园区采用“多所学校，公园，共同发展”的模式，基于郑州大学、河南工业大学、河南农业大学、郑州轻工业大学等大学的研发、智库、实验仪器优势及郑州高新区的政策环境、服务、资金等优势，建立研究和开发的高校与科研院所结合的成果孵化转化平台，并将它打造成高新技术企业孵化基地、创新创业人才聚集培育基地、高新技术产业辐射基地、高校技术创业基地。

二、孵化园区

河南省国家大学科技园地处郑州高新区长椿路 11 号，占地面积约为 600 亩，总建筑面积为 62 万米^2，投资约为 20 亿元。2006 年，科技部将河南省国家大学科技园区评为国家级孵化器。2006 年、2007 年连续两年被科技部创新基金管理中心评为初创期中小企业创新基金创业项目服务机构，2007 年，被科技部评为全国大学生科技创业企业服务机构。2008 年 12 月，河南省国家大学科技园被科技部授予“国家科技计划（火炬计划）实施二十周年先进服务机构”称号。2010 年 10 月，河南省国家大学科技园被教育部、科技部认定为高校学生科技创业实习基地。

河南省国家大学科技园分为东、西 2 个园区，先后建成了 120 万米^2 的孵化园区。目前入驻该园区的达 1 035 家，其中包括 617 家正在孵化的公司。入园企业以智慧产业、北斗及相关产业主导，涵盖电子信息、电子电器产业、移动互联等领域，有力推进了区域内相关产业的凝聚与成长。目前，该园区已有 52 家省级、市级工程技术中心；申请发明专利累计申请 1 155 项；上市企业共有 37 家；上市进入辅导期企业 38 家；“四上”企业 61 家；高新技术企业 95 家。截至 2018 年 09 月，河南省国家大学科技园区企业已达到总收入达 132 亿元，工业总产值达 75 亿元，税收 4.5 亿元。

三、园区特色

（一）“多校一园、共同发展”的建园模式

河南省国家大学科技园区采取“多校一园、共同发展”的建园模式，借助郑州大学、河南工业大学、郑州轻工业学院等大学的研究、智库、仪器设备优势和郑州高新区的政策环境、服务、资金等有利条件，成功打造一个高校、科研院所的科研成果孵化转化基地，在高新技术引进、创新创业人才培养以及高新技术产业研发方面取得了显著成绩。孵化成功的公司数量正在不断递增，有效解决成果转化率低下问题，带动的园区企业经济效益日益明显，加速了区域高新技术的快速发展。与此同时，园区的管理模式还要不断探索转型，园区服务质量日益提升，加强了高校政府企业之间的合作探索模式。

（二）围绕入园企业发展开展定制式服务，进行全方位的扶持服务

河南省国家大学科技园发展有限公司作为河南省国家大学科技园的管理与运作主体，通过对大学科技园的建设和发展，创造良好的商业环境以及针对入园公司的成长实施定制化服务，提供有力的支持和全方位的扶持，大力促进高校产学研的成功实现，并将成果商品化、产业化，成为高校科研成果和创新潜力成为地市经济发展的重要驱动力。

（三）打造创业服务特色名片

河南省国家大学科技园已将其规划的创业导师企业行、企业服务行、企业成长大学、私董会等服务打造为一张独特的名片；它们连续承办的“中国创新创业大赛河南赛区暨河南省科技创业雏鹰大赛”及协办的“郑创汇”国际创新创业大赛，有效地提高科研成果的转化率，加快中小型科技企业的成长。同时这些平台的服务项目接地气、有实效，在很多时候成功化解了诸多中小企业在创业中遇到的实际问题，许多活动也已成为河南省的品牌活动，在河南省均形成了一定程度的影响力。

参考文献

[1] 河南省大学科技园的建设现状与策略[J]. 文教资料，2016(1)：64-65.

[2] 园区概况[EB/OL]. http：//www. hnusp. com. cn/index. php? ac = article&at = list&tid = 9.

[3] 国家大学科技园：引领我省的“双创”事业 [EB/OL]. 河南日报，[2019-06-25]. http：//dzb. henandaily. cn/html/2019-06/11/content_345244. htm.

广西壮族自治区

广西大学

一、概况

作为广西唯一的全国211工程高校、中西部高校提升综合实力计划建设高校，身为“领头羊”和主力军的广西大学，长期以来一直是区内科技创新最活跃的单位之一。科研上屡屡成为广西科学技术奖获奖大户，突破性获得国家科技进步奖，保持SCI论文发表量居区内高校首位；制度上创新开放，促进教师创业，不断创出科技成果转化率新高，实现广西创业板上市“零的突破”；各项创新创业工作突出，相继成为全国毕业生就业工作50强高校和全国创新创业工作50强高校……

近年来，广西大学在教育改革、创新能力、创业氛围及科研综合实力方面均位居全区前列，建立了广西大学创业孵化基地、广西大学科技成果孵化基地及广西大学创客成长空间，成立了KAB创业俱乐部学生创业社团，2016年8月，与清华启迪控股集团战略合作成立“广西大学-启迪控股创新创业学院”“广西大学-启迪控股创客城”。为开展创业教育、创新创业能力训练、创业项目孵化提供全程指导和“一站式”服务，获批广西大学生创意创新创造创业中心（南宁中心）等。

近3年来，学生参与项目获发明专利近1 300个。广西大学在各级各类大学生学科竞赛中获得国家级和省级奖励4 314项，6 300人次，其中国家级特等奖2项22人次，一等奖43项127人次，二等奖130项390人次，三等奖124项271人次。其中，“3D打印八桂云”项目进入首届中国“互联网+”大学生创新创业大赛全国前100强，获该赛事广西唯一银奖，“广西电力云计算服务”项目获铜奖。“纳赛科技团队”在第十届中国青少年科技创新奖颁奖大会上被授予2015年度大学生“小平科技创新团队”荣誉称号。

2017年5月，广西大学与深圳校友企业共建“大学生创新创业实训孵化基地”。广西大学历来重视大学生创新创业培养工作，并专门成立了创新创业学院。广西大学积极探索创新创业人才培养机制改革，不断创新人才培养模式。经过多年的努力，广西大学培养学生创新精神和创业意识的成绩显著，被教育部评为首批“全国创新创业典型经验高校”

“深化创新创业教育改革示范高校”。

2017 年 6 月，广西大学在南宁中关村软件园设立创新创业基地；在南宁中关村创新创业基地的设立，旨在进一步深化高等学校创新创业教育改革，推动产教融合、校企合作，创新高校的人才培养机制，全面提高人才培养质量。广西高校创新创业教育联盟自成立以来，致力于发挥企业创新主体和高校创新要素聚集的资源优势，促进高校与企业共同建立创新创业实践基地，加强高校创新创业师资培训，整合高校和企业创新资源，努力为大学生创新创业提供更多的服务和支持。

二、运营与服务

2010 年 12 月，广西大学 KAB 创业俱乐部成立。广西大学 KAB 创业俱乐部是广西驻邕高校首个 KAB 创业俱乐部，由原广西大学创业协会改组而成。该俱乐部将帮助其成员学习商业理念，把握人生航向；用求真务实的态度做好每一个项目；用团队协作、合作共赢的理念去完成每一件事情；用诚信的品格去经营自己的品牌；用创新精神去打破常规，创造新的奇迹；用感恩的心态对待生命中每一个人和事。这就是 KAB 俱乐部的文化理念。该校 KAB 创业俱乐部以活动主题凸显、活动丰富、效果明显的优势从全国 214 所高校中脱颖而出，被评为“2012 年度全国十佳 KAB 创业俱乐部”。

2015 年 12 月，广西大学创新创业学院在君武馆举行揭牌仪式。创新创业学院的成立是广西大学全力推进教学改革，积极实施创新创业教育的又一新举措。这可以更好地整合、利用学校现有的资源，开设创新创业课程，遴选校内外创新创业导师，筹集各方资金和投入，开展创新创业活动和竞赛，使该校学生成为大众创业、万众创新的生力军。

2016 年 6 月，广西大学“互联网 +”创新创业协会成立。该协会是以带动全员参加“全国大学生互联网 + 创新创业大赛”以及“广西电子商务创业大赛”，并致力于培养一批优秀创业实践项目的学生团体。旨在培养该校学生互联网 + 创新创业思维，响应国家号召，深化高等教育综合改革，激发大学生的创造力，推动赛事成果转化，引领“互联网 +”在广西大学掀起的热潮，为学校打造一个良好的创新创业氛围。

三、发展成就

2016 年，广西大学获“2016 年度全国创新创业典型经验高校”“2016 年度全区普通高校毕业生就业创业工作突出单位”荣誉称号。2017 年，广西大学入选首批全国深化创新创业教育改革示范高校。

四、发展举措

（一）顶层设计通“经络”，制度创新激“动力”

写好创新创业顶层设计文章是广西大学创新创业的首要任务。广西大学领导班子把握大局，科学谋划，着力优化顶层设计，打通创新创业难点、节点，为开展各项创新工作打下坚实基础。实施“一把手”工程，学校领导积极推动大学生创新创业教育各项工作的落实。2015 年，成立了以校长为组长的广西大学创新创业工作小组，成立了广西大学创新创业学院，统筹推进学校的创新创业工作，确保机构、场地、人员、经费“四到位”，促进了创新创业工作的加速推进。

同时，立足实践，创新模式，以高校综合改革试点为契机，出台和实施了《广西大学创新创业教育改革实施方案》，进一步完善了《广西大学关于以协同创新为引领进一步推进全程互动人才培养模式改革的意见》等综合改革方案，通过各种制度创新激发全校师生的创新动力。

改革带来的变化显而易见。如今，广西大学校园内“大众创业、万众创新”气氛浓厚，创新创业教育环境不断优化，开创了学校创新创业工作的新局面。

（二）高端人才补短板，墙内开花里外香

1．瞄准追赶国际、国内一流大学目标，着力组建国内外一流学科带头人的科研团队

广西大学出台系列吸引拔尖人才办法，启动院士培养计划、杰出人才培养计划、学术名师培养计划和“高层次人才团队特区”试点工作……随着各种人才引进措施及校内人才培养政策的实施，高端拔尖人才紧缺的短板现象得到改善。

2016 年 8 月，广西石墨烯研究院揭牌仪式在南宁高新区生态产业园进行，这标志着广西石墨烯产业和技术发展迈出了重要的一步。该研究院的成立，缘于广西大学 2015 年通过引进特聘的可再生能源材料协同创新中心主任沈培康，并由他主导了这一大创新工程。

2．引进人才，补短板

仅在 2016 年上半年，广西大学就引进高端人才 32 人，其中国家“千人计划”特聘教授 1 人、杰出人才 2 人、学术带头人 9 人、学术骨干 20 人；柔性引进加拿大工程院院士 1 人。中西部高校提升综合实力计划实施以来，该校共引进全职院士、长江学者、国家杰青、“千人计划”人选等高端人才 96 人。全职引进我国桥梁工程领域的杰出专家郑皆连院士，使广西大学成为全区唯一有全职院士任职的高校。依靠全职引进的国家“973”首席科学家余克服教授建起了科研教学团队，成立了海洋学院。该学院 2016 年共获得 6 项国

家自然科学基金项目和9项广西自然科学基金项目。2019年，余教授获聘教育部“长江学者”特聘教授、教育部科学技术委员会地学与资源学部委员，获国家“万人计划”科技创新领军人才。

3．广西大学坚持培养与引进并重的原则，大力培养校内人才

在2016年国家科技进步奖二等奖公示名单中，轻工与食品工程学院王双飞教授在列。在2015年广西科学技术奖获奖名单中，物理科学与工程技术学院梁恩维教授、动物科学技术学院石德顺研究员的研究成果均荣获广西自然科学奖一等奖，王双飞教授、王巨丰教授主持的科研项目均荣获广西科学技术进步奖一等奖。

4．打造一流的教师科研团队，带来的是科技创新的澎湃动力

广西大学在2015年全国高校发明专利申请受理量排名榜上名列第6；2015年获发明专利授权量428件，居全国高校第31名，领跑全区高校。而且发明创造成果实施应用的数量和效益越来越大，具有自主知识产权的高水平科研成果数量逐年增加。

（三）教学改革下功夫，全程互动育人才

人才培养是高校的根本任务，也是高校一切工作的出发点和落脚点。自2012年以来，广西大学开展本科教学改革，做出“面向工程、面向应用、面向社会、全程互动”人才培养模式改革的战略部署，针对弱点、短板下功夫，建设学生创新实践中心，提高学生创新实践能力，在创新人才培养及学生创业方面取得长足进步。目前，广西大学拥有7个国家级实验教学示范中心，列全国高校第27位。2014年，君武学堂成立，这是广西大学深化教育教学改革的重要举措。与以往的教学不同，通过实施创新性的人才培养模式改革，君武学堂探索本硕贯通培养方式，依托学校优势学科，与区域优势特色产业紧密结合，集学校最优质的教育资源对选拔的优秀学生实施精英教育，培养品德高尚、底蕴深厚、出类拔萃的拔尖创新人才。

（四）创新效果摸得着，服务写在大地上

主动对接社会需求，驱动学科不断创新。以广西大学中国-东盟研究院为例，该院围绕中国-东盟发展重大需求而成立，组建中国-东盟区域发展协同创新中心，多项研究成果获得党和国家领导人，自治区党委、政府主要领导及中央有关部委的肯定性批示，发挥了新型高校智库作用；并成功举办“中国-东盟区域发展论坛”“中国-东盟金融论坛”等，形成学术成果丰富、对外交流频繁的百花争放格局，朝着“建成世界一流的区域发展理论创新高地、政策咨询智库和人才培养基地”这一目标稳步前进。

如何服务好农业，服务好农村农民，事关扶贫攻坚工程，事关“富民强桂”新跨越，事关“两个建成”目标实现。积极融入地方，把“服务”这篇文章扎实地写在八桂热土上，才能实现超常规发展。

广西大学“三下乡博士团”在全区各基层农村有口皆碑。从2005年农学院发起成立到服务地点覆盖全区各地，专家学者的农业生产技术现场讲授深受各地群众认可和社会的广泛关注，取得了良好的社会效益、经济效益。

2015年，广西大学农学院推出和推广节瓜、板栗、柑橘、火龙果新品种，进行水稻种植技术、经济作物栽种技术更新……师生们着着实实把科技创新与生产相结合，把服务写在了大地上；“水牛体细胞克隆和干细胞建系关键技术与机理的研究”获2015年度广西科技进步奖自然科学奖一等奖、“管角螺规模化人工繁育、养殖技术研究与示范”获2013年度广西科技进步奖三等奖；2015年，广西大学与广西壮族自治区农业厅共同成立国内首家针对现代青年农场主培育的学院——广西现代青年农场主学院。该学院是该校服务三农、服务地方经济、服务农业教育的重要举措……走到田间地头，一样能写好创新这篇文章。

（五）优美环境创“新园”，先进设备提“底气”

建设创新型高校，除了“大师”，还要有“大楼”、大设备、大平台和良好的校园环境。优良先进的硬件设备、书香四溢的校园文化，为师生提供了创新创业必不可少的科研学习环境。为提升环境育人功能，广西大学聘请“国内校园规划掌门人”何镜堂院士执笔规划校园，协同创新中心、大学生创新实验中心、创客城等拔地而起；为提升科研基础能力，广西大学购置2 400万元的国内首台环境球差电镜，50万元以上大型设备占广西高校1/2以上。实施中西部高校提升综合实力计划、打造国家级实验教学示范中心，从2012年开始，广西大学投入5亿元左右提升校园科研条件……优美的环境，先进的设备，为广西大学未来的创新发展提供了更大可能。

（六）教师学生齐上阵，创新创业争先锋

“百舸争流千帆竞，乘风破浪正远航”，用这两句话形容广西大学的创新创业热潮，很合适。王双飞教授团队创办的博世科环保科技股份有限公司成功实现了广西创业板上市“零的突破”；胡湛波教授创办的广西益江环保科技有限责任公司，在全国中小企业股份转让系统成功挂牌……学校制度创新给教师创新创业吃了一颗定心丸，促进了教师积极性全面提高，涌现出一批创新创业的典型。

完善创新创业教育机制，搭建创新创业实践平台，更让学生热情涌动。广西大学建设了一支由校内创业指导教师和校外兼职创业导师组成的创新创业教师队伍；通过优化专业结构，深化课程改革，形成了以通识必修、通识选修、专业课程、创业实践构成的创新创业教育课程体系，开设了各类创新创业课程300门；通过对学生实行弹性学分制管理，拓展素质，完善创新创业教育机制。近3年来，广西大学共有1.59万多名本科毕业生获得创新创业实践学分。

（七）“四大平台”良性运转，培养学生“创”精彩

广西大学把大学生创新创业融入“大众创业、万众创新”活动，深化“面向工程，面向应用，面向社会，全程互动”为核心的多元化人才培养模式改革，以全面提高大学生的创新精神、创业意识和创新创业能力为目标，切实提高人才培养质量，大力开展创新创业教育改革，推进协同育人，倾力写好“重顶层、融教学、搭平台、抓竞赛、树典型”等“五篇文章”。

创新创业教育的目的是培养学生的创新精神，增强学生的创新意识，最终使其具备一定的创业能力，而这三个方面是创业成功的必要条件。广西大学学校搭建教育、实训、指导、服务“四大平台”，提振了大学生创新、创业的“精气神”。

1．教育平台培养创新人才

广西大学立足“面向工程、面向应用、面向社会、全程互动”的培养模式，新增了“创新创业”类通识和素质教育核心课程群，建立了创新创业的学科交叉课程，推行以探索发现为特征的研究型教学模式。目前，学校已开设创新思维与方法、创业学、创业管理、新产品开发、IT与互联网创业、文化传媒创意创业、创业与法律等多项课程，为学生创新创业奠定知识基础。制定《广西大学创新实践学分实施办法》，将创新实践学分纳入毕业要求，近三年累计15 900多名本科毕业生获得创新创业实践学分。

2．实训平台出成果，促孵化

依托国家重点实验室等科研项目及课题，广西大学让学生广泛、深入参与科研实践，夯实创新创业及就业能力。截至2016年，广西大学校内已建立了创业孵化基地、科技成果孵化基地及科技园等，为开展创业教育、创新创业能力训练、创业项目孵化提供全程指导和一站式服务。大幅度增加经费购置教学科研仪器设备，教学科研设备总值由2010年初的5.12亿元提高到2015年的12.04亿元；生均设备值从2010年的16 812元提高到2015年的29 369元。不断加强学生教育实验平台建设力度。

3．指导平台汇聚校内外力量

“‘双创’是大学最活跃的细胞，学生的创新创业实践，不管是数学建模、3D技术，还是卖包子、开面馆，都是在培养创新创业的精神和能力。”广西壮族自治区政协副主席、广西大学党委书记刘正东每月都与学生餐叙，时常与学生热议创新创业话题。从校领导、学院负责人到一线教师都以各种形式对学生进行“全方位”的创新创业教育指导。

4．服务平台提供创业保障

广西大学对创新创业取得突出成果的学生，在评奖评优、研究生推免等工作中优先考虑。广西大学还实施学分制管理和弹性学制，允许休学创业，同时将创新创业学分纳入学

业考核要求，从制度层面提供保障。

参考文献

[1] 广西大学唱响高校创新创业最强音[EB/OL]. [2016-09-2]. http://gxrb.gxrb.com.cn/html/2016-09/22/content_1312640.htm.

[2] 广西大学KAB创业俱乐部成立[EB/OL]. [2012-06-07]. http://www.gxu.edu.cn/Item/7417.aspx.

[3] 广西大学入围全国高校创新创业总结宣传工作50强[EB/OL]. [2016-08-09]. http://www.fafu.edu.cn/2017/0620/c132a25632/page.

[4] 我校参加"2016年度全国创新创业典型经验高校座谈会"[EB/OL]. [2016-10-12]. http://www.gxu.edu.cn/Item/15441.aspx.

广西师范大学创新创业学院 & 创业园

一、概况

广西师范大学以“创新驱动、项目推动、协同互助、开放促动、共享推动”为发展理念，于 2015 年 12 月成立创新创业教育中心，2016 年 9 月更名为创新创业学院，是学校独立编制的校直业务部门。广西师范大学创新创业学院坚持“面向全体学生，结合专业教育，将创新创业教育融入人才培养全过程”，努力为学生植入“创新创业基因”，培养学生的创新精神，强化创业意识，提升创新创业能力，积极服务国家创新驱动发展战略、“一带一路”倡议，着力培养国家经济转型升级所需的创新创业人才（图 1）。

图 1　广西师范大学创新创业学院组织架构

广西师范大学大学生创业园依托于广西师范大学创新创业学院成立。广西师范大学大学生创业园于2016年11月建成，占地面积为3 000米²。自广西师范大学大学生创业园使用以来，先后有3批23个项目入驻，经过竞争机制和自然淘汰，目前入驻创业项目17个，企业合伙人33名。未来，广西师范大学大学生创业园还将与东盟国家的教育、科技和文化深度融合，建立东盟创新创业教育“生态圈”，实现东盟创新创业教育一体化，东盟创新创业项目孵化一体化，东盟创新创业创投一体化（图2）。

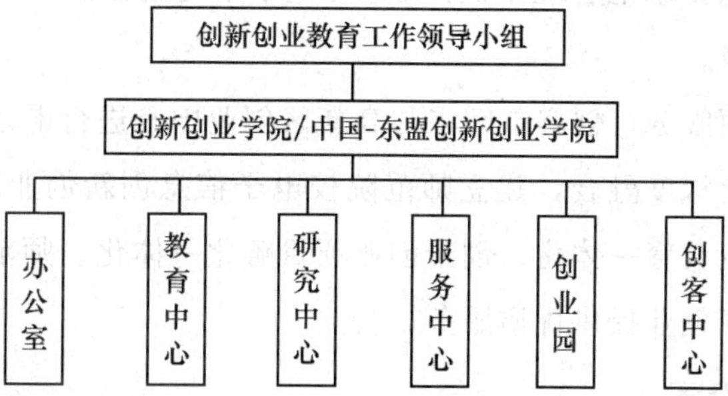

图2　东盟创新创业教育

二、运营及服务

（一）服务情况

广西师范大学大学生创业园作为大学生创新创业新区和文化创意活动发源地，自2016年11月正式投入使用以来，服务全校师生超过4 000人次，开展了150多场讲座、培训、沙龙、课程等活动，将创新与创业相结合、线上与线下相结合、孵化与投资相结合，让创新、创业、艺术、文化、生活、学习有机碰撞，为具有创意、创业意向和创业能力的大学生提供实践场所。

（二）项目入驻

广西师范大学电子信息创客空间以电子工程学院大学生科技创新基地为载体，推动校企合作，将“走出去”与“请进来”相结合，引导青年大学生学以致用。与此同时，以大学生创新创业等相关比赛为平台，以学院校级品牌活动魅力电子节的举办为契机，以赛促练，将专业特色融于创新创业教育，提升创新创业教育的针对性和有效性。

电子信息创客空间占地面积为2 000余米²，可容纳学生人数近300人。作为大学生创新创业新区和文化创意活动发源地，它为具有创意、创业意向和创业能力的大学生提供创新创业实践场所。电子信息创客空间建立技术工作坊管理制度为在校本科生提供良好的创新学习氛围和创新创业平台采用多元化的空间布局，硬件服务设施一应俱全，创新指导和企业孵化服务系统完善，引入企业、政府及社会各界的优质资源，打造“开放式、零成本、便利化”的创新创业平台。创客空间致力于服务全体师生及校友创新创业实践，实现创新创业资源和要素点上集聚、线上贯通，已成功孵化且深度发展了大约 20 个创业项目及多个大创项目、创新创业竞赛项目等。

为建立健全电子信息创客空间管理制度，推进电子信息创客空间工作向规范化、制度化方向发展。在贯彻《广西师范大学深化创新创业教育改革的实施方案》等相关文件精神的基础上，广西师范大学创新创业学院结合自身发展需要，先后出台《广西师范大学电子工程学院大学生科技创新基地管理条例》《魅力电子节管理制度》等相关文件，为其创新创业发展提供制度保障。

为进一步丰富各项服务，创客空间将与高新区创业中心进行电子信息、计算机软件开发、教育、科技和文化深度融合，建立师范院校电子信息创新创业教育“生态圈”，实现师范院校电子创新创业教育一体化、创新创业项目孵化一体化、师范院校创新创业创投一体化，为该校师生创新创业提供优质服务。

（三）组织机构设置

广西师范大学大学生创业园主要设置 3 个部门：创业园管理办公室、创新创业协会、犟人传媒。广西师范大学大学生创业园采取“专职与兼职”相结合的方式，坚持“请进来、走出去”的基本建设思路，聘请校外导师、邀请企业、行业协会、创投机构、天使投资人与创业项目进行对接、洽谈和投融资。

广西师范大学创新创业协会（以下简称创协）是广西师范大学唯一以创新创业为主题的校级学生社团组织，由该校创新创业学院专业指导管理。协会秉承培养创新创业素养，助推大学生创新创业活动，为师大创客提供创业资源和平台的理念；由专业创新创业素质培养导师指导，协助创新创业学院建设管理育才、雁山和王城 3 000 多米^2 的创业孵化基地，基地内设集办公、经营、项目路演台等大型一体化校园创意文化教育活动中心。

广西师范大学创新创业协会的部门按照公司企业的格局部署。它的 6 个部门分别为办公室、财务部、市场部、新媒体发展部、技术部、人力资源部。办公室主要负责会议记录、制定规章制度、安排值班人员以及管理部分物资和文件；人力资源部主要负责挖掘人才、安排分配任务；新媒体发展部主要负责管理微信公众号和微博、制作简报以及海报宣传单等；财务部负责管理财务、制作报表以及对进驻项目营业金额的收集汇报等；市场部负责推广业务、开拓市场等；技术部负责解决技术问题、管理路演台的设备问题等。各个部门之间虽然分工明确，但也层层相扣，部门相辅相成。

广西师范大学创新创业学院于 2016 年 9 月成立了创新创业学院新媒团队，3 个月后正式更名为犟人传媒，隶属于创新创业学院。它是一个以实现学院全媒体阵营、培养成员媒体素养的学习、成长型平台。其主要任务是为加强学院对内、对外宣传，组织策划创新创业系列大讲堂、建设学院文化氛围等，通过建立具有创新细胞的媒体人才培养机制，帮助大学生提前与企业接轨，鼓励团队成员走出校园，走向社会，致力培养出真正“实用 + 实干”的传媒人才。以坚持“面向全体学生，结合传媒教育，将创新创业教育融入人才培养全过程”，努力帮助成员植入“传媒基因”，培养学生的创新精神，强化传媒意识，提升个人能力，着力培养当今传媒所需的创新创业人才。通过“平台—文创—实践”“三位一体”协同共进、创新创业传播体系的培养模式。

（四）园区管理制度

为了建立健全大学生创业园管理制度，先后出台了《广西师范大学深化创新创业教育改革的实施方案》《广西师范大学关于鼓励和支持大学生创业的意见（2016 年修订）》《广西师范大学大学生创业园管理办法》和《关于印发广西师范大学关于加强大学生创新创业教育意见的通知》等相关文件。

（五）双创教师人才

目前，国内高校普遍面临着从事创新创业教学工作的师资队伍年轻化，教学经验不足、所学专业分散、没有创新创业教育相关专业背景等问题。在此背景下，广西师范大学创新创业学院成立了创新创业教研室。

广西师范大学创新创业教研室自 2016 年 9 月建立以来，本着相互学习、相互促进、共创发展的目标，至今已举行了 19 次工作坊。参与人员由最初的 9 人发展到现在的 40 多人，由最初创新创业教育工作者拓展到专业教师、副书记、辅导员等。该教研室还通过开展讲课比赛、示范课、公开课等活动来提高青年教师的教学能力；通过体验学生角色，强化体验式课堂组织能力。通过这些措施，教研室教学水平得到极大提升，有效提升教师对创新创业内涵、外延、形式和发展趋势的理解和掌握。

1. “他山之石，可以攻玉”

广西师范大学创新创业学院还聘请天使投资人、企业家、创业成功人士、专家等 42 位专家，担任兼职教师及学生创新创业导师，形成了一支专兼结合、具有“双师型”素质的创新创业教育教师队伍，共同打造师资队伍建设协同培养平台，提升创新创业师资队伍的教学能力与综合素质。同时，为开拓导师视野、加速催生更多新教学思想，以满足新的教学需求，在这两年里，广西师范大学创新创业学院共计送培师资 180 人次，提高了创新创业教学水平和指导学生创新创业实践的能力，构建了协同培养创新创业师资队伍平台。

2. 创新创业与教育教学“水乳交融”

创新创业教育要谋求内涵式发展，必须紧扣培养创新创业人才这一主题，健全创新创业课程体系。广西师范大学将创新创业教育课程纳入学分管理，构建了富有师范院校特色的创新创业课程体系——“1 + X”，对学生开展“全员化”“全程化”创新创业教育。从 2016 级本科生开始，开设 2 学分必修课“创新创业基础”以及“科技创新教育基础”“探究科学Ⅰ（学科主题）”“公益创业”和“设计思维与创新创业”等15门创新创业类通识选修课程，授课学生达8 000人次。广西师范大学形成一批质量高、效果好、连续性和稳定性强，并融入相关专业课程的创新创业教育教学体系。

3. 分流分层：创业辅导有的放矢

各学科既有优势也有短板，创新者只有抱团，才能在交叉优化的过程中，迅速发展成长，获得更大的生存和发展空间。为此，广西师范大学组织教师开设“创新创业训练营”和“IDT创意训练营”，有的放矢地进行专项创业辅导。在“创新创业训练营”里，指导老师从团队建设、商业模式、产品营销、财务管理、企业管理、法律事务等方面，对已创业的或有创业意向的大学生开展系统的培训，让学生的创新创业能力取长补短，得到快速提升。目前，创新创业训练营已经开展了三期，培育学生约计200人次，实现创业带动就业达1 200人。

“IDT创意训练营”则是学校专业教育与创业教育的高层次融合。通过“实习+实战+创业”相结合，提升学生实战设计能力和创新创业能力，实现高质量的就业创业。“IDT创意训练营”共举办了2期，培育学生约计120人次，帮助学生成功就业。

4. 师生共创，共同提高

师生共创是高校老师与学生一起将高校科研成果转化为创业项目和产业项目的方式，这得益于国家在科技成果以及高校教师创业兼职等多方面政策的松绑。如果说创新创业类竞赛是检验教育改革的有利据点，那么“金牌创业导师”则是给优秀创新创业教育工作者的最高加冕。

（六）发展方向

为了进一步丰富的各项服务，广西师范大学大学生创业园还定期开展与各大高校、各企业孵化器、各众创空间的交流活动学习与创业讲座。为大学生参加创新创业竞赛和大学生创业就业，提供了政策指导、竞赛培训、创业培训、项目开发、风险评估、融资服务、孵化扶持等服务。对入驻的项目采用“一对一”指导模式，针对入驻过程中出现的问题，进行有效引导。

在未来，广西师范大学大学生创业园还将与东盟国家的教育、科技和文化深度融合，建立东盟创新创业教育“生态圈”，实现东盟创新创业教育一体化，东盟创新创业项目孵化一体化，东盟创新创业创投一体化。

三、发展成就

（一）创业园区荣誉奖项

①2017年7月，广西师范大学大学生创业园通过了“2017年第一批自治区级众创空

间”的备案。

②广西师范大学在第四届中国“互联网＋”大学生创新创业大赛全国总决赛中取得1金1银1铜的历史最好成绩（图3）。从大一学生兴趣社团起步，以帅圳兴为创始人的“趣弹音乐——轻乐器在线教育服务平台”，以初创组小组第一名的成绩90.36分夺得“互联网＋”全国总决赛金奖。2012年，在公益坚守的“乐群公益梦工场——国内首家专注大学生公益项目孵化组织”获得大赛银奖。

图3　广西师范大学参加第四届“互联网＋”大学生创新创业大赛

③在第三届“青年之声·青春创客”系列活动全国总决赛中，学校的参赛项目：“乐群公益梦工场——国内首家专注大学生公益项目孵化组织”荣获大赛二等奖，“壮乡垂直仿真绿化”荣获大赛三等奖，创新创业学院连续3届获得优秀组织奖。

④在第四届“互联网＋”大赛广西决赛中斩获6金14银。

⑤已经大量实现3 000万元天使估值的优秀创业项目，例如，“舞蹈圈App”“万卓轻餐饮”“智能工装”“趣弹音乐”“光伏能智能平台”等。

（二）资源聚集

1．校外实践基地

①与桂林飞宇科技股份有限公司建立校企合作，2018年11月7日举行挂牌仪式。

②与桂林国家高新区湖塘总部经济园和桂林三养胶麦生态食疗产业有限责任公司建立校企合作，深化学校与企业“产、学、研”合作，2018年10月30日举行挂牌仪式。

③创新创业实践基地——桂林穿山岩酒窖。

2. 师资力量

①聘请天使投资人、企业家、创业成功人士、专家等42位专家，担任兼职教师及学生创新创业导师，形成了一支专兼结合、具有“双师型”素质的创新创业教育教师队伍，共同打造师资队伍建设协同培养平台，提升创新创业师资队伍的教学能力与综合素质。

②成立了创新创业教研室。通过开展讲课比赛、示范课、公开课等活动提高青年教师的教学能力、创新创业教学水平和指导学生创新创业实践的能力，以此构建协同培养的创新创业师资队伍平台。

③“社会公益创业导师”。为贯彻落实“一带一路”倡议，着力培育具备参与对外交往和国际事务能力的青年社会组织，“社会公益创业导师”是继该校“大学生创业导师”之后，在公益创业领域上，进一步推进了全国高校创业导师制，有利于串联好大学生、高校公益与社会组织需求之间的纽带，让这条纽带能够以点带线，链接更多社会组织资源，将导师形成一股巨大合力，为大学生公益实践，提供更多学习的空间和平台。

参考文献

[1] 广西师范大学2015—2016学年度信息公开工作报告［EB/OL］.［2016-10-31］. http://xxgk.gxnu.edu.cn/2016/1031/c312a2506/page.htm.

[2] 广西师范大学大学生创业园喜获“2017年第一批自治区级众创空间”［EB/OL］.［2017-07-21］. http://www.gx211.com/news/20170721/n15006019043044.html.

[3] 广西师大：双创育人有条生态链［EB/OL］.［2018-02-15］. https://baijiahao.baidu.com/s? id=15924297118074 55514&wfr=spider&for=pc.

广西民族大学大学生创业孵化基地

一、概况

广西民族大学大学生创业孵化基地成立于2010年，该创业孵化基地以扶持大学生自主创业为核心目标，以公益性、示范性、专业性为主要特征，力争为在校大学生提供自主创业的有利条件和良好环境，提高大学生自主创业的意识和创业实践能力。目前，广西民族大学大学生创业孵化基地分为2个部分：一个是“孵化区”；另一个是公共设施类区域。“孵化区”是指各方面设施都不太完善的创业区，只有极少数的学生愿意在这个区域创业，所以“孵化区”还有待开发。

二、发展背景

为响应国家以创业带动就业，大力推进高等学校创新创业教育和大学生自主创业工作的号召，广西民族大学于2008年开始筹划大学生科技创业创新基地，并于2010年正式建立。2012年，广西民族大学大学生创业孵化基地被评为广西壮族自治区“高校大学生创业示范基地”建设单位。

三、发展成就

广西民族大学大学生创业孵化基地作为大学生创新创业新区和文化创意活动发源地，是该校重点打造创新创业教育“一个中心，两个基地”建设的重要组成部分，自2012年正式投入使用以来，广西民族大学大学生创业孵化基地开展了一系列讲座、培训、沙龙等活动，将创新与创业相结合、线上与线下相结合、孵化与投资相结合，让创新、创业、艺术、文化、生活、学习有机碰撞，为具有创意、创业意向和创业能力的大学生提供实践场所。

自广西民族大学大学生创业孵化基地使用以来，先后扶持了57个创业项目入驻，免费为大学生提供了创新创业场地、政策指导、竞赛培训、创业培训、项目开发、风险评估、融资服务、孵化扶持等“一条龙”服务。

为了进一步丰富的各项服务，提高创新创业氛围，创新创业学院定期开展了与各大高校、各企业孵化器、各众创空间的交流学习活动，打造“相思湖创新创业大讲堂”品牌，不定期开展创新创业论坛或讲座，为大学生参加创新创业竞赛和大学生创业就业提供政策指导、竞赛培训、创业培训、项目开发、风险评估、融资服务、孵化扶持等，对入驻的项目采取“一个团队 + 一名老师 + 一家企业”指导模式，针对入驻过程中出现的问题，进行有效引导。2017 年，广西民族大学大学生创业孵化基地获“2017 年第三批自治区级众创空间”。

四、经验总结

（一）为创业梦想搭建平台

广西民族大学大学生创业孵化基地为所有在校学生和 2 年择业期内毕业生提供创业平台，让更多的学生有机会自主创业。入驻广西民族大学大学生创业孵化基地第 1 年，广西民族大学免收其场地租金。在广西民族大学的大力支持下，很多创业项目得到了机会成功孵化。

（二）培育创业实体，“孵化”创业梦

配备办公桌椅，开通网络、电话、水电……广西民族大学学生创业孵化基地秉持以学校投入为主的原则，为创业团队建设办公场所，尽力减轻学生创业资金压力，减小创业风险。此外，广西民族大学还设立了大学生创业基金，重点扶持大学生结合自身专业，以技术、产品研发和专利成果转化为主的创业项目；支持大学生创办创意类、科技咨询服务类企业；扶持具有较强的可操作性和市场潜力、符合政府和学校产业导向与就业需求的项目。

广西民族大学大学生创业孵化基地主要为有创业愿望和意向的学生提供一个创业平台，引导其科学制定创业计划，并鼓励条件成熟者进驻基地进行创业实践。好的创业项目在经过校内 1～2 年的“孵化”渐变成熟后，可由广西民族大学介绍给南宁市高新区，将其推向社会。

此外，创业基地还坚持以“学生为本”“学创结合”“校内校外相结合”的原则，从学生成长成才的需求出发，不断改善基地设施条件，优化创业环境，为学生创业提供全方位的指导和服务。如采用“走出去，引进来”的模式，鼓励支持教师到企业挂职锻炼，参与社会行业的创业实践；成立以党委副书记武波为组长的大学生创新创业教育工作领导小组，统筹全校创新创业教育工作，帮助遴选创业项目，指导创业实践；邀请成功的企业家为学生创业提供经验指导，实行一家企业帮扶一家公司的模式，开设“相思湖创业大讲

堂”，开展 SYB 创业培训和创业实操演练活动，举办和组织学生参加各类营销大赛、创业大赛等。同时学校常搭建入驻企业与政府职能部门的沟通平台，协助创业企业争取补助、贷款、奖励等有关优惠政策，降低成本，对公司的发展有很大帮助。

（三）扩大创业基地，不断提高创业基地质量

广西民族大学创业基地的条件很好，学生们也很有激情，从大一到大四都有学生参加，学校的创业氛围逐渐浓厚。不只是学生，很多老师也都改变了传统观念，鼓励和支持学生创业，并为其提供一些指导。随着之前创业项目的成功，越来越多的学生投递申请书，创业基地的店面也出现供不应求。广西民族大学随之进一步扩大创业基地以满足更多学生的创业需求。为提高创业基地的质量，广西民族大学大学生创业工作领导小组还到四川、重庆等地的高校借鉴学习。广西民族大学进一步完善创业基地，建立合理的竞争机制，让同学们提早体会到社会上的竞争压力，在竞争中提高自己的实践水平；进一步优化管理模式，建立营业额的规范记录，加强对其的监督和管理，提高学生创业积极性。

参考文献

[1] 我校大学生创业孵化基地获“2017 年第三批自治区级众创空间”[EB/OL]. [2018-01-04]. http://www.gxun.edu.cn/info/1358/48998.htm.

[2] 广西民族大学创新创业基地[EB/OL]. [2016-12-28]. http://sczg.china.com.cn/2016-12/28/content 9252641.htm.

青海省

青海青年创业园

一、概况

2009年，共青团青海省委发起成立了青海青年创业园，利用创业各方面优惠政策，为全省大学生、青年创业提供筑巢引凤的平台。青海青年创业园历经一、二、三期建设，共建14个创业分园，形成了总园+分园，其办公面积达3.6万米^{2}的“众创空间+孵化器+加速器”全链条载体和孵化体系。在青海青年创业园里汇聚了以“互联网+”、电子商务、新能源科技、信息技术、先进制造、文化创意等多个领域联合的创新创业联合体。截至2018年10月，青海青年创业园累计孵化企业934家，成功孵化毕业企业117家，实现经济价值达3.6亿元。

二、运营与服务

（一）运营

青海青年创业园分为园内孵化和园外孵化。园内孵化通过提供多项补贴，解决入驻企业资金、场地等问题；园外孵化通过提供创业帮扶，补齐入驻企业创业短板。两者双管齐下形成了辐射青海省的孵化链条。

（二）创新服务体系

青海青年创业园为企业提供办公行政服务、人才服务等八大服务体系，逐步形成了相对完整的创业支撑保障机制，在推动青年自主创新创业、带动就业等方面取得了显著效果。

1. 办公行政服务

青海青年创业园为创业企业提供创业场所，先实行房租减免（首年免费），这样就大大降低了创业成本。同时，青海青年创业园内拥有现代化办公条件和相应的配套设施，包括会议室、展厅、灵感咖啡、创新工场、路演大厅等共享服务设施；为企业提供保洁、维修等物业服务；租赁房屋内部固有设施的维修服务，消防管理服务，保障企业及人员生命财产安全；设立创业服务中心，代理园区企业财务、审计、专利和公证等服务。

2．人才服务

青海青年创业园组织创业企业参加各高校的应届毕业生招聘会；建立大学生实习基地，为企业提供实习生派遣服务；根据企业需要，开展专业人才项目对接服务。

3．导师服务

聘请成功企业家、行业专家及各领域专家为青海青年创业园导师团导师，为入孵的创业企业提供创业咨询、专题诊断、创业辅导3个方面的服务；发挥导师团的平台作用。通过导师在人际资源、信息共享、投融资、项目交流等领域的优势，帮助创业企业。

4．咨询服务

提供国家及省市相关的最新财政补贴等政策的推送和咨询；为创业企业提供工商注册、税费优惠、信贷、项目评估等咨询服务；为创业企业提供企业发展咨询。

5．金融服务

青海青年创业园推荐和协助企业申报各类国家及省、市各级政府资金扶持计划；协调担保公司和金融机构为企业提供相应的资金服务，多途径、多渠道为创业企业解决资金困难；尝试建立股权创投等新型投融资模式。

6．培训服务

邀请专家导师对创业企业进行相关创业知识及技能培训，其包括：小额贷款，项目计划书设计、KAB、SIYB等创业培训，创业大赛辅导等；通过各类创客沙龙活动，邀请省外知名各领域专家为创业企业提供培训及交流学习；为企业提供政策、管理、金融、税务、法律、市场、财务等专项指导及技术方面的培训；帮助企业联络本地高校、科研单位及有关培训机构，举办企业所需的各种培训。

7．宣传推广服务

组织企业参加省内外各种展览、展销活动；协助企业组织技术和产品宣传及市场推介服务。与青海省内外各媒体（省市电视台、省市报媒、网媒、中央驻青媒体等）加强合作，为创业企业提供宣传推广平台；整理、撰写宣传资料，发挥新媒体、期刊的优势为孵化企业树立品牌；通过园区网站建设，做到主题鲜明，内容丰富、不断更新创业产品，帮助创业企业做好产品推广服务。

8．法律援助服务

为创业企业提供资深律师专业法律咨询指导服务；开展创（就）业维权指导、法律法规讲座，为创业企业提供相关政策法规、法律信息服务；联合劳动保障、司法、公安、律师事务所、法律援助中心等部门形成合力，为创业企业提供全方位的法律咨询。

三、发展举措

青海青年创业园秉承“竭诚服务青年”的理念，为创业企业和创业者提供全程跟踪服务，为青年创业企业提免费的办公用房，免费为企业代办工商注册和税务登记，努力为入园企业营造低成本、高效率的创业环境。在为园内、园外孵化企业提供基础服务的基础上，青海青年创业园积极引进战略合作伙伴和科技中介服务机构，为企业发展配置各种有力资源。与青海省信保集团等多家服务机构建立了战略合作关系，为创业企业提供专业化服务。目前，青海青年创业园正在逐步推进各市、州、县级创业园建设。

参考文献

［1］青海青年创业园［EB/OL］.［2019-03-25］. https：//baijiahao. baidu. com/s? id = 1613994325170484022&wfr = spider&for = pc.

［2］聚力“双创”，跑出加速度［EB/OL］.［2018-02-02］. https：//baijiahao. baidu. com/s? id = 1591251229768974382&wfr = spider&for = pc.

［3］青海青年创业园闪耀全国“双创”活动周主会场［EB/OL］.［2018-10-11］. https：//baijiahao. baidu. com/s? id = 1613994325170484022&wfr = spider&for = pc.

宁夏回族自治区

宁夏大学国家大学科技园

一、概况

宁夏大学国家大学科技园成立于1999年，2009年与银川市金凤区政府校地共建大学科技园，2010年被宁夏回族自治区科技厅、教育厅认定为宁夏回族自治区级大学科技园，现已孵化高科技企业21家。经过多年的建设发展，宁夏大学国家大学科技园充分发挥宁夏大学的人才、成果等优势，现已成为宁夏大学科技成果转化中试和产业化的重要基地，也是宁夏大学服务区经济发展的重要窗口。根据宁夏大学国家大学科技园发展规划，未来的科技园还将充分利用学校、地方政府、企业及社会各方优势和条件，采取“一园多区、覆盖宁夏”的建设开发模式，努力把园区打造成中阿科技交流与合作、高新技术成果转化、高新技术企业孵化、战略性新兴产业培育和高层次人才创新创业的重要基地。

二、发展历程

自1999年以来，宁夏大学国家大学科技园在主管部门、地方政府和学校的共同推动下，通过校企校地共建模式，先后建立了光彩科技孵化园、金凤大学科技园、iBi育成基地、德龙和贺兰大学生创业园。2014年9月，宁夏大学国家大学科技园被科技部、教育部认定为第十批国家大学科技园。

宁夏大学设有大学科技园管理委员会，其由分管科技工作的副校长担任组长，并下设大学科技园管理办公室，与创新创业学院合署办公。从2012年起，宁夏大学国家大学科技园引进国际劳工组织、国家人力资源和社会保障部SIYB创业培训项目，面向宁夏大学在校生开展了106期创业培训，培训学员6 300余人，培育出有强烈创业意向的师生186人，可操作性创业项目93个，推荐进入“创客区”“众创区”的项目30个，16家成为在孵企业。

三、运营与服务

（一）运营模式

坚持学校党委和行政的统一领导，在宁夏大学国家大学科技园管理委员会的指导下开展工作，分别设立 2 个机构，即宁夏大学国家大学科技园管理办公室（行政职能）、宁夏大学科技园发展有限公司（运营职能）。

第一阶段：2 个机构实行“一班人马（管理层）、两块牌子”的管理机制。将原宁夏大学科技发展公司整体变更为宁夏大学科技园发展有限公司，其股东为宁夏大学，不设立董事会，法人、执行董事由公司总经理担任。宁夏大学资产与后勤管理处作为学校的资产管理方与宁夏大学科技园发展有限公司签订园区租赁合同，为确保科技园的正常运转，设立 3 年过渡期，在过渡期内，宁夏大学免收科技园发展有限公司的房屋、仪器设备等各类资源使用费；3 年过渡期在期满后，根据发展需要，按照市场价格收取一定比例的租金。

第二阶段：根据实际情况，2 个机构实行“一班人马（管理层）、两块牌子”或者“两班人马、两块牌子”的管理机制。在宁夏大学成立资产运营公司后，将宁夏大学科技园发展有限公司股东变更为资产运营公司，设立董事会，其董事长、法人由资产运营公司董事长兼任（图 1）。

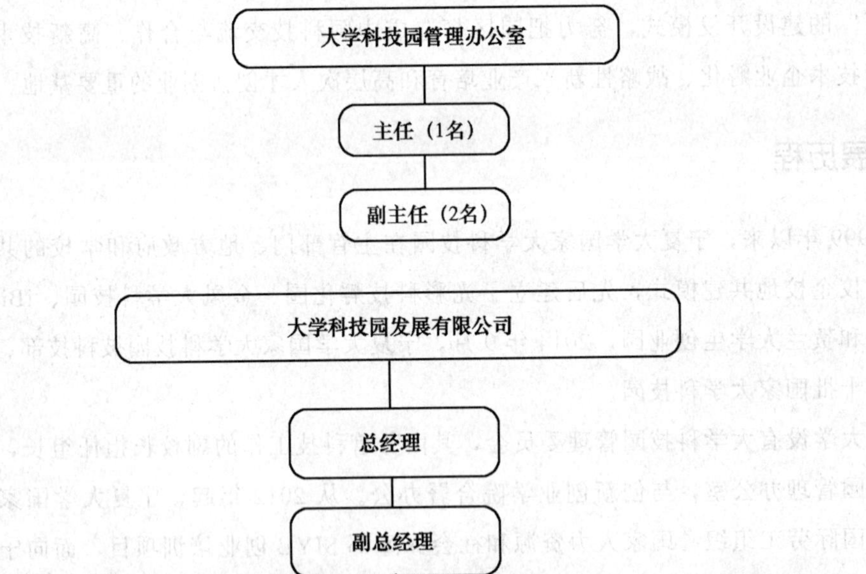

图 1　宁夏大学国家大学科技园组织结构

（二）创新服务体系

宁夏大学国家大学科技园发展有限公司作为运营主体，负责园区的各类经营活动，其职能主要通过三大系统进行实现，具体为服务系统、展示系统、管理系统。

1．服务系统

（1）创新创业教育服务　与各个部门协同，深化落实“双三联动”的创新创业教育体系；协助在园企业设立各类学生创新创业实训、实习基地，举办各类创新创业活动。

（2）科技成果转化服务　定期组织开展知识产权管理、技术评价与评估等相关政策的专题研讨、培训；围绕学校优势特色学科，组建技术经纪人团队，充分发挥其桥梁中介作用，积极搭建教学科研人员与企业之间的沟通对接平台，助推科技成果转化。

（3）基础服务　定期开展园区内项目团队及在孵企业的沟通交流联谊会；协助入园团队和企业申报各类科技计划及项目；为入园项目和企业提供人力资源、人事代理咨询、工商注册及税务登记咨询等基础性服务；积极与自治区、银川市、金凤区、西夏区等各级政府部门沟通、协调，建立行政审批一体化的服务窗口。

2．展示系统

根据“一园三区”的各自功能定位，充分利用空间布局，运用多种技术手段，全方位、多维度的展示宁夏大学国家大学科技园的发展规划、园区文化、平台建设、典型企业、优秀成果等。

3．管理系统

（1）资产管理　宁夏大学国家大学科技园区采用自主经营、自负盈亏的方式进行轻资产运营，其主要收益来源于房屋租赁、政府补贴资金、咨询服务费等，学校除保障事业编制人头经费外，原则上不再投入行政性经费。

（2）物业管理　宁夏大学国家大学科技园区可自建或引入第三方公司进行物业管理。按照“市场定价、分类实施”的总原则，针对“一园三区”的功能定位以及不同类型的项目团队、入孵企业、第三方服务型企业制定相应的收费标准。

（3）入孵企业管理　针对初创型、成长型、成熟型企业制定相应的管理办法及优惠政策，实现从“苗圃区”“孵化器”到“加速器”的一站式管理。追踪各类企业成长状况，按年度进行分类评估。对于孵化成熟、需要毕业的企业，优先推荐至大学科技园合作园区。

四、主园区空间功能分区

（一）贺兰山校区的“创客区”

贺兰山校区“创客区”主要围绕学校“双一流”建设目标，承担创新创业人才教育培养功能。“创客区”位于贺兰山校区科技综合主楼三楼和西配楼四楼北侧，建筑面积为5 100 米^2。贺兰山校区已建成2个创客交流区，机器人创意创作、航空科技创新实践、实体造型创作和平面艺术创意等9个创客工作室，1个创业孵化园，着力加强“创意激发、创新实践和创业孵化”的一体化管理。

（二）文萃校区的“众创区”

文萃校区“众创区”主要围绕师生科研成果进行小试、中试和企业孵化，承担创新创业师生团队培育功能。“众创区”位于文萃校区北侧，共有建筑面积为4 122 米^2，包括2个高约为9米、面积为600 米^2 和3个高约为6米、面积为1 000 米^2 的开放式结构。该“众创区”配有部分共享设备、通用家具（含实验台柜）等，主要为学校科研成果中试、转化以及师生创新创业团队提供开放式、拎包入住的众创空间。

（三）金凤校区的“核心区”

金凤校区“核心区”主要围绕“政、产、学、研、用”紧密结合的目标，承担创新创业人才培养、技术转移和科技成果转化、企业孵化等功能。该“核心区”位于宁夏大学金凤校区，交通便利、地理位置优越，其包括7栋建筑，共计园区建筑面积为24 306. 89米^2。它是宁夏大学推动成果转化，提升社会服务能力的有效窗口，是校内外科技成果孵化和大众创业、万众创新示范性支撑平台，着力打造一个集“创意、产品实现到产业化”的共享创新创业孵化体系。

五、经验总结

（一）组织保障

宁夏大学将科技园的建设与发展纳入学校整体建设与发展规划，向科技园开放学校的各类资源，鼓励师生到园区创业，并在园区内为学生构建实习和实践基地，将科技园创新创业教育融入学校的人才培养体系，使科技园成为学校成果转化与产业化的重要基地。

（二）政策保障

宁夏大学相关职能部门及科技园及时学习、落实国家、自治区的有关政策，同时根据实际情况，积极制定相应的管理办法和实施细则，确保各项工作合法、合规、合理。

（三）资金保障

从宁夏回族自治区“双一流”经费中，宁夏大学连续4年安排400万元经费用于大学科技园建设，安排300万元经费用于推动科技成果转化。

参考文献

[1] 园区介绍[EB/OL]. https://cxcy.nxu.edu.cn/gjdxkjy/yqgk/yqjs.htm.

[2] 宁夏大学创新创业学院揭牌成立[EB/OL]. [2016-05-15]. http://news.xinhuanet.com/local/2016-03/25/c_128833096.htm.

[3] 创新创业学院成立[EB/OL]. [2016-05-15]. https://news.nxu.edu.cn/info/1011/12797.htm.

北方民族大学创新创业学院

一、概况

北方民族大学创新创业教育中心成立于 2011 年 4 月，2016 年 6 月，被更名为创新创业学院。北方民族大学积极开展“双创”教育，实施“双驱动” + “双三位一体”的创新创业教育模式，建立以资源共享、兴趣驱动、学科交叉、尊重个性、自主学习、自我管理为支撑的“创新创业团队 + 创新创业实践 + 校企合作实践”三位一体实践平台。

二、发展历程

（一）创建背景

坚持党和国家的教育方针，遵循高等教育普遍规律和民族高等教育特点，全面更新教育教学观念，构建人格养成与通识教育、专业教育、创新创业与职业规划教育三位一体的人才培养新体系。

（二）创建主体

北方民族大学、宁夏回族自治区教育厅。

（三）发展阶段

2011 年 4 月，北方民族大学成立北方民族大学创新创业教育中心。2012 年 11 月，创建宁夏第一个高校大学生创业孵化基地“北方民族大学创业孵化园”。2016 年 6 月，北方民族大学创新创业教育中心更名为创新创业学院。2017 年，北方民族大学被教育部授予“深化创新创业教育改革示范高校”，被人力资源和社会保障部授予“全国创业孵化示范基地”，被宁夏回族自治区科技厅评为“全区科技企业孵化器”。

三、发展成就

（一）资源聚集

北方民族大学先后投入 2 000 万元改善硬件条件和购置设备，建成面积近 32 000 米^{2}的创新工作室和创业工作坊，成立了创新创业团队，学生自主开发创新创业项目进行能力训练。近年来，北方民族大学资助大学生创新创业立项项目 2 000 多项，经费 500 多万元。北方民族大学创业园区主要有 1 500 米^2 苗圃区和 3 000 米^2 孵化园区。

（二）企业发展

现入驻孵化园的企业包括艾依情商贸有限公司、东正广告传媒公司、多闻网络科技有限公司等大学生自主创办企业 20 多家，年营业额达到 1 500 万元左右，解决就业百余人，提供实习岗位 300 人次。北方民族大学创新创业教育中心以大学生为主体，以学科为基础组建了创阅创新团队、电子设计创新团队、机器人创新团队等 16 个创新团队，参与创新团队学生达 2 000 余人，占北方民族大学学生总人数的 10%左右。该孵化园区内 7 家企业被评为银川市青年大学生优秀创业项目。

目前，北方民族大学有 48 个创新创业团队，队员 5 000 多人，团队每年申报获批专利或著作权近 30 项，评选创业潜质"种子"进入创业"育苗"园区 30 多个项目。

（三）学院发展

随着北方民族大学创新创业教育的深入开展，学生创业意识增强，创业成功率逐年提高，学生就业质量得到提升。近 5 年，北方民族大学创新创业学院已有 100 多名大学生自主创办企业登记注册，入驻企业 30 家，2 年期满出园企业 10 家，实现年营业总额达 2 000 多万元，安排就业实习学生 1 000 人，带动就业 100 余人，逐渐形成了辐射整个宁夏的开放式、多功能的大学生创业孵化园。北方民族大学创业孵化园区先后被评为"全区大学生创新实践基地""银川市大学生创业孵化示范园"。

2017 年，北方民族大学创业孵化园各级各类创新项目立项达 634 项，经费为 127. 5 万元，培育创新创业团队达 48 个，立项团队项目达 75 项，项目经费约为 37. 5 万元，投入 50 余万元改善创业孵化基地硬件设施及文化建设，新入驻到大学生创业孵化园企业为 11 家，入驻创业苗圃区企业为 13 家，2 年期满出园企业达 6 家，实现年营业总额达 2 000 余万元，安排创业就业实习学生 800 余人，提供就业岗位 200 余个。

四、运营与服务

（一）运营模式

以学生为中心，实现自主学习、自主设计、自主管理。学科交叉，打破专业学科壁垒，发挥各自优势。搭建平台，统一管理、时间开放，场地共享、充分利用有限教学资源。

（二）创新服务体系

在北方民族大学创业孵化园里，构建“管理-指导-服务”创业帮扶体系。建立了由创新创业教育学院、孵化园区企业、创新创业团队联盟共同组成管委会，提供创业项目的“育种、育苗、育树”一站式服务。

1．提供创业场地

苗圃区总面积为1 500米²，可容纳创业团队30个，凡全日制在校大学生，有明确创业项目均可入住，孵化期2年，不要求企业（公司）注册；孵化园区总面积3 000米²，可容纳创业公司50家，凡学校全日制大学生或毕业两年内学生，有明确创业项目且企业已注册可申请入住，孵化期2年，要求必须注册公司。

2．建立了小额贴息贷款扶持机制

由政府注入一定配额的担保基金并对贷款利息进行补贴，为符合条件的大学生提供5万元（及以下）、使用期限为1～2年的免息贷款。

3．中国青年创业国际计划YBC项目服务模式

为大学生创业者提供导师服务和资金资助，加大对大学生创业的扶持力度，进一步拓宽大学生创业的融资渠道。

4．与创业成功人士和创业导师签订创业帮扶协议

对已经创业或准备创业的大学生进行“一对一”创业帮扶、指导。开设“创业基础”“商务谈判”“GYB/SIB”等8门课程，形成必修课、公选课、网络课相结合的创新创业课程体系。

5．举办大学生创新创业系列大赛

举办青年创业大课堂、企业模拟营销、创业项目路演、创业计划大赛、创业沙盘模拟大赛等。

（三）管理模式

北方民族大学创新创业学院制定了《学生创新创业训练项目管理办法》《创业孵化园

区管理办法》《学创新创业基金管理办法》等多项制度，从制度层面上确保创业教育工作的顺利开展。

五、学院空间功能分区

具体如图 1 所示。

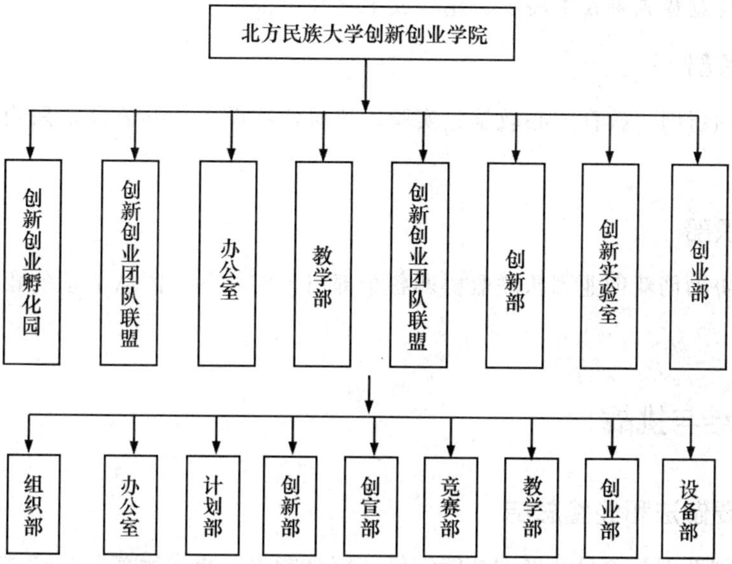

图 1　北方民族大学创新创业学院空间功能分区

（一）办公室

办公室负责贯彻执行创新创业教育中心文件、会议精神和决定以及创新创业教育中心日常行政管理、综合协调、督办等。

（二）创新部

创新部负责北方民族大学大学生创新性实验计划项目的申报整理、组织评审、阶段性检查、结题验收、成果评比、成果展示等。

（三）创宣部

创宣部宣传创新创业教育中心创新、创业动态以及竞赛成果的部门。

（四）计划部

计划部负责创新创业教育中心团队联盟的账目统计、物品采购、账目整理、账目结算、账目预算、账目监督管理以及所有账目档案的最后汇总存以及各类创新创业项目和竞赛类项目的报账和存档等。

（五）教学部

教学部为创新创业团队联盟各部门、各创新团队提供培训，为各创新创业团队提供高效的教学辅助资源的职能部门。

（六）竞赛部

竞赛部负责学校各专业相关比赛的申报、宣传、组织人员参赛、比赛结果的统计并进行结果公示以及竞赛成果收集展示、竞赛成果奖励申报等一系列活动。

（七）设备部

设备部是创新创业教育中心教学、实验、科研仪器设备及办公设备采购和管理的职能部门。

（八）组织部

组织部是协助创新创业团队联盟协调各个部门工作及各个团队活动的相互协调的职能部门。

六、经验总结与挑战

（一）主要做法和经验总结

依托学生创新创业项目开展“技能训练—综合能力—拔尖示范”阶梯式的驱动实践训练。依托国家政策，举办有特色的创新创业课程、创新创业活动。合理的管理制度、激励制度与管理制度相结合。

（二）面临的机遇和挑战

高水平的科学研究较为薄弱，优秀科研成果和高水平论文数量不多、科研对社会的贡献和服务地方能力不足、科研对教学的促进作用不足、科学研究和技术开发力量较分散、缺乏重大科技项目引领和支撑、科研管理的体制改革需进一步深化。

（三）需要着重解决的问题

1．健全创新创业教育改革体制机制

成立学校、学院创新创业教育工作领导小组；落实资金支持，设立创新创业专项经费，创新创业奖励基金和创新创业奖学金，对创新创业师生进行支持和奖励；加强大学生创新创业教育宣传，及时总结推广典型经验做法，选树学生创新创业成功典型。

2．将创新创业教育融入人才培养全过程

健全创新创业教育课程体系，改革教学方法和考核方式，推进考核评价方法改革。

参考文献

[1] 创新改变人生 创业成就未来:北方民族大学创新创业学院发展掠影[J]. 宁夏画报(时政版), 2016(5):98-99.

[2] 人人皆可创新 创新惠及人人[J]. 宁夏日报,2018-10-15 [2019-02-25]. http://sz.nx-news.net/nxrb/html/2018-10/15/content_5673973.htm.

[3] 北方民族大学创新创业教育中心[EB/OL]. [2019-02-25]. https://baike.sogou.com/historylemma? lId = 101165422&cId = 101165423.

[4] 良好条件[EB/OL]. 北方民族大学校报,[2019-02-25]. http://bfmzdxb.cuepa.cn/show_more.php? tkey = &bkey = &doc_id = 844081.

甘肃省

甘肃农业大学创新创业学院

一、概况

甘肃农业大学于2016年1月率先在甘肃省高校成立了创新创业学院，全面开展大学生的创新创业教育与实践。甘肃农业大学创新创业学院负责整合、协调、拓展、管理全校创新创业资源，组织开展大学生创新创业教育及实践活动。甘肃农业大学成立甘肃农业大学创新创业教育工作领导小组，统筹部署整体工作。领导小组下设办公室，挂靠教务处，负责相关日常事务。而各学院相应成立由院长任组长的创新创业教育改革工作小组，为学生提供创新创业项目咨询、策划，并提供创业项目、开展创业活动跟踪服务。

二、发展历程

为积极响应、全面贯彻落实“大众创业、万众创新”发展战略，加强甘肃农业大学创新创业教育，甘肃农业大学开设创新创业学院，力争把甘肃农业大学建设成为区域性创新创业人才培养基地，促进甘肃省经济转型升级、提质增效提供有力的人才和智力支撑。重点开展创新创业教育，创新训练和创业实践和创业训练项目孵化三项工作。重点建设校内创新创业教育团队、校外创新创业指导团队和大学生创新创业联盟三支团队。重点开设TRZI理论、6西格玛理论等创新方法，KAB、SYB、GYB等创新创业专项训练，创新创业讲座沙龙，MOOC在线创新创业学习资源等四类课程。重点建设创客空间、创业苗圃两个校内实训平台；创新实验班（彤笙班）、创业实验班（宣人班）两个实验班。

三、发展成就

（一）资源聚集

1. 甘肃船说众创空间文化产业发展有限公司

甘肃农业大学创新创业学院与甘肃船说众创空间文化产业发展有限公司建立了战略合

作伙伴关系，目前正在开展“3+2”五大体系建设，即创新创业教育教学体系、创新创业教育实践体系、创新创业教育保障体系、创新创业服务体系、创新创业校园生态体系。旗下“船说创业咖啡”是甘肃省重点的“双创空间”示范基地。

2. 益润陇原公益创业平台

该平台紧密结合甘肃省“1236”扶贫攻坚行动，致力于在甘肃省内相关公益项目的策划、推介和实施。

（二）企业发展

1. 兰州考拉文化传播有限公司

兰州考拉文化传媒有限公司是一家专注互联网娱乐短视频制作与传播的传媒公司。自2016年1月成立以来，该公司先后与省内经验丰富的艺人、编剧、导演、后期、特效等签订合作协议，核心制作团队来自电视媒体，影视剧剧组等，并且整合了覆盖全网的推广渠道以及本土化社会新媒体资源。

2. 兰州熙醇影像文化传播有限责任公司

该公司前期致力于商业照片，人像写真等的拍摄工作。目前，它主要致力小中型商业宣传片、微电影、商业视频广告的制作，已经承接多部商业视频的制作。

3. 兰州致远创新科技有限公司

目前，该公司已和多家公司有了稳定的合作关系并逐步扩展业务，该公司由此发展壮大。

（三）产业发展

1. 大农薯业马铃薯产品推广团队

团队专门从事特色马铃薯新品种选育、马铃薯产品创新、马铃薯食品开发、加工生产及推广。其产品包括彩色薯条、彩色薯片、彩色薯泥和彩色薯粉健康饮品等。

2. 麦子家园

麦子家园精心打造的以“新媒体培训+勤工俭学+微商创业+校园功能+校园信息+校园商城+企业合作+社团互助+社会与实践”9大校园生态系统为一体的校园智慧生活圈。麦子家园已与甘肃亚盛国际贸易有限公司、文都考研、深港驾校建立了合作伙伴关系。

3. 梦绘工作室

这是一个以各类手绘作品为主题的学生公益创业团体，主要从事手绘作品的开发，产品包括：手绘面具、帆布鞋等，工作室先后承接社团文化节闭幕式、学校迎新晚会等大型手绘幕布的制作，酒窖、奶茶店手绘墙的绘制。

（四）发展目标

1．夯实基础

补齐短板，着力解决创新创业教育存在的突出问题，突破创新创业人才培养的薄弱环节。

2．专项基金

在原有盛彤笙基金学生科研训练项目计划基础上，新设立学生创业基金。

3．课程建设

面向全体学生开展创业通识教育、创业实训教育，提供专业指导和转化支持。

4．基地建设

探索建立一批大学生创新教育与实训基地、创业孵化基地和创新创业教育研修基地等。

四、运营与服务

（一）运营模式

1．创新创业课程

学生可通过学校网络课程平台选修创新创业课程，并通过课程考核，可获得相应创新学分。创新创业课程在第6学期、7学期开课，课程目录、开课时间及学分值以每年公布的课程要求为准。

2．创新实践

（1）学生科研训练计划（SRTP）　参加校级SRTP项目，通过验收结题，获得1学分；参加省级及国家级大学生创新创业训练计划项目，通过结题验收，获得2学分。

（2）学科专业竞赛　参加由政府主管部门组织的重大学科专业竞赛，获国家级一、二、三等奖，可认定4学分、3学分、2学分，其他奖项可认定1学分；获省级一、二、三等奖，可认定3学分、2学分、1学分，其他奖项可认定0.5学分。参加由行业协会组织的学科专业竞赛，获一、二、三等奖，可认定2学分、1.5学分、1学分，其他奖项可认定0.5学分。参加校级学科专业竞赛获得表彰奖励0.2学分。

（3）实践成果　以一作一单位在省级及以上期刊公开发表论文（CNKI检索）或在省级及以上主流媒体中发表文章，每篇可认定2个学分；以一作一单位获得国家专利局专利授权的创造发明、实用新型、外观设计等专利证书或计算机软件著作权，可认定2个学分；获得校级及以上社会实践表彰奖励可认定 1 个学分；获得校级及以上“五四”表彰奖励可认定 1 个学分。

3. 创业实践

在校期间自主创业，依法注册公司或个体户，开展创业实践活动，营业时间在 1 年以上者，可认定 2 学分。

（二）创新服务体系

改革教学和学籍管理制度。建立创新创业教育激励机制和保障体系。完善教师参与创新创业教育工作的激励机制。建立创新创业奖励制度。修订教学工作量办法。多渠道筹资，加大经费投入。

五、经验总结

（一）强化创新创业教育理念

加大宣传力度，充分认识深化创新创业教育改革，通过政策解读、媒体宣传、会议动员、培训指导等方式宣传创新创业教育工作。

（二）创新人才培养机制

结合地方经济发展，探索建立需求导向的学科专业结构和创业就业导向的人才培养类型结构调整新机制。深入实施“3 + 1”人才培养模式，引领各学科专业创新人才培养模式，探索建立具有特色的协同育人机制。打通相近学科专业的基础课程，开设跨学科专业的交叉课程。

（三）做好创新创业教育师资队伍建设工作

建设一支高素质、多元化、专兼职创新创业教师队伍。开展创新创业教育师资培训。鼓励教师创办微型企业，担任创新创业教育导师，指导学生设计开发新产品、举办创新创业交流会、指导扶持大学生创业实践等活动，做到教学相长。

（四）全方位开展创新创业教育课程建设

根据甘肃农业大学人才培养定位和创新创业教育目标要求，修订人才培养方案，促进专业教育与创新创业教育有机融合。开设研究方法、学科前沿、创业基础、就业创业指导等方面的必修课和选修课。建设一批内容质量高、教学效果好的慕课、微课、通识课等在线课程。组织优秀教师、吸引行业企业优秀人才联合编写创新创业教育校本教材。强化甘肃农业大学创新创业实践，共享实验教学平台。

参考文献

[1] 学校与甘肃船说众创空间文化产业有限公司签署合作框架协议[EB/OL]. [2016-03-19]. http://news. gsau. edu. cn/info/1037/30468. htm.

[2] 甘肃农业大学创新创业学院揭牌仪式隆重举行[EB/OL]. [2016-04-27]. http://news. gsau. edu. cn/info/1037/30877. htm.

[3] 甘肃农业大学大学生创新学分认定实施细则(试行)[EB/OL]. [2018-04-20]. http://yyxy. gsau. edu. cn/info/1067/4222. htm.

[4] 甘肃农业大学创新创业学院[EB/OL]. [2016-04-13]. http://cxcy. gsau. edu. cn/info/1001/1111. htm.

兰州大学国家大学科技园

一、概况

兰州大学国家大学科技园于 2002 年启动建设，2004 年获批为国家级大学科技园。该科技园依托兰州大学的学科优势，以“立足西部，服务地方”为宗旨，努力构建技术、人才、资本等综合市场服务体系，积极从事高新技术企业孵化、推动科技成果转化、扶持大学生创新创业，努力建设成为兰州大学服务地方经济社会发展的重要窗口。兰州大学科技部、教育部在甘肃省人社厅、省工信委，甘肃省科技厅，兰州市人社局、市科技局等部门的协助下，遵循“开拓创新，追求卓越”的发展理念，不断增强服务、管理和创新能力，扎实推进园区建设发展，塑造良好的品牌形象。

兰州大学科技园萃英众创空间（以下简称“萃英众创空间”）成立于 2015 年 9 月。它是以兰州大学科技园有限责任公司为主体的职能部门，主要代表兰大科技园与国家和各级地方政府有关部门对口衔接，指导、协调兰大师生的创新创业工作。

二、发展成就

（一）资源聚集

萃英众创空间是国家创新体系的重要组成部分和师生自主创新创业的孵化基地、区域经济发展和行业技术进步以及高新技术产业区二次创业的主要创新源泉之一、我国特色高等教育的组成部分，也是高等学校产学研结合、为社会服务、培养创新创业人才的平台。2016 年 2 月，萃英众创空间被科技部纳入国家级科技企业孵化器的管理服务体系，是以兰州大学的人才、学科和技术优势为依托、集高新技术产业化、中小型高新技术企业孵化、创新人才培养和企业家培训于一体的科技孵化器，同时也是推动是兰州大学产学研紧密结合、推进大学生创新和创业的实践基地。萃英众创空间集合兰州大学创新创业资源，旨在集合校内外所有力量为兰州大学及甘肃省内创新创业行动提供专业化的指导、人才培训、项目和企业孵化的综合平台。

（二）企业发展

2017年至现在，该园区现入驻41支团队，主要集中在生物科技、电子商务、信息技术等行业。入驻园区的大多数项目已经成立有限公司。

三、运营与服务

（一）运营模式

具体如图1所示。

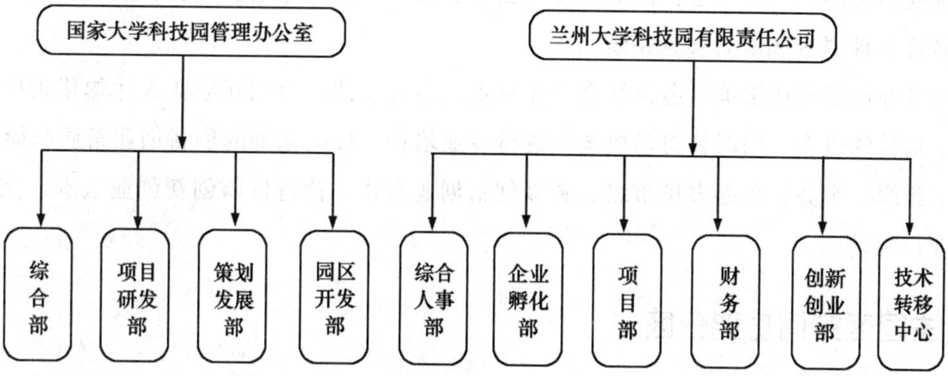

图1　兰州大学国家大学科技园平台公司运营模式

1．综合部/综合人事部

综合部/综合人事部主要负责日常接待及对外协调与联络，负责日常活动的组织、执行和监督等。

2．项目研发部/项目部/技术转移中心

项目研发部/项目部/技术转移中心主要负责收集、整理学校的各类科技项目和成果信息，建立科技项目与成果信息库，为创新创业工作提供技术、信息服务等。

3．策划发展部

策划发展部负责大学科技园发展报告及中长期发展规划，组织参加各类培训活动和相关比赛等。

4．园区开发物业管理部

园区开发物业管理部负责入园机构和入园项目的资格审查，为企业提供政策法规咨询和人才培训服务等。

5．企业孵化部

企业孵化部负责制定园区物业管理办法，确保园区规范运行，对孵化园区各项基础设施进行日常检查和维护，保障园区正常运行等。

6. 财务部

财务部严格按《会计法》办事，执行国家有关财务制度和财经法规，做好财务预算及各项财务收支计划、控制、核算、分析和考核等。

（二）创新服务体系

①开设创新创业课程，通过创业教育教学，使学生掌握创业的基础知识和基本理论，熟悉创业的基本流程和基本方法，了解创业的法律法规和相关政策，激发学生的创业意识，提高学生的社会责任感、创新精神和创业能力，促进学生创业就业和全面发展。包括创业教育 E 课堂和领航者实训系统。

②开办创新创业培训，邀请社会企业负责人参与授课，为创新创业人才提供近距离接触企业运营的机会，同时针对学校老师进行专业培训，提高老师的创新创业素质和能力。

③组织、举办、承办多场市级、省级创新创业大赛，营造校园创新创业氛围，完善创新创业设施。

四、主园区空间功能分区

（一）职能功能区划分

办公桌分割出各职能部门，在特定的办公区域进行工作，如综合部、财务部等。

（二）主功能区划分

入驻企业和团队划分为信息技术、数字媒体、智能制造、节能环保等七大类别，每一类别在划分出来的空间内部独立办公。

1. 创业苗圃

创业苗圃是大学生科技创业见习基地，为创业团队提供见习、初期创业训练和创业实践；以兰州大学创业联合会为载体，举办各类沙龙、讲座、培训及各类创业大赛，打造良好的创新创业环境，营造良好的创新创业氛围。

2. 创客空间

创客空间引入投融资等中介服务机构，建设系统、完备的公共孵化平台，为大学生创业者和入住的小微企业提供全面的创新创业服务；聘请创新创业导师定期轮流驻点为创业者和入住的小微企业提供咨询和指导。

3. 创新创业实践实习基地

兰州大学与部分企业联系建立电子信息、化学化工和生物医药等多个实习实践基地，为创业者实践实习提供机会，增强创业者的实践能力和创业能力。

（三）成果展示区

展示团队所获得的荣誉和创业成果。

五、经验总结与挑战

（一）经验总结

①有效、规范的职能划分，科技园作为兰州大学创业孵化基地，借鉴了企业运营模式，分设相关职能部门独立运营又相互监管，效率高、容错率高。

②同社会企业积极合作，为甘肃农业大学的创业团队提供大量学习和实践的机会，促进创新创业的真正落地和成长。

③同政府合作，获得大力支持，取得政策优惠，建立双创示范街，促进创新创业项目的推进。

（二）面临的机遇和挑战

市场大，需求多；创业优惠政策的扶持；大众创业激情高涨。

（三）需要重点解决的问题

企业技术缺口较大，缺少创新型科技人才。市场占有率低，校内创业项目仍处于发展阶段，规模较小，在市场中竞争能力较弱。虽然运营体系完善，但各部门沟通较少，无法及时传达出现的问题。

参考文献

[1] 兰州大学科技园．关于我们[EB/OL]．[2019-04-16]．http://lzusp. lzu. edu. cn/lzupage/B20170421100 441. html.

[2] 张加驰．综合性大学开展创新创业教育改革的探索与实践：以兰州大学物理学院为例[D]．兰州：兰州大学，2019.

[3] 刘辕，王江兵．信息不对称下大学生校内创业市场分析[J]．扬州大学学报，2019.

贵州省

贵州师范大学科技园

一、概况

为贯彻落实《国家中长期科学和技术发展规划纲要（2006—2020 年）》（国发〔2005〕〕44 号）等文件精神以及在贵州省有关促进科技成果转化、建设和完善区域协同创新体系的重大决策背景下，贵州师范大学建立贵州师范大学科技园是促进学校事业发展，增强社会服务能力而进行的一项重要实践和探索。

二、发展历程

（一）创建背景

贵州师范大学党委行政高度重视大学科技园的建设，成立专门机构负责落实建设。为此，校领导亲自带队到江苏高校调研学习。经过近 1 年的建设，特别是在贵州省科技厅、贵州省教育厅、贵阳市科技局的大力支持下，贵州师范大学科技园的建设顺利推进。贵州师范大学科技园结合学校学科优势、资源优势和区位优势，重点围绕新材料、机电装备、生物工程、信息技术、民族医药等行业进行工程领域的技术孵化，同时，依托贵州多民族文化资源和国家级、地方级的非物质文化遗产，进行创新要素的集聚，着力文化创意产业的培育孵化，建设一批文化产业基地和区域特色文化产业群。

（二）创建主体

为有效推进大学科技园的建设和管理，为入园企业及研究机构提供全方位的服务，引进现代企业管理模式，大学科技园管理有限责任公司由贵州师范大学联合四家企业共同出资组建。其结构情况如表 1 所列。

表 1 贵州师范大学科技园管理有限责任公司股份结构

序号	出资单位
1	贵州师范大学
2	贵阳火炬高新技术企业服务中心
3	当代贵州期刊传媒集团
4	多彩贵州文化艺术有限公司
5	贵州海科实业发展有限公司

1. 贵阳火炬高新技术企业服务中心

贵阳火炬高新技术企业服务中心成立于 2011 年 2 月，主要是通过资源整合为贵阳市纳入统计的高新技术企业以及贵阳市高成长科技型中小企业为服务对象，针对企业需求，开展创业投资、债权融资及担保、技术配对及技术攻关、技术查新、双软认证及软件测评、市场开拓、发展咨询、企业管理培训、科技项目申报、专利代理、财务管理等服务。

2. 当代贵州期刊传媒集团

当代贵州期刊传媒集团于 2011 年在贵州省委、省政府的积极推动下正式成立（当代贵州杂志社是此集团的主管部门），成为贵州四大传媒旗舰中唯一的期刊类大型综合传媒企业。集团下属有先锋广告有限策划公司、当代手机杂志、贵州先锋网、大众科学杂志社、原生态旅行杂志社、贵州多民族文化研发中心、贵州数字图片库等在内的 20 余个文化开发经营实体，年产值近 1 亿元。

3. 多彩贵州文化艺术有限公司

多彩贵州文化艺术有限公司是贵州省文化体制改革试点重点单位、贵州省省内唯一被文化部授予“全国文化产业示范基地”文化企业，也是一家集国际文化交流、大型文艺演出、政府公关活动、旅游营销、企业文化推广、专业舞美设计制作、影视拍摄、展示展览工程、广告策划及执行等综合性服务为一体的专业文化公司。

4. 贵州海科实业发展有限公司

贵州海科实业发展有限公司是由贵阳市科技局下属的 5 个科研单位（贵阳市科学技术研究所，即贵阳市生物工程研究所、贵阳市食品研究所、贵阳市自动化研究所、贵阳市科技开发公司）于 1999 年科技体制改革而成立的集技术研究、科技服务、产品生产于一体的科技型企业。它们位于贵阳市白云区白云北路麦架镇新材料园区内，占地为 35 亩。

三、运营与服务

（一）运营

贵州师范大学科技园按“一园多区”的模式，以学校主导、政府支持、企业参与的企业化运作模式进行管理。贵州师范大学科技园管理有限责任公司，全面负责大学科技园的管理和建设，立足企业发展、社会需求，促进学校科技成果转化、高新技术企业孵化、大学生创新创业人才培养、政产学研的有机结合（图1）。

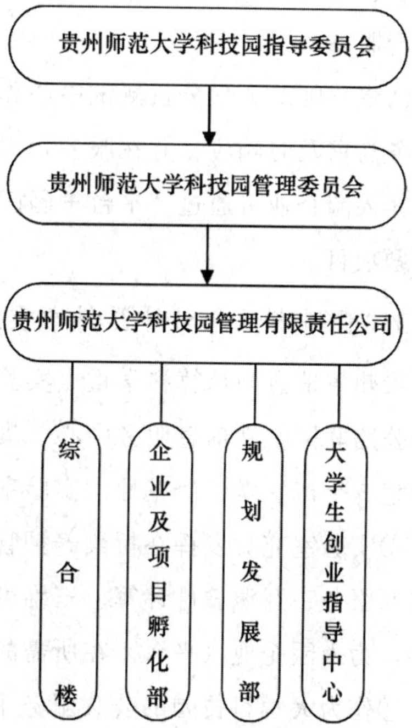

图1　贵州师范大学科技园平台运营模式

（二）服务体系

1．国家遥感中心贵州分部（贵州省遥感中心）

贵州省遥感中心于2012年11月申报国家遥感中心业务部，经科技部、国家遥感中心批准，同意“贵州省遥感中心”成为“国家遥感中心贵州分部”。贵州省遥感中心为入园企业（平台）提供如下服务。

①国家遥感中心贵州分部将充分发挥自身在山地环境遥感技术、石漠化遥感动态定量监测技术、石漠化生态安全遥感评价技术、雷达遥感技术等技术为入园企业（平台）在所需的领域提供全方面的技术支持和平台服务。

②作为大学科技园的公共服务平台，贵州省遥感中心对园区企业（平台）的服务需求及时响应，并在服务费用上给予优惠。

③入园企业可通过“平台+园区”的合作模式，与国家遥感中心贵州分部共同申报课题项目。

2．贵州师范大学分析测试中心

贵州师范大学分析测试中心是贵州省规模最大、仪器类别最齐，集教学、科研、理化分析测试为一体的现代化分析检测实验室。贵州师范大学分析测试中心下设有机分析实验室、无机分析实验室、显微形态与生物技术实验室和1个大型通用仪器开放实验室。贵州师范大学分析测试中心为入园企业（平台）提供如下服务。

①贵州师范大学分析测试中心将充分发挥自身在大型（精密）仪器设备共享、分析检

测技术团队的优势，以及“计量认证”“司法物证检测”“化学试剂检测”等多个检测资质的技术优势，为入园企业（平台）在保健食品及药品的检测分析、环境分析、天然产物化学分析、无机元素分析、农残、重金属及其他有害物质分析等方面提供全方位的技术支持和平台服务。

②贵州师范大学分析测试中心作为大学科技园的公共服务平台，对园区企业（平台）的服务需求及时响应，并在服务费用上给予优惠。

③入园企业可通过“平台+园区”的合作模式，与贵州师范大学分析测试中心共同申报课题项目。

3. 贵州省信息与计算科学重点实验室

贵州省信息与计算科学重点实验室作为贵州师范大学的省级重点实验室，拥有贵州省高速公路联网收费信息服务中心、贵州省软件工程研究中心、中国科学院软件所人机交互实验室3个产、学、研基地。实验室为入园企业（平台）提供如下服务。

①实验室充分发挥在桥梁养护管理及健康监测，网络与信息安全，云计算&高性能计算技术服务、开源软件计算、三维可视化仿真、软件安全认证、无纸化阅卷等方面的技术优势，为入园企业（平台）在所需的领域提供全方面的技术支持和平台服务。

②作为大学科技园的公共服务平台，实验室及时响应园区企业（平台）的实际需求，并在技术服务费用上给予优惠。

③入园企业可通过“平台+园区+企业（平台）”的合作模式，与贵州省信息与计算科学重点实验室、科技园合作申报相关领域的项目。

4. 贵州师范大学图书馆

贵州师范大学图书馆现有馆藏纸质文献269万册，年订纸质中、外文报刊达2 250余种，中文电子期刊、外文电子期刊等多种数字资源达114.72个TB，中文电子图书158万余种，提供使用中外文数据库48个，自建数据库21个。作为科技园的战略合作伙伴，贵州师范大学图书馆为入园企业（平台）提供如下服务。

①作为科技园公共服务平台，贵州师范大学图书馆可为入园企业（平台）提供图书、博士专题数据库、科研数据库、外文数据库、科技情报、中国高等教育文献保障系统、贵州省科技文献共享平台、全国文化信息资源共享工程平台等资源的免费共享服务。

②作为大学科技园的公共服务平台，贵州师范大学图书馆将通过园区校园网免费为入园企业（平台）研发提供所需的“数字图书馆”资源服务。对论文引用查询、资料查新代办等收费服务项目，园区企业（平台）可与学校师生享有相同的优惠服务。

③在科技园管理公司的协助下，入园企业（平台）研发人员可免费办理相关图书借阅手续。

四、经验总结

（一）领导重视，机构健全，服务到位

贵州师范大学的领导十分重视科研工作的开展，把科研工作纳入学校的议事日程，并成立了由分管科研的副校长任组长的科研工作领导小组，校领导带头参与科研工作，定期就科研工作中有关问题进行调查研究，并提出具体的指导意见。贵州师范大学组织有关学院、科研机构就学校科研管理办法进行讨论，根据征求的意见和建议有针对性地完善学校科研政策，不断优化服务质量，加大高层次科研奖励力度，充分调动和激发全校科研工作的积极性，努力营造浓厚的科研氛围，有力地推动学校科研工作的稳步发展。

（二）加大宣传，转变思想，搭建平台

加大宣传力度，鼓励科研工作者围绕贵州产业发展需求，提高申报横向课题的积极性，扭转申报横向课题以利小而不为的思想，引导科研人员端正态度。在做小课题的过程中，积累经验，增强科研能力，为今后申请课题打下好的基础。

（三）主动沟通，加强交流，增进合作

为了调动教师申报项目的积极性，加大项目的申报范围，主动邀请国家自然科学基金委、贵州省科技厅、贵州省专利局等部门的领导专家莅临学校指导工作，有针对性地指导学校教师的项目申报。同时加大对国家自然科学基金项目的宣传力度，让学校教师扩大申报范围。加强与厦门大学和其他“211”“985”高校的交流合作，邀请相关专家对学校国家自然科学基金项目进行初审指导，有效提高获批率。

参考文献

[1] 贵州师范大学图书馆简介[EB/OL].[2019-04-30]. http://lib.gznu.edu.cn/GAIKUANG/JIANJIE.htm.

[2] 园区介绍[EB/OL].[2019-04-30]. http://kjy.gznu.edu.cn/list.jsp? urltype = tree.TreeTempUrl&wbtreeid = 1007.

[3] 陈辉林，翟博文，刘静. 西部民族地区大学科技园转型升级路径探索：以贵州师范大学为例[J]. 中国经贸导刊，2017(5):86-87.

贵州大学科技园

一、概况

贵州大学科技园始建于2011年6月，2014年9月被科技部、教育部认定为第十批国家级大学科技园，2016年11月被认定为贵州省省级创业孵化示范基地。贵州大学科技园位于贵阳贵州大学西校区内，基础设施完善，教育、科研、文化发达，商贸、金融、交通、商住、网络、通信条件优越。

目前，贵州大学科技园区拥有10 124.86米^{2}孵化面积，入驻企业136家，其中高新技术企业1家，带动就业1 175人，2017年实现产值9 914.7万元。经过近几年的建设与发展，初步形成了以大数据、环境治理和生态恢复、高端装备制造等为主导产业，集企业孵化、科技成果转化和科技服务为一体的大学科技园。

二、发展历程

（一）创建背景

贵州大学与贵阳国家经济技术开发区、贵州师范大学科技园、贵阳国家高新区开展联合共建，形成了“一园多区”的基本架构，采取市场化运作模式对园区进行管理。经过2年多的培育与发展，贵州大学科技园与贵州师范大学科技园已成为贵州省重要的创新创业、成果转化支撑平台和基地。贵州大学科技园区企业有70余家，贵州师范大学科技园区企业达58家，引入资金9 614万元。

（二）创建主体

在科研方面，贵州大学开放了实验室和科研机构，形成了大学科技园的技术支撑平台；在创业方面，贵州大学出台了《关于鼓励师生员工进入科技园创业的若干意见》，形成了以材料、装备、化工和信息技术为主导产业的“一园两区”的基本格局。

（三）发展阶段

2011 年 6 月，贵州大学开始筹建科技园，2012 年 3 月，正式启动建设贵州大学科技园。2012 年 8 月，贵州大学科技园被省科技厅、教育厅批准为贵州省首批省级大学科技园。2012 年 10 月，贵州大学科技园被省科技厅、教育厅认定为省级高校学生科技创业实习基地。2014 年 9 月，贵州大学科技园被科技部、教育部认定为第十批国家大学科技园。2015 年 5 月，科技园成为花溪区创业孵化基地；2015 年 8 月，科技园成为贵阳市创业项目开发征集单位；2015 年 12 月，科技园获批贵阳市市级创业孵化基地，2016 年 11 月认定为贵州省省级创业孵化示范基地。

三、发展成就

（一）资源聚集

“InOne 创客空间”位于贵州大学新校区图书馆一楼，占地面积约为 800 米^2，是贵州大学首家由学生团队自发组建的以创业咖啡馆作为载体的青年创业就业的公共交流平台。该平台为创客们提供了低成本的办公场所，为创业者构建了包括“团队招募”“孵化 + 创投”“团队注册”“团队企划”等在内的综合服务模式，让不同阶段的创业者都能得到政策兑现、导师帮扶、金融服务、创业指导、创业培训等服务。目前，InOne 创客空间得到了贵阳市经开区、花溪区、贵州大学大数据应用研究院、贵州大学科技园的重点支持，迄今已聚集近 30 支创客团队，形成了“西部输电线路地质灾害影响评价 GIS 系统”“南方电网覆冰监测系统一级主站 GIS 数据库建设”等一批大数据创客项目。

（二）企业发展

2014 年 5 月，原贵州工大鼎立科技有限公司增资扩股并更名并成立贵州大学科技园发展有限公司，园区由贵州大学科技园发展有限公司负责具体经营。科技园运转建设和功能定位为“12345”，即 1 个主体、2 个园区、3 套体系、4 个平台、5 个基地。

（三）平台发展

贵州大学科技园充分依托贵州大学教育资源、研究资源和校友资源，建立“创业活动、创业培训、创业孵化、创投基金”四位一体的综合创业扶持平台。

1. 核心特色

（1）草根创业　贵州大学创业训练营申请人不限年龄、学历，凡有志于创业的人员均可报名。

（2）开放公益　训练营从创业培训、导师服务、产业对接到初期孵化，全部不收取任何费用；同时，任何申请人至少获得开放课程的服务。

（3）实战课程　贵州大学调动各院系及校友企业家导师群体，针对初创企业设计了一套实战创业教育课程体系。

（4）导师体系　聚集超过100名贵州大学各院系相关知名教授、企业家导师成为贵创营计划特约导师，从经典理论、实战案例、管理经验等各个维度帮扶初创企业。

（5）创新孵化　针对初创企业、大学生创业及科技成果转化项目，贵创营建立起以创业培训与导师服务为引入接口，以公益孵化基地为载体，以天使基金及贵大校友网络为资源对接，以选种和育苗为目标的初创企业全环境苗圃体系。

2. 训练营成员服务体系

（1）天使创业投资基金　为了支持早期科技成果转化以及初创期优秀项目落地，贵州大学科技园调动校友资源与花溪区一起，以“政府资金引导，社会资本运营”为宗旨，联合成立早期投资基金，针对贵州大学科技成果、优秀校友创业、海外科转项目，以国家战略新兴产业为方向，综合支持创新创业。

（2）贵州大学创业服务联盟　贵州大学科技园区邀请优秀校友企业，在企业财务、税务、融资、咨询等方面与创业者形成战略合作关系，综合扶持创业。

（3）贵州大学创引汇　针对贵州大学创业训练营营员，建立创汇体系，组织创友互动，提升创友凝聚力，团结、帮扶创员成长。

四、运营与服务

（一）运营模式

具体如图1所示。

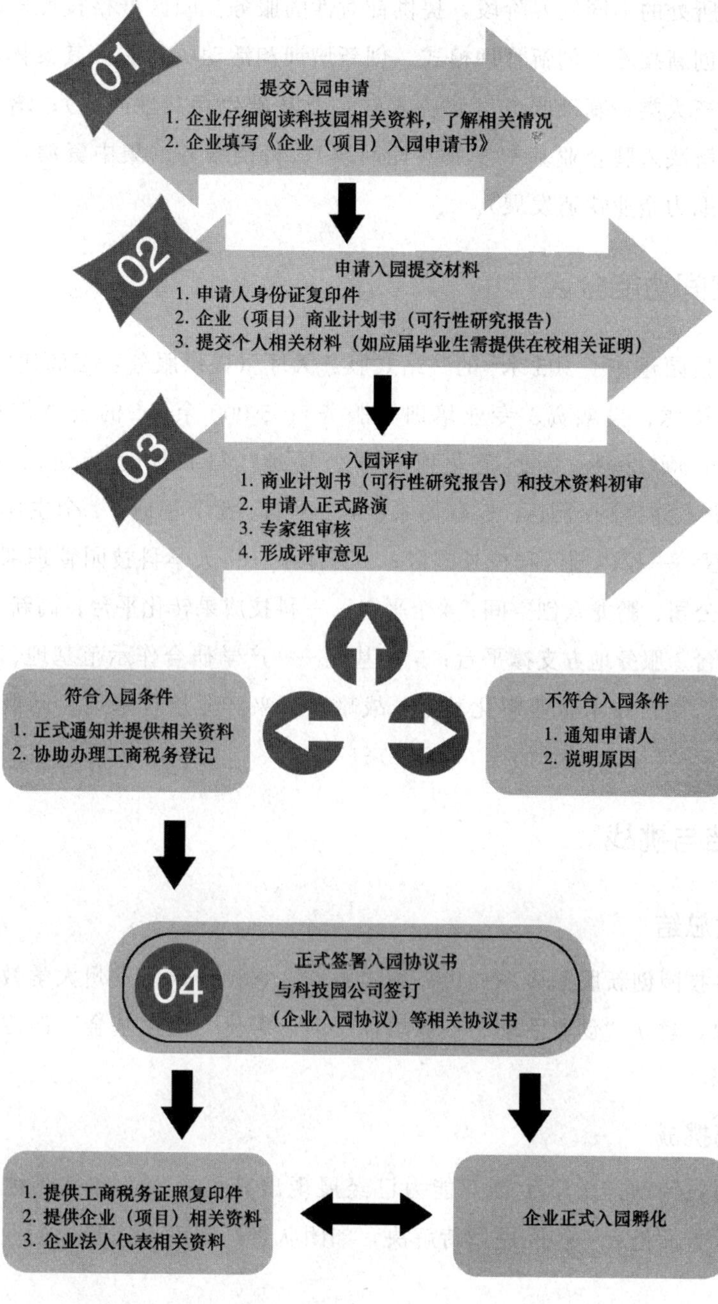

图 1　企业入园程序流程

（二）创新服务体系

贵州大学科技园区形成了完整的一站式服务体系以及专业、高效、实用的服务标准，为吸引优质社会双创资源、整合资源，为企业创造优质的成长空间和创业生存环境，。

贵州大学园区建设过程中以市场为导向，解决双创企业生存和发展中的实际共性问题，并根据企业所处的不同发展阶段，提供针对性的服务。园区严格按照国家级科技园的标准建立，运用创新技术、创新管理模式、创新培训和活动的开展。其具体内容主要为一站式服务，包括三大类：基础服务（解决入驻企业基础生存共性问题）；增值服务（遴选优质服务企业，解决入驻企业基本发展共性问题）；特别服务（集中资源，为优质企业提供高品质服务，助力企业快速发展）。

五、主园区空间功能分区

贵州大学科技园建立了105米^{2}的一站式服务大厅（提供服务：工商代办、财税咨询、法律服务、人力资源、投融资、专业培训等服务）；5 000余米^{2}的公共孵化场地（设有136个卡座）、15 000余米^{2}创办企业独立办公场地；科技园运转建设和功能定位为“12345”，即1个主体、2个园区、3套体系、4个平台、5个基地：1个主体——国家大学科技园；2个园区——校内园区和校外园区；3套体系——大学科技园管理部门、贵州大学科技园发展有限公司、黔龙众创空间；4个平台——科技成果转化平台、高新企业孵化平台、创新创业服务平台、服务地方支撑平台；5个基地——产学研合作示范基地、技术转移和科技成果转化基地、高新技术企业孵化基地、战略性新兴产业培育基地、创新创业人才培养基地。

六、经验总结与挑战

（一）经验总结

贵州大学科技园创新服务体系提供一站式服务。它充分依托贵州大学教育资源、研究资源和校友资源，建立“创业活动、创业培训、创业孵化、创投基金”四位一体的综合创业扶持平台。

（二）面临挑战

贵州大学科技园助推大学生创业能力已经展现出其可操作性和优越性，但在管理体制、运行机制等方面仍有一些问题亟待解决，如团队管理制度不完善、创业就业联动效应不强等。

参考文献

[1] 李青，杨昌鑫，吴珺婷．大学科技园对大学生创业能力的引导作用：以贵州省大学科技园为例[J]. 西部素质教育，2017(07)：61-63.

云南省

云南农业大学大学生创业园

一、概况

云南农业大学大学生创业园（以下简称“云农众创空间”）是云南农业大学为推进学校双创工作而建成的大学生创业孵化和创业实践平台，也是云南省委高校工委、云南省教育厅认定的首批高校大学生创业示范园。

二、发展成就

（一）资源聚集

云农众创空间聘请了大量专家和业内资深人士，开展“移动互联网技术的发展”“互联网+模式思维”“农业电商模式探讨”“创投风控”“投融资专题讲座”“科技成果转化”等讲座和路演活动。其空间主导孵化器体系基于校企合作资源以及现有先进技术资源，通过技术扶持，以创客庞大的产业资源为创业者提供高效便捷的创新创业服务。云农众创空间采取高校、科研机构、外部优秀企业与空间相结合的模式，有效实现了科研成果市场化、商品化发展和创新创意人才培育化等多个方面效益。

（二）企业发展

入园项目特色鲜明，示范作用明显。入园项目主要包括保健茶品、经典花卉、特种养殖、农特产品等项目，特色鲜明。云南电视台、云南日报等新闻媒体对云南农业大学大学生创业园的建设做多次专题报道。

（三）产业发展

实现“五个驱动”，即以五大发展理念驱动教学改革，以高原特色产业驱动学校特色创业，以创业平台建设驱动创新成果转化，以双创成果驱动精准扶贫，以基层创业驱动地方发展。

（四）平台发展

云南农业大学于 2012 年率先独立建成了大学生创业园，并获得了云南省教育厅的

“云南省高校大学生创业示范园”、云南省人力资源与社会保障厅和省教育厅的“云南省高校毕业生创业培训示范基地”、云南省政府的“全省大学生创业示范园”、云南省人力资源与社会保障厅、云南省财政厅的“云南省省级校园创业平台”授牌；荣获教育部 2011—2012 年度“全国毕业生就业典型经验高校”，2016 年度“全国高校首批创新创业典型经验 50 强高校”（云南省唯一一所）。云南农业大学是云南省唯一荣获国务院“全国就业工作先进单位”表彰殊荣的高校。

三、运营与服务

（一）运营模式

云农众创空间利用线下孵化载体和线上网络平台，聚集创新资源和创业要素，促进双创的低成本、专业、便利和信息化，联合全国的农业企业，发挥集成品牌效应，以打造西部双创高地为目标，以“互联网+农业产业+金融资本”为主要模式，培育出一批有开发潜力的、关注“互联网+”、休闲、品牌的双创项目，形成西部农业电商总部和双创的交流平台。

（二）创新服务体系

云农众创空间是致力于服务创新创业、学校科研成果转化、高原特色农业产业发展以及农业科技、信息、资源聚集的公共服务平台。它是发展高原特色现代农业的众创空间，也是“双创”的有效载体和新型农业双创一站式开放性综合服务平台。云农众创空间向以大学生为主体的团队提供创业资讯、项目扶持、指导、资金等多种服务。

四、主园区空间功能分区

云南农业大学充分整合校内外创新创业资源，在云南农业大学商业核心区域着力打造“云农众创空间”，空间建筑面积为 3 400 米^2，由创新创业成果展示中心、创业孵化中心、创客咖啡吧、创业项目路演中心、创业报告厅 5 个部分组成。

五、经验总结与挑战

（一）经验总结

依托“云农众创空间”，云南农业大学以创新创业教育为核心，KAB 创业课程、创业 MOOC（慕课）、青帆夜校、SYB 创业培训、电子商务培训班、创业讲座、创业访谈、创业经验交流会、创新创业计划大赛、科技创新创业项目等交互支撑的创新创业教育“同心圆”体系，为学生提供从理论到实践、从群体到个人，从模拟到实战的创业指导；充分发挥百名校外创业导师作用，邀请创业导师作创业讲座和访谈，以创业故事分享激发学生创新创业意识。与万达旅业联合举办“万达约你来创业”创业项目分享会，分享创业心得，进行创业项目推介；组织校园智慧大学生创就业导师高校巡回公益讲座、校园褚橙庄园鲜花饼大学生励志创业训练营，提升学生创新创业能力。

值得一提的是，云南农业大学出台了《云南农业大学本科生拔尖创新人才培养计划实施方案》，遴选出28名同学组成2015年农科本科生拔尖创新实验班；在食品学院试点开办创业班，为有创业兴趣和愿望的同学提供针对性和实用性较强的创业课程及创业指导。

（二）面临的机遇和挑战

云南农业大学对急于入园的师生在办理入孵手续上不够及时、到位；对其各个学院及教师科研成果的了解不够深入，对孵化企业和入园企业的联系不够紧密。

（三）需要重点解决的问题

科技成果转化和高新技术企业孵化是科技园的重要功能之一。需要重点解决的问题是要经常深入各学院、实验室、研究所乃至课题组，了解教师和科研人员的科技成果状况，掌握可转化成果的第一手资料，进一步加大转化和孵化的力度。此外，需拓展融资方式，建立多元化投融资渠道，加强与金融、投资机构的合作，通过建立和引入种子基金、创业基金、风险基金和科技型中小企业技术创新基金等，吸引社会企业向园内技术创新项目和高科技中小企业投资，推动国外风险投资公司进入科技园，利用国内外证券市场和产权交易市场融通资金，建立具有中国特色的创业投资机制。

参考文献

[1] 众创空间[DB/OL]. [2017-07-25]. http://jyw.ynau.edu.cn/detail/news?id=21902&menu_id=6201&type_id=3039&tdsourcetag=s_pctim_aiomsg.

昆明北理工科技孵化器有限公司

一、概况

昆明北理工科技孵化器有限公司是一个以推动高新技术产业发展、完善国家和区域创新体系为使命，并为科技型中小企业发展提供帮助与支持的公益服务性机构。昆明北理工科技孵化器有限公司的建设着眼于科学技术对云南省支柱产业发展的支撑，通过整合北京市、云南省高校科研院所方的科技、人才、信息等方面的优势资源，为云南省科技型中小企业提供体系化的孵化服务平台，为高校和其科技成果在昆明的转化和产业化搭建桥梁。

二、发展历程

昆明北理工科技孵化器有限公司成立于2004年，这是云南省首批企业化运作的孵化器公司，由北京理工大学科技园和昆明高新五华科技园共同出资组建，是云南省省院省校合作取得的重要成果。

三、发展成就

（一）资源聚集

成功与北京理工大学、昆明理工大学、云南农业大学、昆明七零五所科技发展总公司、昆百大集团公司、云南卓尔会计师事务所、华夏信诺创业投资管理北京有限公司等省内外高校、企业实现对接，并成功搭建了泛亚商务服务平台、产业技术支撑平台、投融资服务平台、管理咨询服务平台、专业化服务平台和联盟网络平台等大公共服务平台。

（二）企业发展

昆明北理工科技孵化器有限公司孵化企业涉及生物医药、电子信息、光学光机电、节能环保、新材料、新能源等多个高新技术领域。昆明北理工科技孵化器有限公司分别推荐和协助部分在孵企业成功申请到国家、云南省、昆明市和五华区各级政府科技项目资金超过 2 500 万元，带动企业增加 2 亿多元资金投入项目建设中。

（三）平台发展

昆明北理工科技孵化器有限公司顺利通过国家、省、市三级科技企业孵化器认定，成为被省、市两级工信委认定的“中小企业创业基地”，授牌成为昆明市第一批“招才引智联络站”，其总经理熊景杰被评为“全国创业就业先进个人”，该孵化器有限公司承担的科技项目多次获得昆明市科技进步奖。

四、运营与服务

昆明北理工科技孵化器有限公司根据在孵企业不同发展阶段需求的差异性，联合各大国家级平台及其他相关中介服务机构共同组建科技新型联合体“科技创新驿站”，为区域内科技型中、小企业高速成长提供创新服务。

（一）运营模式

昆明北理工科技孵化器有限公司作为一家经营实体，投入土地和服务以获取经济回报，站在经营的角度，当前很多科技园区的商业模式是不成功的，对于科技型中、小企业的需求缺乏关注。科技创新驿站在经营机制上进行创新，以开放式、联合式、虚拟式和网络式的运营机制取代传统封闭式的经营模式。

（二）创新服务体系

昆明北理工科技孵化器有限公司建立创新站岗，创新站岗是科技园区服务理念的创新，通过服务内容、服务手段的创新，可为处于不同细分产业、不同发展阶段的科技型中、小企业提供符合发展需求的个性化服务，即贵宾式的“一对一”服务，这就从总体上改善了服务资源浪费的现象，并提升了服务的增值空间。在建立创新站岗之后，科技型中、小企业根据自身的需求，提出符合发展要求的服务产品组合，现代企业加速区完全结合这种需求设定服务内容，以企业需求为导向，以信息化手段为支撑，组成跨行业、跨领域的中小企业创新支持系统，也就是从“有什么卖什么”到“需要什么生产什么”的转变，进一步明确了创新驿站的服务地位。

五、经验总结与挑战

（一）经验总结

1. 构建 2 个对接

与高等院校、科研院所及国内大学、科研机构、大型企业、知名中介机构实现对接，充分利用科研院所及高等院校的人才和科研资源优势，尽快实现产学研结合，促进科技成果转化及产业化。与区域内科技型中小企业的对接，挖掘企业技术创新需求，为中小企业切实解决创新发展中遇到的难题。专业化服务解决中小企业的技术需求及区域、产业的创新发展需求，引导创新要素向企业集聚，增强企业的创新能力和市场竞争力。

2. 构建3个保障

提供开放、可快速拓展的服务空间提供优质、高增值的专业化个性服务，提供高层次专家团队网络智力支持。

3. 建设6大平台

泛亚商务服务平台、产业技术支撑平台、投融资服务平台、管理咨询服务平台、专业化服务平台、联盟网络平台。

4. 提供5类服务

商务服务、技术转移知识创新服务、投融资服务、招商引资和招才引智服务、定制和互动的信息服务。

（二）面临的机遇和挑战

科技企业孵化器有效运作的关键因素是人才、技术、资金和转化模式。目前云南省的孵化器主要是依托高新区、经开区或由高新区组建，他们对孵化器提供了较强的基础设施等方面的支持，但在软件方面还有着一定的欠缺，特别是在根据孵化器的特点而建立起来的人力资源沟通平台方面还没有达到真正意义上的建立。因此，经常出现孵化企业寻求不到应有人才，而具有丰富孵化器从业经验的优秀人才找不到合适企业的现象。

（三）需要重点解决的问题

对于科技企业孵化器而言，优秀的管理者与企业家具有较大的稀缺性，其寻找成本较大。因此，昆明北理工科技孵化器未来需帮助孵化企业提高这两类人力资本的存量，构建人力资本支持平台，具体有以下3种方式。

①培训企业管理者，即为在孵企业的管理人员及企业家提供培训服务，增强其管理知识，提高其管理技能。

②建设专家咨询服务团队，即孵化器自身建立一套专家支持系统或者利用外部咨询专家资源，为其孵化企业提供管理咨询，及时发现并解决企业管理中存在的问题，并提高企业管理人员及企业家的管理意识及管理水平。

③搭建猎头服务平台，即在孵化企业找不到合适的管理人才时，孵化器可以通过猎头服务或利用掌握的资源为企业寻找到合适的管理人员。

参考文献

[1] 刘志刚. 探索创新驿站建设模式促进区域产业集群发展［J］. 云南科技管理，2012（5）：52-54.

[2] 熊景杰. 云南省科技企业孵化器人力资源机制探讨［J］. 云南科技管理，2012（5）：6-7.

云南省国家大学科技园

一、概况

云南省国家大学科技园是经云南省人民政府批准设立的科技孵化器，2001 年 5 月被国家科技部、教育部认定为“国家级大学科技园”。建园以来，云南省大学科技园依托高校现有教学、科研设施和研究成果，以高新技术成果的商品化、产业化和国际化为目标，实现了高校、科研机构的智力资源与社会资源的有机结合。

二、发展历程

（一）创建背景

1992 年 11 月，云南省正式启动科技孵化器建设，昆明高新技术产业开发区建成昆明高新技术创业服务中心，云南省国家大学科技园应运而生。

（二）创建主体

云南省大学科技园办公室是昆明高新区管委会下属的具有独立法人资格的事业单位，与云南留学人员创业园管理办公室合署办公。

三、发展成就

（一）资源聚集

云南省国家大学科技园在全国探索实践“一园多校”“联合式、开放式、网络式、虚拟式”的建园模式，并在云南大学、昆明理工大学、云南师范大学、云南农业大学等高等院校设立了科技园分部，实现了高校、科研机构的智力资源与社会资源的有机结合。云南省国家大学大学科技园依托高校提供了信息、技术、人才、设备、基础建设资金等的支持，降低了创业成本和创业风险。与此同时，大学科技园的建设也推动了高校的学科建设、人才培养和科技成果产业化。云南省国家大学科技园的建设在得到政府资金支持的同时，充分利用社会资源，引入民间资本和风险投资，通过组建科技园风险投资公司，设立风险投资基金，为市场前景好、发展潜力大的高新技术产品和项目的产业化提供便利、有效的融资渠道。

（二）企业发展

目前，云南省大学科技园区孵化企业自主创新能力显著提升，企业核心竞争力已初步形成。该园区共拥有数百名博士、硕士和高级技术人员，入园企业共获得数百项专利，且有数十家通过认定的高新技术企业。这些企业共承担国家“863”计划、“火炬计划”“省院省校合作计划”“科技成果转化基金项目”等各类科技计划百余项，获得资助资金上亿元。

（三）产业发展

云南省大学科技园区企业的产业分布紧紧围绕高新区六大产业，涉及新材料、生物医药、光机电、IT、环保、高效农业等领域。

（四）平台发展

2005 年、2006 年，云南省国家大学科技园连续 2 年被认定为“国家科技型中、小企业技术创新基金创业项目服务机构”，2008 年被云南省科技厅认定为“优秀科技企业孵化器”。目前，云南省国家大学科技园共有一期、二期 2 个孵化基地，占地面积近 2.7 万$米^2$，拥有孵化场地面积为 4.8 万$米^2$。

四、运营与服务

（一）运营模式

全国大学科技园区一般都是“一园一校”的模式，例如，清华大学科技园、北京大学科技园等。而云南省的各大专院校、科研院所相对而言实力较弱，如果照搬“一园一校”的模式，将形成资源分散、重复建设，难以形成“聚集效应”的局面。针对云南省的具体情况，云南省大学科技园因地制宜地推出了“一园多校”的发展模式，通过“联合式、虚拟式、开放式、网络式”的管理模式，最大限度地把云南省的科研力量、社会资源有机地进行整合，从而使云南具备了与其他发达地区同台表演的资格。这一创新模式是对体制创新的尝试，也为欠发达地区的大学科技园建设与发展提供了一条崭新的模式。

（二）创新服务体系

云南省国家大学科技园大多实行企业化的运作方式，通过组建公司，按照市场引导、企业化运作、滚动发展的原则对科技园进行开发、建设、经营和管理，公司按照现代企业制度运行，实行独立核算，自主经营，自负盈亏，推行产权清晰、权责明确、管理科学的现代企业管理制度。公司管理在完成孵化高新技术企业、实现科技成果转化的前提下，自觉适应市场的要求，推行优质高效的内部管理和运行机制。

五、主园区空间功能分区

云南省国家大学科技园分为 1 个园区、4 个基地，即国家大学科技园和研发基地、高新技术产业基地、创新孵化基地、服务基地。

六、经验总结与挑战

（一）经验总结

云南省国家大学科技园以市场为导向，企业为主体，高校和科研机构为依托，积极引进国内外人才、技术，加强二次开发研究，促进拥有自主知识产权的高新技术成果的转化，建成“产学研”相结合的知识、技术创新体系，建成具有云南省特色的“联合式、开放式、网络式、虚拟式”，具有聚集效应的“一园多校”的大学科技园区，以加速云南省科技成果的产业化。

（二）面临的机遇和挑战

上海、北京、武汉等地区的孵化器已经向专业化、网络化、国际化方向发展，形成“重点集中”的战略。云南省大部分科技孵化器具有孵化领域同构，专业化、网络化、国际化滞后的现实。同时，大多数孵化器都停留在综合孵化器阶段，从而导致孵化机构的重复建设、社会资源浪费、孵化效率低下。而随着国家“一带一路”经济区的开放，云南省大学科技园的进一步发展又增添了新动力，提供了新平台，这既是机遇，也是挑战。

（三）需要重点解决的问题

充分利用云南地处中国与东盟在地缘与技术阶梯上的纽带位置，积极探索在东盟国家建立国际企业孵化器，这将为云南省甚至内地优势竞争力向东盟地区进行国际化技术转移提供有利的条件。

参考文献

[1] 余泳．云南省科技孵化器发展现状及对策研究：以云南省大学科技园为案例[J]．生态经济，2007，108-113.

[2] 坚持优化环境，自主创新，实现云南省大学科技园跨越发展[J]．中国科技产业，2008，130-133.